Ann Elisabeth Auhagen (Hrsg.)
Positive Psychologie

Anleitung zum „besseren" Leben

Ann Elisabeth Auhagen (Hrsg.)

Positive Psychologie

Anleitung zum „besseren" Leben

Anschrift der Herausgeberin:

PD Dr. Ann Elisabeth Auhagen
Studiengang Psychologie
Freie Universität Berlin
Habelschwerdter Allee 45
14195 Berlin
E-Mail: auhagen@zedat.fu-berlin.de

Das Werk und seine Teile sind urheberrechtlich geschützt. Jede Nutzung in anderen als den gesetzlich zugelassenen Fällen bedarf der vorherigen schriftlichen Einwilligung des Verlages. Hinweis zu § 52 a UrhG: Weder das Werk noch seine Teile dürfen ohne eine solche Einwilligung eingescannt und in ein Netzwerk eingestellt werden. Dies gilt auch für Intranets von Schulen und sonstigen Bildungseinrichtungen.

Jokers Sonderausgabe

© Beltz Verlag, Weinheim, Basel 2004
Programm PVU Psychologie Verlags Union
http://www.beltz.de

Lektorat: Dörte Fuchs, Monika Radecki
Herstellung: Uta Euler
Umschlaggestaltung: Federico Luci, Köln
Umschlagbild: amana Germany GmbH, Hamburg
Satz, Druck und Bindung: Druck Partner Rübelmann, Hemsbach
Printed in Germany

ISBN 978-3-8289-5027-6

Inhalt

1 Das Positive mehren. Herausforderungen für die Positive Psychologie — 1
Ann Elisabeth Auhagen

    1 Ausrichtung auf das Positive — 1
    2 Anspruch auf wissenschaftliche Fundierung — 9
    3 Positives Einwirken auf das Erleben und Verhalten im Alltag — 10

2 Positives Denken — 16
Astrid Schütz • Janine Hertel • Andrea Heindl

    1 Begriffsbestimmungen — 16
    2 Die Effekte positiven Denkens — 18
    3 Diagnose und Trainingsmöglichkeiten — 22
    4 Kann positives Denken schädlich sein? Eine differenzierende Sichtweise — 25

3 Gelassenheit — 33
Dorothea Rahm

    1 Hintergründe und Definition — 33
    2 Erkenntnisse der Stressforschung — 35
    3 Entwicklung von Gelassenheit im Lebensverlauf — 36
    4 Entwicklung von Gelassenheit in der Psychotherapie — 42
    5 Gelassener werden: Anregungen für den Alltag — 46

4 Geborgenheit — 52
Hans Mogel

    1 Zum Begriff der Geborgenheit — 52
    2 Geborgenheitserleben — 56
    3 Wie wichtig ist die Sicherheit? — 57
    4 Zwischen Geborgenheit und Ungeborgenheit — 59
    5 Wege zur Geborgenheit — 61
    6 Ausblick: Zum Stand der Geborgenheitsforschung — 64

5 Religiosität und Spiritualität — 67
Michael Utsch

1. Religion – eine kollektive Neurose? — 67
2. Zur Geschichte der Religionspsychologie — 69
3. Religionspsychologie heute: Schwerpunkte und Forschungsergebnisse — 71
4. Glaube als Gesundheitsfaktor: Amerikanische Befunde — 77
5. Heil und Heilung: Grenzen der Interpretation — 80

6 Sinn in unserem Leben — 86
Reinhard Tausch

1. Sinnerfahrungen im Alltag — 87
2. Was ist Sinn? — 89
3. Positive Auswirkungen von Sinnerfahrungen — 92
4. Erfahrungen von Sinnlosigkeit und ihre Auswirkungen — 93
5. Gefahren bei der Suche nach Sinn — 94
6. Sinnerfahrungen und Religion — 96
7. Förderung von Sinnerfahrungen — 97

7 Ethische Kommunikation — 103
Michael Kastner

1. Begrifflichkeiten — 103
2. Zwanzig Grundsätze für ein ethisches Kommunikationsverhalten — 108

8 Vertrauen — 125
Martin K. W. Schweer • Barbara Thies

1. Vertrauen – ein vielschichtiges Konstrukt — 125
2. Die Relevanz von Vertrauen in verschiedenen Lebensbereichen — 131
3. Möglichkeiten der Vertrauensförderung — 134
4. Ausblick — 136

9 Verzeihen — 139
Christian Schwennen

1. Verzeihen – was es ist und was es nicht ist — 140
2. Der Weg zum Verzeihen — 144
3. Gesundheit, Wohlbefinden und Verzeihen — 148
4. Warum Verzeihen sich lohnt — 149

10 Mitmenschliche Güte — 154
Ann Elisabeth Auhagen

1. Theoretische Basis für das Konzept der mitmenschlichen Güte — 154
2. Was ist mitmenschliche Güte? — 157
3. Güte in Gesellschaft und Alltag — 164
4. Güte und ein gutes Leben — 165
5. Wie Güte sich fördern lässt — 166

11 Solidarität — 171
Hans-Werner Bierhoff • Theo Schülken

1. Solidarität in unserer Gesellschaft – Begriffsbestimmung — 171
2. Solidarität auf der Grundlage gemeinsamer Interessen — 175
3. Solidarität bei unterschiedlichen Interessen — 180
4. Ist Solidarität ein Auslaufmodell? — 185

12 Zentrale Lebensthemen als Schlüssel zu einem positiven Leben — 190
Ann Elisabeth Auhagen

1. Wie das Leben gelingen kann: Prozesse und Strategien — 190
2. Positives zu Positivem — 193

Autorenverzeichnis — 196

Sachverzeichnis — 199

Personenverzeichnis — 215

1 Das Positive mehren. Herausforderungen für die Positive Psychologie

Ann Elisabeth Auhagen

Sinn, Geborgenheit, Vertrauen, Vergebung, Gelassenheit – wer möchte das nicht in seinem Leben erfahren? Doch zwischen dem Wunsch nach diesen und anderen als angenehm erlebten Erfahrungen und der Alltagswirklichkeit tut sich oft eine Kluft auf. Nicht nur wird häufig ein Mangel an positiven Aspekten schmerzlich empfunden: Bedrohungserleben, Ängste, Stress, physische und psychische Beeinträchtigungen reduzieren das eigene Wohlbefinden bisweilen beträchtlich. Kein Wunder also, dass wichtige Bereiche der Psychologie – etwa die Klinische Psychologie oder die Psychopathologie – ihre Hauptaufgabe darin sehen, diesen „Störenfrieden" den Kampf anzusagen. In Ergänzung hierzu wählt die Positive Psychologie das Positive als ihren Schwerpunkt und grenzt sich damit etwa zur Perspektive der Pathologie ab, ohne jene als negativ abstempeln zu wollen. Die Positive Psychologie ruht auf drei Grundpfeilern:

(1) Sie ist auf das Positive ausgerichtet, z. B. auf Stärken, Tugenden oder Ressourcen.
(2) Sie hat den Anspruch einer wissenschaftlichen Fundierung.
(3) Sie verfolgt das Ziel, positiv auf das Erleben und Verhalten im Alltag von Menschen zu wirken.

1 Ausrichtung auf das Positive

Ein Schlüsselerlebnis. Der Aha-Effekt kam für den bekannten amerikanischen Psychologen Martin Seligman durch seine kleine Tochter beim Unkrautjäten. Seligman (2002) hatte diese Tätigkeit möglichst schnell hinter sich bringen wollen. Aber die Fünfjährige spielte und tanzte, anstatt wie eine Erwachsene bei der Arbeit zu bleiben. Der Autor etlicher psychologischer Werke über Kinder bekennt im Nachhinein, Kindern gegenüber nicht immer gütig gewesen zu sein: Er brüllte seine Tochter an. Die Fünfjährige reagierte überraschend (Seligman, 2002, S. 3f.; Übers. Auhagen): „Papa, ich möchte mit dir reden. Erinnerst du dich noch an den Tag vor meinem fünften Geburtstag? In der Zeit, als ich drei bis fünf Jahre alt war, war ich eine Heulsuse. Jeden Tag habe ich geweint. Als ich

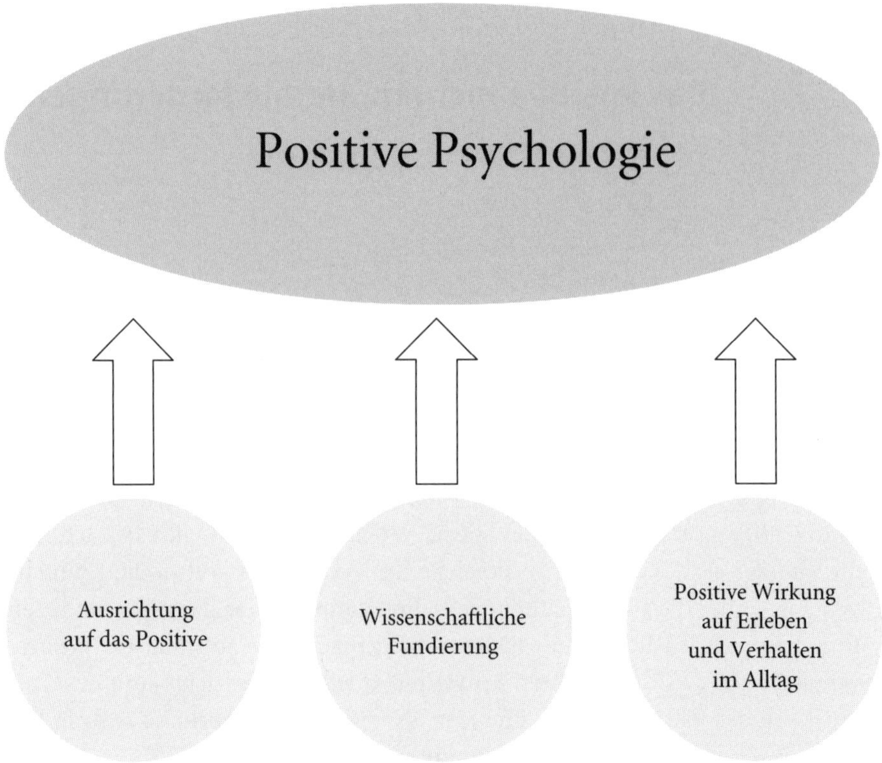

Positive Psychologie

- Ausrichtung auf das Positive
- Wissenschaftliche Fundierung
- Positive Wirkung auf Erleben und Verhalten im Alltag

Abbildung 1.1. Tragende Säulen und außerdem Ziele der Positiven Psychologie sind die Ausrichtung auf das Positive, die wissenschaftliche Fundierung sowie das Bestreben, positiv auf das Erleben und Verhalten im Alltag zu wirken

fünf wurde, entschied ich mich, nicht mehr zu weinen. Das war das Schwierigste, was ich je gemacht habe. Und wenn ich aufhören kann zu weinen, kannst du auch aufhören, zu schreien und zu schimpfen." Das brachte den Psychologen zum Nachdenken über sich selbst und die Psychologie.

Wiederentdecken des Positiven. Seligman (2002) erinnert daran, dass die Psychologie vor dem Zweiten Weltkrieg ursprünglich drei große Ziele hatte: Erstens wollte sie psychische Krankheiten heilen, zweitens wollte sie zu einem produktiven und erfüllten Leben beitragen, und drittens sah sie es als ihre Aufgabe an, Hochbegabung zu entdecken und zu fördern. Bestimmte gesellschaftliche Entwicklungen – etwa die Notwendigkeit, Kriegsveteranen zu behandeln – waren mit dafür verantwortlich, dass sich die Psychologie in den USA hauptsächlich mit der erstgenannten Aufgabe befasste. Seligman, der 1998 gerade zum Präsidenten der American Psychological Association gewählt worden war, fand den Zeitpunkt gekommen, dass sich die Psychologie wieder auf ihr Ziel besinnen sollte, Menschen zu einem produktiven und erfüllten Leben zu verhelfen. Er initiierte die seither unter diesem Namen bekannt gewordene neue Positive Psychologie (Ernst, 2001; Seligman, 1998a; 1998b). Heute erfreut sich die Positive Psychologie nicht nur in den USA, sondern auch in Deutschland und anderen europäischen und außereuropäischen Ländern zunehmenden Interesses. Forschungsprogramme werden initiiert, Tagungen organisiert, Stipendien und Preise vergeben, und es liegen einschlägige Publikationen vor (z. B. Aspinwall & Staudinger, 2003a; Brockert, 2001; Jewell Rich, 2001; Seligman, 2003; Seligman & Csikszentmihalyi, 2000; Snyder & Lopez, 2002).

Ziele des vorliegenden Buches. Der Band versteht sich als ein Beitrag der Positiven Psychologie und folgt den drei eingangs beschriebenen Grundpfeilern, die gleichzeitig als Zielsetzungen betrachtet werden können. Die Ausrichtung auf das Positive erfolgt hier, indem Konzepte, die eine positive Konnotation haben, eingehend behandelt werden. Dies geschieht, gemäß dem zweiten Grundpfeiler, auf wissenschaftlicher Basis. Und um einen Beitrag zum alltäglichen Erleben und Verhalten zu leisten – der dritte Grundpfeiler –, bemüht sich jedes Kapitel um einen Brückenschlag von der Forschung zur Praxis. Die Auswahl der Konzepte richtete sich nach mehreren Kriterien: Es sollten Konzepte sein,

▶ die nicht nur eine wissenschaftliche, sondern auch eine Alltagsbedeutung haben,
▶ die in der Psychologie bislang eher wenig beachtet worden sind,
▶ die eher als „Stärken" oder „Tugenden" bezeichnet werden können denn als „Talente" oder „Fähigkeiten" (wie z. B. Kreativität, Intelligenz; vgl. Seligman & Peterson, 2003).

Die hier getroffene Auswahl erhebt keinen Anspruch auf Vollständigkeit, denn auch Konzepte wie Demut (Price Tangney, 2002), Glück (Locke, 2002), Dankbarkeit (Emmons & Shelton, 2002) oder Rücksichtnahme – um nur einige zu nennen – hätten die genannten Kriterien erfüllt. Aus Platzgründen musste leider darauf verzichtet werden.

Vier Strategien zur Vermehrung des Positiven. Übergeordnetes Ziel der Positiven Psychologie ist die Vermehrung des Positiven im menschlichen Leben unter psychologischen Gesichtspunkten. Dieses Ziel kann über verschiedene Strategien erreicht werden.

(1) Vermehrung: Förderung bereits vorhandener positiver Aspekte und Qualitäten, wie etwa menschliche Stärken, Fähigkeiten, Tugenden oder Ressourcen.
(2) Schaffung: Entwicklung neuer positiver Aspekte und Qualitäten – z. B., indem man für bessere Lebensbedingungen sorgt.
(3) Minderung: Verminderung des so genannten Negativen – z. B., indem man jemandem hilft, die positiven Aspekte einer Situation zu erkennen, die er als negativ erlebt.

(4) Verhinderung: Man bemüht sich darum, nichts Neues entstehen zu lassen, das als negativ bewertet wird – z. B., indem man Erkrankungen vorbeugt.

Diese vier Strategien können auch gemeinsam angewandt werden. Wichtig ist eine differenzierte Betrachtungsweise: Für wen ist wann, in welchen Situationen und unter welchen Bedingungen welche Strategie günstig und hilfreich?

Das Positive in der Positiven Psychologie

Was gilt als positiv im Sinne der Positiven Psychologie? Dies ist eine berechtigte Frage. Auch wenn sie derzeit nicht abschließend beantwortet werden kann, trägt ihre Diskussion immerhin dazu bei, einer Klärung näher zu kommen.

Das Positive aus der Metaperspektive. Das Positive lässt sich aus einer übergeordneten, einer Metaperspektive betrachten (→ Kap. 10, Mitmenschliche Güte). Diese befasst sich mit Fragen wie: Ist das Positive für sich allein existent, oder besteht es nur in Relation zum Negativen? Gibt es unabdingbare Kriterien, die das Positive als positiv auszeichnen, unabhängig von speziellen Umständen oder Situationen? Diese Perspektive stellt auch ethische Fragen: Welche psychologischen Ziele soll die Positive Psychologie als erstrebenswert betrachten? Soll sie sich bestimmten Zielen grundsätzlich verweigern, weil diese möglicherweise als negativ angesehen werden? Soll die Positive Psychologie überhaupt von „negativen" Zuständen, Emotionen oder Ähnlichem sprechen, oder soll sie dafür Audrücke wie „wenig hilfreich", „von Nachteil" und „unangemessen" verwenden? Aspinwall und Staudinger (2003b) halten die Metaperspektive im Rahmen der Positiven Psychologie für fruchtbar, warnen aber zugleich davor, Menschen Vorschriften zu machen, wie sie leben sollen. Insgesamt scheint für die Klärung von übergeordneten Fragen, die das Positive betreffen, eine interdisziplinäre Betrachtung – unter Zuhilfenahme von Erkenntnissen anderer Disziplinen wie Philosophie und Religion – sinnvoll.

Das Positive: Stärken und Ressourcen. Die Metaperspektive ist notwendig, damit die Positive Psychologie ihre ethischen Ziele, Prinzipien und Grenzen erarbeiten und anwenden kann. Innerhalb dieses Rahmens gilt es jedoch – in der Forschung wie in der Praxis –, Projekte zu entwickeln, Entscheidungen zu fällen, Maßnahmen zu treffen und zu gestalten – kurz, praktisch zu handeln und Menschen zu fördern und zu unterstützen. Dazu bedarf es konkreterer Vorstellungen vom Positiven als Gegenstand der Positiven Psychologie. Die übergeordneten Konzepte, die gegenwärtig in diesem Zusammenhang diskutiert werden, sind „menschliche Stärken" (strengths) und „Ressourcen" (resources) (Aspinwall & Staudinger, 2003a; Snyder & Lopez, 2002).

Menschliche Stärken. Dieses Konzept ist nicht einfach zu fassen und wissenschaftlich noch nicht befriedigend definiert (s. Kästen „Versuch einer Taxono-

> **Menschliche Stärken: Versuch einer Taxonomie**
> Einen ersten Versuch, menschliche Stärken zu charakterisieren und zu klassifizieren, präsentieren Seligman und Peterson (2003). Sie nennen sieben Kriterien für eine Stärke:
> (1) Sie besitzt eine gewisse Stabilität über die Zeit und über Situationen.
> (2) Sie wird gefeiert, wenn vorhanden; ihr Fehlen wird beklagt.
> (3) Eltern versuchen, sie ihren Kindern zu vermitteln.
> (4) In größeren Gesellschaften gibt es Institutionen und Rituale für ihre Kultivierung.
> (5) Rollenmodelle sind vorhanden.
> (6) Es gibt Ausnahmeerscheinungen, z. B. Kinder, die im Hinblick auf eine bestimmte Stärke ungewöhnlich weit entwickelt sind.
> (7) Sie wird in allen größeren Kulturen anerkannt und gewürdigt.
> Die Taxonomie der beiden Autoren besteht aus sechs übergeordneten Begriffsklassen, die durch diverse Konzepte vertreten werden: Weisheit und Wissen (etwa Originalität, Interesse); Mut (etwa Authentizität, Enthusiasmus); Liebe (etwa Freundlichkeit, Großzügigkeit); Gerechtigkeit (etwa Pflicht, Fairness); Maßhalten (etwa Verzeihen, Demut); Transzendenz (etwa Dankbarkeit, Optimismus).

mie" und „Einige Diskussionspunkte"). Zunächst können menschliche Stärken als „positive menschliche Merkmale" verstanden werden (Seligman, 2002, S. 5; Übers. Auhagen). Autorinnen und Autoren der Positiven Psychologie fassen darunter:
(1) so genannte Tugenden, also Konzepte mit einer starken ethischen Komponente wie Verzeihen, mitmenschliche Güte, Mitgefühl, Solidarität, Demut, Empathie und Altruismus;
(2) stabile und prozessorientierte Eigenschaften, die mit einer positiven Bemeisterung des Lebens verbunden werden, wie positives Denken, Hoffnung, Humor, das Erleben von Sinnhaftigkeit im Leben, Beharrlichkeit und Wachstum;
(3) Fähigkeiten, die das Leben zu erleichtern scheinen, etwa kommunikative Fertigkeiten, Kreativität oder Intelligenz (Aspinwall & Staudinger, 2003a; Snyder & Lopez, 2002).

Gemeinsam ist diesen „Stärken", dass sie nicht als neutrale, sondern von vornherein als positive Tugenden, Eigenschaften oder Fähigkeiten bewertet werden, die positive Auswirkungen sowohl auf das eigene Leben als auch auf das Leben anderer haben. Sie können auch als Unterklasse der so genannten personalen Ressourcen – ein Begriff aus der Forschung über Gesundheit und Wohlbefinden – angesehen werden.

> **Menschliche Stärken: Einige Diskussionspunkte**
> Welche Kriterien entscheiden darüber, was eine menschliche Stärke ist? Müssen Stärken z. B. der Anpassung und Funktionalität im menschlichen Leben dienen? Wenn ja, wie werden Anpassung und Funktionalität charakterisiert und operationalisiert? Werden dafür subjektive Indikatoren – etwa Wohlbefinden – oder objektive Indikatoren – etwa Langlebigkeit – verwendet? Wer bestimmt im Zusammenhang mit menschlichen Stärken, was gut und positiv ist? Sollen bestimmte Wertesysteme – etwa die christliche Ethik – dafür herangezogen werden? Sind menschliche Stärken mittelfristig stabile Persönlichkeitsmerkmale wie z. B. Intelligenz oder eher Prozesse wie beispielsweise Wachstum? Sind sie immer bewusst und intentional?
> (nach Aspinwall & Staudinger, 2003b)

Ressourcen. Nach Wright und Lopez (2002) „repräsentiert die Bezeichnung *Positive Psychologie* diejenigen Bemühungen von professioneller Seite, die Personen bei einer optimalen Gestaltung menschlichen Funktionierens helfen, indem sie sowohl Stärken als auch Defizite sowie Ressourcen und nicht nur Stressoren aus dem Umfeld berücksichtigen" (S. 42; Übers. Auhagen, kursiv im Orig.). Der Begriff „Stärken" erfasst nur jenen Aspekt des Positiven als Gegenstand der Positiven Psychologie, der sich ausdrücklich auf eine genauer bestimmte Gruppe von persönlichen Merkmalen bezieht, die man auch als personale Ressourcen bezeichnen kann. Es ist also sinnvoll, den Gegenstand der Positiven Psychologie um psychologische Aspekte aus dem Umfeld der Person – so genannte soziale Ressourcen – zu erweitern. Die Unterscheidung in personale und soziale Ressourcen wird gern in der Gesundheitspsychologie verwendet (Schwarzer, 1992). Personale und soziale Ressourcen können ineinander greifen: So kann es zu den Stärken eines Menschen gehören, seine sozialen Ressourcen, etwa in Form von sozialer Unterstützung, zu mobilisieren.

> **DEFINITION**
>
> **Das Konzept der Ressource**
> In der Psychologie ist „Ressource" fast ein Modewort. Von Ressourcen wird beispielsweise im Zusammenhang mit Gesundheit und Prävention (Haisch, 2003; Schemmel & Schaller, 2003), sozialen Beziehungen (Foa & Foa, 1980) oder Wissensmanagement (Schnurer et al., 2003) gesprochen. Dennoch ist eine exakte Begriffsbestimmung schwierig. Hier ein Vorschlag, dieses Konzept zu definieren:

> ▶ Ressource: eine mögliche Hilfsquelle zum Erreichen von Zielen, Zuständen, Veränderungen, Optimierungen und Ähnlichem.
> ▶ Wahrgenommene Ressource: eine mögliche Hilfsquelle zum Erreichen von Zielen, Zuständen, Veränderungen, Optimierungen und Ähnlichem, die von einem Individuum als Hilfsquelle erkannt wird.
> ▶ Aktive Ressource: eine für einen Menschen tatsächlich verfügbare Hilfsquelle zum Erreichen von Zielen, Zuständen, Veränderungen, Optimierungen und Ähnlichem.
> ▶ Aktiv eingesetzte Ressource: eine potentielle oder tatsächliche Hilfsquelle zum Erreichen von Zielen, Zuständen, Veränderungen, Optimierungen und Ähnlichem, die von einem oder mehreren Individuen in einer Situation mehr oder weniger bewusst eingesetzt wird.

Das Positive als Effekt. „Stärke" und „Ressource" sind deshalb Begriffe mit positiver Konnotation, weil von ihnen positive Effekte erwartet werden. Bei einigen dieser Stärken und Ressourcen liegen bereits empirische Hinweise auf solche Effekte vor, bei anderen geht man diesbezüglich noch von einem vorwissenschaftlichen Verständnis aus. Wem aber sollen diese positiven Auswirkungen zugute kommen? Diese Frage lässt sich letztlich nicht ohne die bereits erwähnte Metaperspektive auf das Positive entscheiden. Wer von Stärken und Ressourcen liest, könnte meinen, dass es sich dabei ausschließlich um auf Einzelpersonen bezogene Vorzüge handelt. Das ist aus mindestens zwei Gründen nicht so: Erstens haben viele Themen der Positiven Psychologie (s. Kasten „Taxonomie"; Aspinwall & Staudinger, 2003a; Snyder & Lopez, 2002) von vornherein eine positive soziale Ausrichtung: Verzeihen, Güte oder Solidarität etwa sind direkt auf andere Menschen bezogen. Bei Konzepten, die nicht primär soziale Aspekte zu beinhalten scheinen, wie beispielsweise Lebenssinn, Originalität oder Mut, wird – zumindest implizit – davon ausgegangen, dass sie die Schädigung und Übervorteilung anderer Menschen und die Anwendung von psychischer oder physischer Gewalt ausschließen. Weitere soziale Vorteile erschließen sich auf den zweiten Blick. So wird Lebenssinn häufig in sozialen Beziehungen gesehen (→ Kap. 6, Sinn in unserem Leben), und vom Mut Einzelner profitieren oft viele andere Menschen. Auch Weisheit, darauf weisen Aspinwall und Staudinger (2003b) hin, zeichnet sich dadurch aus, dass sie stets die positiven Auswirkungen auf andere im Blick hat. Zweitens erkennen auch viele andere Metaperspektiven (Ritter, 1972) etwas nur dann als gut an, wenn es das Wohl anderer berücksichtigt. Dies schließt Handeln aus purem Egoismus, Rücksichtslosigkeit oder Machtmotiven aus. Insgesamt kann man sagen: Die positiven Effekte, die durch die Positive Psychologie angestrebt werden, beinhalten sowohl auf die eigene Person bezogene als auch auf andere Personen bezogene Aspekte.

Objektive und subjektive Kriterien. Im Rahmen ihrer wissenschaftlichen Orientierung stellt die Positive Psychologie an sich selbst den Anspruch, theoretische und operationale Kriterien für positive Effekte bereitzuhalten. Als objektive Kriterien gelten dabei solche, die von mehreren Personen übereinstimmend gemessen werden können, beispielsweise personale Ressourcen wie physische Indikatoren von Gesundheit oder soziale Ressourcen wie funktionierende unterstützende Netzwerke. Solche Indikatoren garantieren aber nicht, dass sich jemand insgesamt wohl fühlt, dass er in seinem Leben zufrieden oder gar glücklich ist. Deshalb kommt im Rahmen der Positiven Psychologie der Forschung über „subjective well-being" (zusammenfassende Diskussion z. B. Diener et al., 1999) eine wichtige Rolle zu. Diese Forschungsrichtung meint, zu einem guten Leben gehöre es, dass man sein Leben möge. Subjektives Wohlbefinden drückt sich in „kognitiven und affektiven Werturteilen einer Person über ihr Leben" aus (Diener et al., 2002, S. 63; Übers. Auhagen). Grunddimensionen psychologischen Wohlbefindens sind für Ryff und Singer (2003) Lebenssinn, das Meistern der Umwelt, positive Sozialbeziehungen, Autonomie, persönliches Wachstum sowie Selbstakzeptanz.

Wie zufrieden sind Sie mit Ihrem Leben?
Unten lesen Sie fünf Aussagen. Geben Sie hinter jeder Aussage jeweils den Grad Ihrer Zustimmung auf einer Skala von 1 bis 7 an. Schreiben Sie die betreffende Zahl auf die Linie hinter der Aussage. Bitte seien Sie offen und ehrlich in Ihren Antworten.
Skala:
7 ich stimme vollkommen zu, **6** ich stimme zu, **5** ich stimme eher zu, **4** weder Zustimmung noch Ablehnung, **3** lehne ich eher ab, **2** lehne ich ab, **1** lehne ich vollkommen ab
Lesen Sie nun folgende Aussagen:
Mein Leben kommt in vielerlei Hinsicht meinem Ideal nahe. _____
Meine Lebensbedingungen sind exzellent. _____
Ich bin mit meinem Leben zufrieden. _____
Bislang habe ich die für mich wichtigen Dinge in meinem Leben bekommen. _____
Wenn ich mein Leben noch einmal leben könnte, würde ich fast nichts ändern. _____

> **Auswertung und Interpretation:**
> Addieren Sie die Zahlen hinter den fünf Aussagen.
> 5 bis 9 Punkte: Sie sind extrem unzufrieden mit Ihrem Leben.
> 10 bis 14 Punkte: Sie sind sehr unzufrieden mit Ihrem Leben.
> 15 bis 19 Punkte: Sie sind unzufrieden mit Ihrem Leben.
> 21 bis 25 Punkte: Sie sind halbwegs zufrieden mit Ihrem Leben.
> 26 bis 30 Punkte: Sie sind sehr zufrieden mit Ihrem Leben.
> 31 bis 35 Punkte: Sie sind extrem zufrieden mit Ihrem Leben.
> Die meisten Amerikaner erreichen einen Score zwischen 21 und 25. Ein Score von über 25 bedeutet eine überdurchschnittliche Lebenszufriedenheit.
> (Lebenszufriedenheitsskala Diener, Emmons, Larsen & Griffen, 1985, nach Diener et al., 2002, S. 70; übers. u. bearb. v. Auhagen)

2 Anspruch auf wissenschaftliche Fundierung

Wissenschaftliche Säulen. Für Seligman und Peterson (2003) sind die tragenden Säulen für eine Wissenschaft der Positiven Psychologie das Erforschen von subjektiv positivem Erleben, das Erforschen positiver individueller Persönlichkeitsmerkmale sowie Institutionen, die die beiden genannten Forschungsschwerpunkte ermöglichen. Diese Aufzählung kann man ergänzen um das Erforschen von positiven psychologischen Kontexten und – besonders wichtig – um das Erforschen von positiven Möglichkeiten, Veränderungen und Zuständen in der Zukunft. Entstehen hierdurch Besonderheiten der wissenschaftlichen Orientierung, und wenn ja, welche und mit welchen Implikationen?

Werte und Wertfreiheit. Ob Wissenschaft wertfrei sein kann und sollte, kann unter verschiedenen Gesichtspunkten wie Zielsetzungen, Gegenstand, Theorien, Paradigmen oder Methoden betrachtet werden. Im Hinblick auf ihre Zielsetzungen – Mehren des Positiven – und ihren Gegenstand – positiv konnotierte Stärken und Ressourcen – bezieht die Positive Psychologie klar Stellung, nämlich auf bestimmte, ethisch positive Werte ausgerichtet zu sein. Was Theorien, Paradigmen und Methoden betrifft, offenbaren die einschlägigen Publikationen, dass die Positive Psychologie sich in weiten Teilen in der Tradition empirisch-naturwissenschaftlich ausgerichteter Psychologie bewegt. Das bedeutet unter anderem die wertfreie Beschreibung und Analyse von psychologischen Phänomenen auf erfahrungswissenschaftlicher Basis. Inwieweit aber ist es möglich, neue Entwicklungen, Visionen oder Desiderata mit Ansätzen und Methoden zu erfassen, die auf die Beschreibung und Erklärung von Ist-Zuständen ausgerichtet sind?

Neue Wege wissenschaftlichen Denkens. Wenn also die Positive Psychologie tatsächlich innovativ wirken und an besseren Lebensumständen arbeiten will, wird sie nicht umhin können, auch in wissenschaftstheoretischer und wissenschaftspragmatischer Hinsicht neue Wege zu beschreiten. Da die Zielsetzung der Positiven Psychologie – wenn man sie mit dem Mehren von Positivem umschreiben möchte – Veränderung beinhaltet, werden Paradigmen und Modelle gebraucht, die es insbesondere erlauben, Visionen und Innovationen zu entwickeln und zu erfassen.

Menschenbilder. Im Zuge der Entwicklung eines neuen wissenschaftlichen Denkens ist es unvermeidlich, dass die Vertreter der Positiven Psychologie mehr als bisher ihre Menschenbilder reflektieren (Erb, 1997). Dies ist wichtig, weil Ideen darüber, was der Mensch an sich ist, häufig damit zusammenhängen, welche Merkmale an ihm für eher stabil oder für eher flexibel gehalten werden und welche Entwicklungsmöglichkeiten man dem Menschen generell zutraut. Im derzeit in der Psychologie so populären evolutionspsychologischen Menschenbild nehmen Forscher ein Zusammenspiel von biologisch bedingten Verhaltenstendenzen und Reaktionen auf Umgebungsvariablen an (Hinde, 2002). Hier wird der Mensch also ausschließlich materiell und als reagierendes Wesen mit nur bedingt freien Reaktionen begriffen. In anderen derzeit in der Psychologie verwendeten Menschenbildern, etwa dem humanistischen, werden die Menschen stärker als freie Gestalter ihres Lebens gesehen, die über einen freien Willen verfügen (Auhagen, 2002; Seligman, 2002). Die Durchsicht psychologischer Forschungsarbeiten ergibt, dass viele Forschende nicht explizit zu dem von ihnen verwendeten Menschenbild Stellung nehmen und implizit den Menschen als ein auf Stimuli reagierendes Wesen sehen, wie dies etwa das behavioristische Menschenbild tut. Die Positive Psychologie sollte bei der Frage „Was ist der Mensch?" ihre Sichtweise nicht von vornherein begrenzen – zum Beispiel auf materielle Aspekte, wie es in der Psychologie derzeit fast ausschließlich geschieht. Sie sollte den Mut aufbringen, sich auch mit Fragen der Transzendenz zu befassen (Murphy & Ballou, 1960; Peseschkian, 1996; Wolterstorff, 1984). Dies könnte sich in vielerlei Hinsicht als Gewinn bringend erweisen – beispielsweise in Bezug auf Zielsetzungen und Inhalte der Disziplin und damit zusammenhängende konkrete Verhaltensangebote.

3 Positives Einwirken auf das Erleben und Verhalten im Alltag

Gelungene Anwendung als Erfolgskriterium. Nützliche und weit verbreitete Anwendungen der wissenschaftlichen Resultate sind für Seligman und Peterson (2003) ein Kriterium für den erhofften Erfolg der Positiven Psychologie (zum

Wechselspiel zwischen Forschung, Anwendung und Praxis s. Bierhoff & Auhagen, 2003). Wirklich erfolgreich wird die Positive Psychologie allerdings nur dann sein, wenn sie es tatsächlich schafft, positiv auf das Erleben und Verhalten von Menschen einzuwirken. Einige Bedingungen für das Erreichen dieses Ziels werden im Folgenden dargestellt.

Wirklichkeit und Vision. Was ihre Anwendung und Praxis betrifft, ist die Positive Psychologie aufgefordert, so zu arbeiten, dass sie die Menschen, für die sie da sein will, auch wirklich erreicht. Das bedeutet zum einen, dass sie imstande ist, die – subjektive – Wirklichkeit von Menschen nachzuvollziehen und die Menschen dort „abzuholen", wo sie stehen. Die Positive Psychologie sollte sich also folgende Fragen stellen: Wie können bereits vorhandene Ressourcen aktiver eingesetzt, wie weitere Ressourcen entdeckt und entwickelt werden? Wie können als negativ empfundenen Erlebnissen, etwa Unfällen, auch positive Aspekte abgewonnen werden? Können als negativ eingeschätzte Verhaltensweisen, z. B. konfliktreiche Kommunikationsformen, in positives Verhalten gewandelt oder können ihre negativen Aspekte zumindest deutlich vermindert werden? Wie kann die Positive Psychologie zum Verlernen und Überwinden wenig hilfreicher Strategien, Gewohnheiten, Gedanken, Gefühle und Handlungsweisen im Alltag – z. B. Wut, Ärger, Stress oder negatives Denken – beitragen?

Wenn sie die Menschen wirklich erreichen will, muss die Positive Psychologie jedoch auch Visionen und grundsätzlich neue Ideen für eine bessere Alltagspraxis entwickeln. Gerade in diesen Formen der Innovation liegt eine große Chance für den Erfolg dieser Disziplin, wenn sie sich nicht von vornherein selbst Grenzen setzt – etwa durch zu eng gefasste wissenschaftliche Paradigmen. Zum Entwickeln positiver Lebensvisionen sowohl für einzelne als auch für Gruppen von Menschen gehören nicht nur Überlegungen zu Inhalt und Zielen dieser Visionen, sondern auch das Hinterfragen allgemeiner bisheriger Lebensstrategien: Welche Mythen und Rituale gibt es in einer Gesellschaft? Welchen Sinn haben sie? Dienen sie wirklich positiven Zielen, oder sollte man sie verändern bzw. abschaffen? Sind bestimmte Lebensgewohnheiten im Denken und Fühlen wirklich hilfreich, oder führen sie zu Stagnation, Unzufriedenheit und mitmenschlichen Schwierigkeiten?

> **Mögliche Visionen im Rahmen der Positiven Psychologie**
> ▶ Jeder Mensch übernimmt bewusst die Verantwortung für seine Gedanken und Gefühle. Solange wir noch Sätze äußern wie „Du bist schuld, dass ich mich schlecht fühle", ist dieses Ziel nicht erreicht.
> ▶ Wir hören auf, uns in nicht konstruktiver Weise über andere zu beklagen („die Politiker sind inkompetent", „die Bahn macht alles falsch").
> ▶ Unser zwischenmenschlicher Umgang ist immer freundlich. Niemand schreit den anderen an.

Freiwilligkeit und Lebensfreude. Der Hinweis von Aspinwall und Staudinger (2003), die Positive Psychologie könne Gefahr laufen, Menschen ihr Leben vorzuschreiben, lässt sich vor allem als Mahnung an ihre Vertreter verstehen, nicht zu normativ und einschränkend zu wirken. In der Praxis scheint diese Gefahr weniger groß zu sein, da kaum anzunehmen ist, dass Menschen sich in demokratischen Gesellschaften etwas vorschreiben lassen, ohne – etwa im Sinne von Reaktanz (Brehm, 1966) – in Opposition zu gehen. Positiv ausgedrückt heißt dies, dass Angebote der Positiven Psychologie den Aspekt der Freiwilligkeit besonders hervorheben sollten. Darüber hinaus sollte die Positive Psychologie ihre Angebote so gestalten, dass diejenigen, für die sie erarbeitet wurden, sie für einen echten Gewinn halten und von ihrem Nutzen überzeugt sind. Die Positive Psychologie hat es hier vermutlich schwerer als klinische Angebote, die oft aufgrund von Leidensdruck genutzt werden. Wer aber nimmt zusätzliche Anregungen, Trainings oder Schulungen auf sich, wenn er sich ohne große Anstrengung im Herkömmlichen bewegen kann? Es ist für Angebote der Positiven Psychologie daher besonders wichtig, Wohlbefinden und Lebensfreude zu mehren. In diesem Zusammenhang sollte zukünftig verstärkt Öffentlichkeitsarbeit geleistet werden, die über die Angebote und Erfolge der Positiven Psychologie informiert.

Positive Ethik. Handelsman et al. (2002) stellen ihre „positive Ethik" einer „negativen Annäherung" an Fragen der Ethik gegenüber. Die Idee einer positiven Ethik ist sowohl für die breite Bevölkerung als auch für die Vertreter der Positiven Psychologie wichtig, da sie aktive, konstruktive, das eigene Selbst integrierende Prinzipien für das Denken und Handeln beinhaltet, die zu einer ethischen Weiterentwicklung führen. Zu den Attributen der positiven Ethik gehören:
▶ Integration allgemeiner moralischer Kodes mit persönlichen Vorstellungen von Ethik – auch in der Profession der Psychologie,
▶ Prinzipien, die auf Ziele gerichtet sind, wie Tugenden,
▶ breite Diskussion ethischer Sachverhalte,
▶ Fokussierung auf die Integration von Denken und Handeln,
▶ Integration von Aspekten positiver Ethik wie Werte, Entscheidungen oder Prävention zu einem sinnvollen Ganzen.

Eine negative Annäherung an Fragen der Ethik ist nach Ansicht von Handelsman et al. (2002) dagegen durch folgende Aspekte gekennzeichnet:
▶ enger, auf Kodes und Gesetze limitierter ethischer Fokus,
▶ durchsetzbare Regeln und Standards,
▶ eingeschränkte Diskussion ethischer Sachverhalte,
▶ Fokussierung auf Zwang und Einschränkung von Verhalten (etwa durch Verbote),
▶ unverbunden nebeneinander stehende Gesetze, Kodes oder Überzeugungen.

Authentizität und Glaubwürdigkeit. Die zitierten Vorschläge zu einer positiven Ethik sollen wie viele andere hier präsentierte Überlegungen eines deutlich machen: Der Erfolg der Positiven Psychologie wird auch davon abhängen, inwieweit sie authentisch und glaubwürdig angewandt wird. Sollte ein tieferer Sinn darin verborgen sein, dass Martin Seligman die Idee einer Wende zum Positiven bei sich selbst und in der Psychologie ausgerechnet beim Unkrautjäten kam? Wer mag, kann die metaphorische Bedeutung des „Unkrautjätens im eigenen Garten" einmal reflektieren. In jedem Fall scheint die erwünschte Praxis der Positiven Psychologie eine Bereicherung zu sein: Sie kann als „attitude of mind" verstanden werden, als Geisteshaltung in Bezug auf Forschung und Anwendung.

> **DEFINITION**
>
> **Positive Psychologie** kann bezeichnet werden als Orientierung auf das Mehren des Guten in Forschung, Anwendung und Praxis,
> ▶ insbesondere im Hinblick auf menschliche Stärken und Ressourcen
> ▶ vor dem Hintergrund einer integrativen Ethik der Nächstenliebe und des Verzichts auf jede Form von Gewalt
> ▶ und mit dem Ziel, bessere subjektive und objektive Lebensbedingungen für Menschen zu schaffen.

Zitierte Literatur

Aspinwall, L. & Staudinger, U. (Eds.). (2003a). A psychology of human strength. Fundamental questions and future directions for a positive psychology. Washington, DC: American Psychological Association.

Aspinwall, L. & Staudinger, U. (2003b). A psychology of human strength: Some central issues of an emerging field. In L. Aspinwall & U. Staudinger (Eds.), A psychology of human strength. Fundamental questions and future directions for a positive psychology (pp. 9–22). Washington, DC: American Psychological Association.

Auhagen, A. E. (2002). Psycho-soziale Faktoren von Innovation. Gruppendynamik und Organisationsberatung. Zeitschrift für Angewandte Sozialpsychologie, 33 (3), 311–337.

Bierhoff, H. W. & Auhagen, A. E. (2003). Angewandte Sozialpsychologie. Eine Standortbestimmung. In A. E. Auhagen & H. W. Bierhoff (Hrsg.), Angewandte Sozialpsychologie. Ein Praxishandbuch (S. 1–16). Weinheim: Beltz PVU.

Brehm, J. W. (1966). A theory of psychological reactance. New York: Academic Press.

Brockert, S. (2001). Positive Psychologie. Gesund und glücklich durch emotionale Fitness. Stuttgart: Kreuz.

Diener, E., Emmons, R. A., Larsen, R. J. & Griffen, S. (1985). The satisfaction with life scale. Journal of Personality Assessment, 49, 71–75.

Diener, E., Lucas, R. E. & Oishi, S. (2002). Subjective well-being. The science of happiness and life satisfaction. In C. R. Snyder & S. J. Lopez (Eds.), Handbook of positive psychology (pp. 63–73). Oxford: Oxford University Press.

Diener, E., Suh, E., Lucas, R. E. & Smith, H. (1999). Subjective well-being: Three decades of progress. Psychological Bulletin, 125, 276–302.

Emmons, R. A. & Shelton, C. M. (2002). Gratitude and the science of positive psychology. In C. R. Snyder & S. J. Lopez (Eds.), Handbook of positive psychology (pp. 299–312). Oxford: Oxford University Press.

Erb, E. (1997). Gegenstands-Problemkonstituierung: Subjekt-Modelle (in) der Psychologie. In N. Groeben (Hrsg.), Zur Programmatik einer sozialwissenschaftlichen Psychologie. Bd. 1: Metatheoretische Perspektiven, 1. Halbband: Gegenstandsverständnis, Menschenbilder und Ethik (S. 139–239). Münster: Aschendorff.

Ernst, H. (2001). Was das Leben lebenswert macht. Wie können wir uns von plus zwei auf plus fünf verbessern? Martin Seligman, „Erfinder" der Positiven Psychologie, erklärt, warum ihre Zeit gekommen ist. Psychologie Heute, Juni, 62–63.

Foa, E. B. & Foa, U. G. (1980). Resource Theory: Interpersonal behavior as exchange. In K. J. Gergen, M. S. Grenberg & R. H. Willis (Eds.), Social Exchange (pp. 77–94). New York: Plenum.

Haisch, J. (2003). Gesundheit und Prävention. In A. E. Auhagen & H.-W. Bierhoff (Hrsg.), Angewandte Sozialpsychologie. Das Praxishandbuch (S. 533–555). Weinheim: Beltz PVU.

Handelsman, M. M., Knapp, S. & Gottlieb, M. C. (2002). Positive Ethics. In C. R. Snyder & S. J. Lopez (Eds.), Handbook of positive psychology (pp. 731–744). Oxford: Oxford University Press.

Hinde, R. A. (2002). Why good is good. The sources of morality. London: Routledge.

Jewell Rich, G. (Guest Editor). (2001). Journal of Humanistic Psychology. Special Issue on Positive Psychology, 41 (1).

Locke, E. (2002). Setting goals for life and happiness. In C. R. Snyder & S. J. Lopez (Eds.), Handbook of positive psychology (pp. 299–312). Oxford: Oxford University Press.

Murphy, G. & Ballou, R. O. (1960). William James on psychical research. New York: Viking Press.

Peseschkian, N. (1996). Positive Psychotherapie. Theorie und Praxis. Frankfurt a. M.: Fischer.

Price Tangney, J. (2002). Humility. In C. R. Snyder & S. J. Lopez (Eds.), Handbook of positive psychology (pp. 411–422). Oxford: Oxford University Press.

Ritter, J. (Hrsg.). (1972). Historisches Wörterbuch der Philosophie. Bd. 2: D–F. Basel: Schwabe.

Ryff, C. D. & Singer, B. (2003). Ironies of the human condition: Well-being and health on the way to mortality. In L. Aspinwall & U. Staudinger (Eds.), A psychology of human strength. Fundamental questions and future directions for a positive psychology (pp. 271–287). Washington, DC: American Psychological Association.

Schemmel, H. & Schaller, J. (Hrsg.). (2003). Ressourcen. Ein Hand- und Lesebuch zur therapeutischen Arbeit. Tübingen: dgtv-Verlag.

Schwarzer, R. (1992). Psychologie des Gesundheitsverhaltens. Göttingen: Hogrefe.

Schnurer, K., Winkler, K. & Mandl, H. (2003). Wissensmanagement. In A. E. Auhagen & H.-W. Bierhoff (Hrsg.), Angewandte Sozialpsychologie. Das Praxishandbuch (S. 220–231). Weinheim: Beltz PVU.

Seligman, M. E. P. (1998a). Positive social science.
http://apa.org/monitor/apr98/pres.html

Seligman, M. E. P. (1998b). What is the „good life"?
http://apa.org/monitor/oct98/pres.html

Seligman, M. E. P. (2002). Positive psychology, positive prevention, and positive therapy. In C. R. Snyder & S. J. Lopez (Eds.), Handbook of positive psychology (pp. 3–9). Oxford: Oxford University Press.

Seligman, M. E. P. (2003). Der Glücksfaktor. Bergisch Gladbach: Ehrenwirth.

Seligman, M. E. P. & Csikszentmihalyi, M. (2000). Positive Psychology. An introduction. American psychologist, 55, 5–14.

Seligman, M. E. P. & Peterson, C. (2003). Positive clinical psychology. In L. Aspinwall & U. Staudinger (Eds.), A psychology of human strength. Fundamental questions and future directions for a positive psychology (pp. 305–317). Washington, DC: American Psychological Association.

Snyder, C. R. & Lopez, S. J. (Eds.). (2002). Handbook of positive psychology. Oxford: Oxford University Press.

Wolterstorff, N. (1984). Integration of faith and science – The very idea. Journal of Psychology and Christianity, 3 (2), 12–19.

Wright, B. A. & Lopez, S. J. (2002). Widening the diagnostic focus. A case for including human strenght and environmental resources. In C. R. Snyder & S. J. Lopez (Eds.), Handbook of positive psychology (pp. 26–44). Oxford: Oxford University Press.

2 Positives Denken

Astrid Schütz • Janine Hertel • Andrea Heindl

Think positive! Spätestens seit der weiten Verbreitung des Buchs „Sorge dich nicht, lebe!" von Dale Carnegie (1986/1948) ist der Begriff „Positives Denken" aus der Alltagspsychologie nicht mehr wegzudenken. Seit zwei Dekaden boomt die Ratgeberliteratur zu diesem Thema, und unzählige Trainingsseminare und Kurse werden auf dem Markt angepriesen. Dabei wird angenommen, dass durch positives Denken Gesundheit, Wohlbefinden und Erfolg erreicht werden können.

In der wissenschaftlichen Psychologie wurden positive Haltungen lange Zeit nur dann als adaptiv erachtet, wenn sie noch realistisch waren. Einen Meilenstein setzten Taylor und Brown (1988). Sie argumentierten, dass psychisch gesunde Menschen die Wirklichkeit leicht illusionär verkennen (im Sinne einer ständig präsenten rosa Brille) und dass ihnen diese Verkennung im Alltag, vor allem aber bei der Bewältigung schwieriger Situationen, hilfreich sei. Obwohl zunehmend auch auf die Gefahren einer solchen Sichtweise hingewiesen wird, mehren sich die Hinweise darauf, dass positive Haltungen wie Optimismus, die Wahrnehmung persönlicher Kontrolle und die Fähigkeit, einen Sinn in den Lebensereignissen zu finden, wichtige Ressourcen im Hinblick auf physisches und psychisches Wohlbefinden darstellen.

Im vorliegenden Kapitel werden zuerst Begriffe, die mit positivem Denken assoziiert sind, erläutert. Anschließend fassen wir empirische Ergebnisse in Form eines Literaturüberblicks zusammen und zeigen Möglichkeiten der Erfassung und des Trainings positiver Sichtweisen auf. Abschließend wird differenziert, wann positive Haltungen günstig sind und wann nicht.

1 Begriffsbestimmungen

Positives Denken. „Positives Denken" ist eine alltagspsychologische Vokabel und steht für eine bejahende, zuversichtliche Haltung. Als Fachausdruck existiert der Begriff nicht im psychologischen Wörterbuch (Dorsch et al., 1998). Es lassen sich allerdings mehrere verwandte Konzepte identifizieren, wie Optimismus, Kontrollüberzeugungen, Selbstwirksamkeitserwartung oder positiv konnotierte Bewältigung (s. Abb. 2.1). Diese werden im Folgenden kurz skizziert.

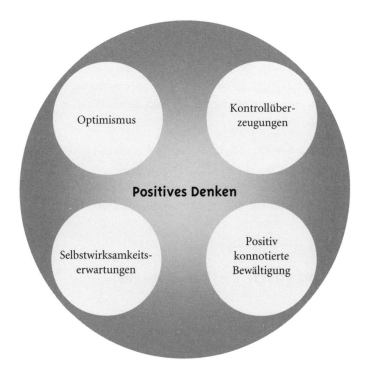

Abbildung 2.1. In der wissenschaftlichen Psychologie ist der Begriff „Positives Denken" als solcher nicht definiert. Die Bezeichnung ist daher als Oberbegriff zu verstehen, der zahlreiche psychologische Konstrukte beinhaltet. Die relevantesten Teilaspekte sind: Optimismus, Kontrollüberzeugungen, Selbstwirksamkeitserwartungen und positiv konnotierte Bewältigungsstile. Diese vier Kategorien können jeweils einzeln betrachtet werden, stehen aber auch in wechselseitiger Beziehung

Optimismus. Optimismus kann verstanden werden als habituelle Tendenz, die Dinge zuversichtlich zu sehen und selbst in schwierigen Situationen positive Ergebnisse zu erwarten (Carver & Scheier, 2002). Optimismus könnte somit als Neigung zu positivem Denken umschrieben werden.

Kontrollüberzeugungen. Unter Kontrollüberzeugungen (locus of control; Rotter, 1955) versteht man die generalisierte Überzeugung, das eigene Schicksal kontrollieren zu können. Dabei wird unterschieden, ob jemand meint, das eigene Schicksal sei eher durch eigenes Zutun (internale Faktoren) oder eher durch äußere Kräfte (externale Faktoren) gesteuert.

Selbstwirksamkeitserwartung. Selbstwirksamkeitserwartung ist die Überzeugung, wirksam Einfluss auf ein Geschehen nehmen zu können und so das zu erreichen, was man erreichen möchte (Bandura, 1977). Unterschieden werden zwei Komponenten:

(1) Kompetenzerwartung: die Gewissheit, dass man selbst in der Lage ist, diese Handlungen erfolgreich auszuführen;

(2) Konsequenzerwartung: die Annahme, dass diese Handlungen geeignet sind, ein bestimmtes Ziel zu erreichen. Neben bereichsspezifischen Selbstwirksamkeitserwartungen geht man auch von generalisierten Überzeugungen aus.

Positiv konnotierte Bewältigungsreaktionen. Positives Denken spielt auch bei der Bewältigung kritischer Lebensereignisse eine wichtige Rolle. So genannte positiv konnotierte Bewältigungsformen (etwa Hoffnung oder Humor) haben sich als wichtige Bestandteile effektiven Bewältigens erwiesen (z. B. Snyder et al., 2000).

2   Die Effekte positiven Denkens

Befunde aus der Gesundheitspsychologie

Optimismus und Gesundheit. In mehreren Studien konnten Zusammenhänge zwischen Optimismus und physischer sowie psychischer Gesundheit nachgewiesen werden. So zeigten Scheier et al. (1989) in einer Längsschnittstudie mit Patienten, die sich einer Bypass-Operation unterzogen, dass eine durchgehend optimistische Haltung zu einer schnelleren Genesung und zu einem höheren Maß an Lebensqualität nach dem Eingriff führte.

Es konnte außerdem gezeigt werden, dass Optimisten stärker zu gesundheitsförderlichem Verhalten neigen und versuchen, gesundheitsschädigendes Verhalten zu reduzieren (Steptoe et al., 1994). Insgesamt zeichnen sich Optimisten

> **BEISPIEL**
>
> Der amerikanische Psychologe Michael F. Scheier und Kollegen untersuchten den Zusammenhang von Optimismus und Gesundheitsverhalten (Scheier et al., 1989). Sie befragten 51 Männer, die sich einer Bypass-Operation unterziehen mussten. Mittels Fragebogen erhoben sie Daten zu Lebensqualität, Stress, Genesung und Stimmung. Die Männer wurden befragt a) einen Tag vor dem Eingriff, b) eine Woche danach, c) sechs Monate nach der Operation. Die Ergebnisse zeigten, dass sich Optimisten im Vergleich zu Pessimisten vor der Operation weniger feindselig verhielten und weniger depressive Symptome aufwiesen. Eine Woche nach dem Eingriff zeigten sich die Optimisten glücklich und erleichtert. Sie erholten sich schneller, berichteten über größere Zufriedenheit mit der Gesundheitsversorgung und der emotionalen Unter-

> stützung von Freunden. Sechs Monate nach der Operation berichteten Optimisten über eine insgesamt höhere Lebensqualität. Dieses Ergebnis blieb in einer Folgebefragung fünf Jahre nach dem Eingriff bestehen.

dadurch aus, dass sie sich aktiv mit einem Problem auseinander setzen und versuchen, einen Sinn in den entsprechenden Umständen zu erkennen sowie positive Aspekte der Situation zu nutzen (vgl. Affleck et al., 1987).

Kontrollüberzeugungen und Gesundheit. Neben einer optimistischen Haltung sind internale Kontrollüberzeugungen wichtige Faktoren des physischen und psychischen Wohlbefindens (Taylor et al., 2000). Bandura (1992) konnte zeigen, dass die experimentelle Erhöhung von Kompetenzerwartungen die Immunabwehr stärkt. Auch für den Umgang mit chronischen Krankheiten erwiesen sich internale Kontrollüberzeugungen als hilfreich. In Bezug auf verschiedene Krankheitsbilder, z. B. das Parkinson-Syndrom (Haltenhof et al., 2000), wurde gezeigt, dass Patientinnen und Patienten, die sich hohe Kontrolle über den Verlauf der Dinge zuschreiben, weniger leicht resignieren und über höheres Wohlbefinden berichten.

> **Positives Denken und Immunsystem**
> Zahlreiche Untersuchungen belegen einen Zusammenhang von positivem Denken und einer guten Immunabwehr. Melissa Rosenkranz und Kollegen (2003) haben diesen Zusammenhang unter neurobiologischem Blickwinkel näher untersucht. Sie baten 52 Frauen, schriftlich über das schlimmste und das glücklichste Ereignis in ihrem Leben zu berichten. Vor und nach dieser Aufgabe wurde die Gehirnaktivität u. a. mittels Elektroenzephalogramm gemessen. Außerdem wurden die Frauen gegen Grippe geimpft, um die für die Immunabwehr maßgebliche Konzentration von Antikörpern im Blut messen zu können. Offenbar spielt der präfrontale Kortex eine Vermittlerrolle zwischen positiven Gefühlen und der Immunabwehr. Die Ergebnisse zeigen, dass positive Gefühle den linken Teil des präfrontalen Kortex aktivieren, was mit einer guten Immunabwehr einhergeht. Negative Gefühle hingegen aktivieren den rechten präfrontalen Kortex und sind assoziiert mit einer schlechten Immunabwehr. Diese Ergebnisse unterstützen die Hypothese, dass Pessimisten durch ein schwächeres Immunabwehrsystem einem stärkeren Gesundheitsrisiko ausgesetzt sind als Optimisten.

Selbstwirksamkeitserwartung und Gesundheit. Eng mit Kontrollüberzeugungen verbunden sind Selbstwirksamkeitserwartungen. Maddux (2002) weist darauf hin, dass Selbstwirksamkeitserwartungen stets eine Schlüsselrolle im (präventiven) Gesundheitsverhalten spielen. So konnten Devins und Edwards (1988) zeigen, dass hohe Selbstwirksamkeitserwartungen für eine erfolgreiche Einschränkung des Zigarettenkonsums entscheidend sind. Auch hat sich erwiesen, dass Selbstwirksamkeitserwartungen in Bezug auf Burnout und berufsbezogenen Stress eine Schutzfunktion haben (hier: Lehrer-Selbstwirksamkeit; vgl. Schmitz, 2001).

Selbstwirksamkeitserwartung und Psychotherapie. Auch in der Psychotherapie spielen Selbstwirksamkeitserwartungen und andere positive Einstellungen eine wesentliche Rolle. Hoffnung, Erwartungs- oder Placebo-Effekte tragen nach Ergebnissen von Lambert (1992) bis zu 15 Prozent zum Ergebnis einer Therapie bei und haben damit einen ähnlich großen Einfluss wie die jeweils angewandte Behandlungsmethode (ebenfalls 15 Prozent).

Positiv konnotierte Bewältigungsstile. Mehrere Studien belegen, dass sich Humor und Hoffnung positiv auf die Bewältigung kritischer Lebensereignisse aus

> **Die Bedeutung positiven Denkens bei der Behandlung von Depressionen**
> Kontrollüberzeugungen, Selbstwirksamkeitserwartungen und Hoffnung sind bei der Behandlung von Depressionen außerordentlich wichtig. Depressionen zeichnen sich vor allem durch eine gedrückte Stimmung, Freudlosigkeit, negative und pessimistische Zukunftsperspektiven, Schuldgefühle sowie durch verminderte Selbstwert-Wertschätzung und Selbstwirksamkeit aus. Bei schwereren Depressionen besteht die Gefahr des Suizids, der als einziger Ausweg aus der Hoffnungslosigkeit gesehen wird (vgl. Ahrens, 2000). Ziel der Therapie ist u. a., den Patienten und Patientinnen die Hoffnung zurückzugeben. Es wird daran gearbeitet, dass sie die Kontrolle über ihr Leben zurückgewinnen und die Überzeugung, Einfluss auf die Dinge des Lebens nehmen zu können, zurückerlangen. Dem Aufbau von Zukunftsperspektiven kommt äußerste Wichtigkeit zu. Hoffnung ist in diesem Sinn nicht nur eine Variable, welche die Lebensqualität verbessern kann, sondern eine, die mit darüber entscheidet, ob ein Weiterleben überhaupt vorstellbar ist. Optimismus zu fördern ist also bei der Therapie von Depressionen ein generell anzustrebendes Ziel. Auf einem Kontinuum zwischen einer extrem negativen Sicht und einer extrem positiven Sicht sollte die Perspektive eines depressiv gestörten Menschen zum Positiven hin verschoben werden, bis ein hilfreicher Umgang mit sich selbst, der Umwelt und der Zukunft wieder möglich ist (vgl. die kognitive Triade; Beck, 1974). Das muss noch nicht bedeuten, dass der/die Betreffende die Welt positiv wahrnimmt, seine/ihre Sichtweise ist jedoch zumindest positiver als zuvor.

wirken. Humor erwies sich im Umgang mit Schmerzen als hilfreich (z. B. Rotton & Shats, 1996) und wirkt sich positiv auf das Immunsystem aus (z. B. Lefcourt et al., 1990). Snyder et al. (2000) stellten fest, dass Hoffnung nicht nur der Vermeidung von Krankheiten dient, sondern auch zu verhindern hilft, dass Krankheiten chronisch werden. Hoffnungsvolle Personen sind besser über gesundheitsrelevante Themen informiert (Irving et al., 1998) und verfügen über bessere und vielfältigere Strategien, um mit Krankheit umzugehen (z. B. Barnum et al., 1998).

Befunde aus der pädagogischen Psychologie

Optimismus und Leistung. Zahlreiche Studien berichten über positive Effekte von Optimismus auf Leistung bzw. Erfolg in Schule, Beruf und Sport (vgl. Peterson, 2000). Dieser Zusammenhang ist in starkem Maße darauf zurückzuführen, dass optimistische Personen dazu tendieren, Erfolge ihren Fähigkeiten zuzuschreiben (internale Attribuierung), und für Misserfolge eher äußere Umstände verantwortlich machen (externale Attribuierung). Optimisten schreiben beispielsweise eine schlechte Note in einer Mathematikarbeit eher der Schwierigkeit der Aufgabe oder der Tatsache zu, dass der Lehrer die Problematik nicht richtig erklärt hat. Pessimisten dagegen führen Misserfolg typischerweise auf ihre schlechten mathematischen Fähigkeiten zurück.

Kontrollüberzeugung, Selbstwirksamkeitserwartung und Leistung. In der Tradition von Bandura (1977) existiert eine Vielzahl von Studien, die auf die positiven Effekte einer hohen Selbstwirksamkeitserwartung hinweisen, z. B. in Bezug auf das Anstreben hoher Ziele (für einen Überblick vgl. Maddux & Lewis, 1995). Eine kulturvergleichende Studie mit Kindern der Klassen 2 bis 6 in den USA, in Russland und in Deutschland legten Little et al. (1995) vor (vgl. auch Little et al., 2001). Danach verfügten US-amerikanische Kinder über die höchsten Kontroll- und Selbstwirksamkeitsüberzeugungen – allerdings gab es hier auch die geringsten Übereinstimmungen zwischen diesen Überzeugungen und den tatsächlich erbrachten Leistungen.

Im Hinblick auf den Zusammenhang von Selbsteinschätzung und Leistung zeigte eine Studie von Weinert und Helmke (1997), dass zu Beginn der Grundschulzeit reziproke Beziehungen bestanden: Das Selbstkonzept beeinflusste die nachfolgenden Leistungen, und vorausgegangene Leistungen wirkten auf das Selbstkonzept zurück. In den späteren Grundschuljahren schwächte sich – bei zunehmender Stabilität der Testleistungen – der Einfluss des Selbstkonzepts auf die Leistungen ab, wohingegen Leistungen in Form von Testergebnissen und Noten weiterhin Einfluss auf das Selbstkonzept hatten. Anscheinend wirkt sich ein hohes Fähigkeitsselbstkonzept aber nicht direkt, sondern nur über dazwischen liegende Mechanismen auf die Leistung aus. Beispielsweise bewirkt ein positives Selbstkonzept, dass schwierige Aufgaben schneller in Angriff genommen werden oder dass man sich weniger leicht entmutigen lässt, wenn bei der Bearbeitung Probleme oder Selbstzweifel auftreten (Helmke, 1992).

Positiv konnotierte Bewältigungsstile und Leistung. Hoffnung ist auch im Leistungsbereich eine wichtige Ressource, wenn es darum geht, angestrebte Ziele zu verfolgen, verschiedene Lösungswege zu finden und auszuprobieren sowie aufgabenorientiert zu arbeiten (Snyder et al., 2002). Verschiedene Studien haben gezeigt, dass Hoffnung sowohl im schulischen als auch im sportlichen Kontext zu besseren Leistungen verhelfen kann (Curry et al., 1997). Humor erwies sich ebenfalls als hilfreich. Beispielsweise konstatierte Vaillant (1977), dass Menschen, die über sich selbst lachen können, besser mit Misserfolgen umzugehen verstehen.

3 Diagnose und Trainingsmöglichkeiten

Wie lässt sich positives Denken nutzen, um ein optimales Funktionieren unseres Organismus zu unterstützen? Es gibt derzeit mehrere Trainings, die optimistische Sichtweisen, interne Kontrollüberzeugungen, eine hohe Selbstwirksamkeitserwartung und positiv konnotierte Bewältigungsstile fördern. Häufig ist es jedoch ratsam, zunächst den Ist-Zustand festzustellen (Statusdiagnose). Dazu stehen verschiedene Selbstbeschreibungsfragebögen zur Verfügung.

Optimismus. Scheier und Carver (1985) entwickelten den Life Orientation Test, mit dem die Lebenshaltung einer Person zwischen den Polen Optimismus und Pessimismus eingeordnet werden kann (Scheier et al. 1994; deutsche Fassung: Wieland-Eckelmann & Carver, 1990). Seligman et al. (1995) führten bei Schulkindern, die zu depressiven Symptomen neigen, ein Optimismus-Training durch, in dem die Kinder Strategien für den Umgang mit Problemen erlernten. Sowohl nach dem Training als auch in einer zwei Jahre später stattfindenden Kontrolluntersuchung zeigten diese Kinder weniger depressive Symptome als die Kontrollgruppe. Da Eltern entscheidend dazu beitragen können, dass ihre Kinder eine optimistischere Haltung entwickeln, wurden auch für sie Programme entwickelt, z. B. „Steps Toward Effective Enjoyable Parenting" (STEEP; Egeland & Erickson, 1993).

Kontrollüberzeugungen. Zur Erfassung von Kontrollüberzeugungen können Fragebogen zu Kompetenz- und Kontrollüberzeugungen (z. B. Krampen, 1981 u. 1991) genutzt werden. Kontrollüberzeugungen bilden sich auf ähnliche Weise aus wie Optimismus. Auch hier konnte der Einfluss von familiären, schulischen und beruflichen Sozialisationsbedingungen belegt werden (Preiser, 2001). Umgebungsmerkmale wie eine starke Strukturiertheit, unzählige Regeln und ein geringer Entscheidungsspielraum begünstigen die Ausprägung externaler Kontrollüberzeugungen. Für den schulischen Bereich zeigte DeCharms (1972), dass durch spezielle Übungen (Training) internale Kontrollüberzeugungen in Lehrern und Schülern impliziert bzw. erhöht werden können. Diese wirkten sich positiv auf die Lernatmosphäre aus und führten zu einer höheren Leistungsmotivation. Auch Preiser (1988) stellte fest, dass internale Kontrollüberzeugungen während eines Schulpraktikums, das durch hohe Selbständigkeit und eine geringe Strukturierung von Arbeitsvorgängen gekennzeichnet war, erhöht wurden. Die Anleitung zu intensiver Reflexion über das eigene zielgerichtete Handeln beschleunigte diesen Prozess (vgl. Hofmann & Preiser, 1989).

Selbstwirksamkeitserwartung. Für den deutschsprachigen Raum entwickelten Jerusalem und Schwarzer (1981 u. 1999) eine Skala zur generalisierten Selbstwirksamkeit, die den allgemeinen Umgang einer Person mit schwierigen Situationen im Lebensalltag feststellt. Daneben konstruierten Schwarzer und Mitarbeiter weitere spezifische Messinstrumente, z. B. zur Erfassung von kollektiver Selbstwirksamkeit (Selbstwirksamkeit als Gruppe, Team oder Kollektiv; Schwarzer & Jerusalem, 1999) oder von Lehrer-Selbstwirksamkeit (explizit Kompetenzbereiche des Lehrerberufs betreffend, wie die soziale Interaktion mit Schülern, Eltern und Kollegen; Schwarzer & Schmitz, 1999).

> **BEISPIEL**
>
> In einer über fünf Jahre durchgeführten Längsschnittstudie (1990–1995) interviewten Jeannette Zempel und Michael Frese 500 ostdeutsche Arbeitnehmer und Arbeitnehmerinnen hinsichtlich ihrer Arbeitsplatzsituation und psychischen Verfassung (Zempel & Frese, 1997). Die Daten zeigen, dass eine hohe Eigeninitiative und die Bereitschaft zur Weiterbildung vor dem Verlust des Arbeitsplatzes schützen bzw. die Suche nach einem neuen Arbeitsplatz erleichtern. Die Autoren fanden, dass nichtdepressive Arbeitslose über eine höhere Ziel-, Plan- und Handlungsorientierung verfügen. Auch sehen Optimisten die Ursachen für ihre Arbeitslosigkeit eher bei sich und versuchen aktiv, diesen Zustand zu ändern. Eine pessimistische Haltung ist vorwiegend bei Langzeitarbeitslosen anzutreffen – ebenso wie Orientierungslosigkeit und Verlust des Vertrauens in die eigenen Fähigkeiten.

Für die Ausbildung hoher Selbstwirksamkeitserwartungen ist neben der Fähigkeit zur Selbstreflexion auch die Interpretation von Ursache-Wirkungs-Mechanismen bedeutsam (vgl. Bandura, 1997; Maddux, 2002): Dass man Erfolge auf eigene Stärken zurückführt, scheint für die Kontrolle der Umwelt entscheidend zu sein. Modelllernen, positive Rückmeldungen sowie eine unterstützende und fördernde Haltung der sozialen Umwelt sind weitere relevante Faktoren.

Positiv konnotierte Bewältigungsstile. Hoffnung, Humor und positiv-optimistische Bewältigungsstile sind Formen positiven Denkens. Um messen zu können, wie viel Hoffnung eine Person hat, haben Snyder und Kollegen drei Skalen entwickelt, die individuelle Unterschiede berücksichtigen (zusammenfassend s. Snyder et al., 2002):

(1) Die Trait Hope Scale misst Hoffnung als Eigenschaft. Personen werden gebeten, sich vorzustellen, wie sie über einen längeren Zeitraum und über verschiedene Situationen hinweg handeln würden.
(2) Die State Hope Scale bezieht sich auf momentane Reaktionsweisen und erfasst Hoffnung als Zustand.
(3) Die Children's Hope Scale wurde für Kinder im Alter von 8 bis 16 Jahren entwickelt.

Bei Humor ist es wichtig, zwischen feindseligem Humor und Humor, der eingesetzt wird, um Situationen zu entschärfen oder abzumildern, zu unterscheiden. Nur letzterer stellt eine Form positiven Denkens dar, ersterer ist eine Form von Aggressivität (vgl. Janes & Olson, 2000). Zur Erfassung von Humor und dessen Stress reduzierender Funktion haben Martin und Lefcourt die Coping Humor Scale (CHS, 1983) und den Situational Humor Response Questionnaire (SHRQ, 1984) entwickelt. Die CHS als eher interpersonales Maß erfragt, inwiefern Menschen Humor einsetzen, um kritische Situationen zu entschärfen. Im SHRQ dagegen, einem eher intrapersonalen Maß, werden Personen gebeten anzugeben, wie oft und in welchem Ausmaß sie dazu neigen, mit Humor auf bestimmte Situationen zu reagieren. Für den deutschsprachigen Raum ist auf das State-Trait-Heiterkeits-Inventar (Ruch et al., 1997) zu verweisen. Noch fehlen aber zuverlässige Evaluationsstudien zu Programmen, die darauf abzielen, Humor als eine Stress reduzierende Strategie zu nutzen. Eine Möglichkeit, schwierige Situationen schon von Beginn an durch positiv-optimistisches Bewältigen zu entschärfen, ist die Verbesserung von Kommunikations- und Konfliktlösungsstrategien. Hier bieten sich Trainings an wie das EPL (Ein Partnerschaftliches Lernprogramm; Thurmaier, 1997) für junge Paare oder das KEK (Konstruktive Ehe und Kommunikation; Engl et al., 1998) für seit längerem zusammenlebende Paare.

4 Kann positives Denken schädlich sein? Eine differenzierende Sichtweise

Betrachtet man die hier referierten Befunde, könnte man zu dem Schluss kommen, dass eine positive Einstellung grundsätzlich von Vorteil ist. Eine optimistische Haltung scheint motivierend zu wirken, internale Kontrollüberzeugungen scheinen zu aktivem Handeln zu bewegen und der Resignation vorzubeugen. Hohe Selbstwirksamkeitserwartungen helfen offenbar, gelassen zu bleiben und Motivation aufzubauen. Doch es gibt auch zahlreiche Studien, die auf die Schattenseiten positiven Denkens im Allgemeinen oder positiver Selbstbewertungen im Speziellen hinweisen (Schütz, 2001 u. 2003; vgl. aber Baumeister et al., 2003).

Gefahr der Enttäuschung. Was passiert, wenn positive Erwartungen enttäuscht werden? Sind Menschen mit positiven Erwartungen besonders verletzlich gegenüber Enttäuschungen? Der Schutz vor Enttäuschungen wird z. B. im Konzept des defensiven Pessimismus (Spencer & Norem, 1996) hervorgehoben. Gemeint ist eine Haltung, die sich – überspitzt formuliert – wie folgt umschreiben lässt: „Wer das Schlimmste erwartet, erlebt nur positive Überraschungen." Defensiver Pessimismus ist also eine Form der Belastungsbewältigung: Indem eine Person in ihrer Vorstellung den schlimmstmöglichen Fall vorwegnimmt, kann sie bereits im Vorfeld Gegenmaßnahmen planen.

Gefahr der Passivität. Im Hinblick auf die Schattenseiten einer optimistischen Lebenshaltung könnte man ferner fragen, ob Optimismus zu Passivität verleitet. Eine optimistische Person könnte z. B. davon ausgehen, dass sich die Dinge auch ohne ihr Zutun in idealer Weise entwickeln, und daher Risiken unterschätzen und präventive Maßnahmen unterlassen (vgl. Schwarzer & Renner, 1997). Darauf deutet beispielsweise eine Untersuchung von Desharnais et al. (1990) hin, für die Patienten befragt wurden, die einen Herzinfarkt erlitten hatten. Optimisten hielten das Risiko eines erneuten Infarkts für geringer als Pessimisten. Schwarzer (1993) fordert in diesem Zusammenhang, zwischen funktionalen und dysfunktionalen Varianten des Optimismus zu unterscheiden.

Unterschätzung von Risiken. Auf die Gefahr der Unterschätzung von Risiken durch positive Illusionen weisen auch Studien aus dem Bereich der Konfliktforschung hin. Personen, die sich schlimmstmögliche Situationen (worst case scenarios) vorgestellt hatten, trafen mehr Sicherheitsvorkehrungen als Personen, die optimistische Szenarien imaginiert hatten (Kramer et al., 1990). Andererseits wirkt sich das reine Vorstellen bzw. Erwarten des schlimmsten Falls nicht notwendigerweise günstig aus: Es kann dazu führen, dass zu Unrecht als bedrohlich eingeschätzte Situationen vermieden werden (z. B. im Fall von Phobien). Entscheidend ist vielmehr, dass man sich nicht nur ausmalt, was alles passieren könnte, sondern auch darüber nachdenkt, ob und wie man auch mit *dieser* Situation zurechtkommen könnte. Dabei spielen wiederum Selbstwirksamkeitserwartungen (Konsequenz- und Kompetenzerwartungen) sowie Bewältigungsstrategien eine wichtige Rolle.

> **BEISPIEL**
>
> Bryan Gibson und David Sanbonmatsu (2004) untersuchten in drei Studien den Zusammenhang von (dispositionalem) Optimismus und dem Verhalten beim Glücksspiel. In der ersten Studie zeigte sich, dass Optimisten positivere Erwartungen an den Spielausgang hatten als Pessimisten. Auch hielten Optimisten diese Erwartungen selbst nach mehreren Misserfolgen aufrecht. In der zweiten Studie konnte gezeigt werden, dass Pessimisten nach mehreren Misserfolgen ihre Gewinnerwartungen und ihren Einsatz reduzierten. Optimisten taten dies nicht. Eine dritte Studie bestätigte diese Ergebnisse. Darüber hinaus fanden die Autoren, dass ein nach einer Reihe von Misserfolgen erzielter Gewinn für Optimisten präsenter war als für Pessimisten. Optimisten hielten auch nach mehreren Misserfolgen ihre Gewinnerwartungen aufrecht und spielten weiter.

Negative Auswirkungen auf Anpassungsprozesse. Dass eine positive Einstellung negative Einflüsse auf die Bewältigung von Belastungen haben kann, zeigte Frese (1992). Auf das Bewältigungsverhalten von Arbeitslosen beispielsweise wirkte sich illusionäre Hoffnung ungünstiger aus als realistischer Pessimismus. Eine Studie von Janoff-Bulman und Marshall (1982) ergab, dass es für Personen mit hoher internaler Kontrollüberzeugung besonders schwierig war, sich in einem Altenheim einzuleben. Die Diskrepanz zwischen der wahrgenommenen Überzeugung, die Dinge beeinflussen zu können, und dem Erlebnis, dass dies in der neuen Umgebung nur beschränkt möglich ist, kann zur Störung des Anpassungsprozesses an die neuen Bedingungen führen.

Negative Auswirkungen in Leistungssituationen. Helmke (1998) weist darauf hin, dass extrem positive Einstellungen Leistungen gefährden können. Kinder, die sich stark überschätzen, bereiten sich ungenügend auf Prüfungen vor und erzielen schlechtere Leistungen (z. B. in Mathematikprüfungen). Die starke Überschätzung der eigenen Fähigkeiten kann dazu führen, dass Erfolg für selbstverständlich gehalten wird, was wiederum zur Folge haben kann, dass die Voraussetzungen für diesen Erfolg nicht geschaffen werden und dieser infolgedessen ausbleibt. In Leistungssituationen scheint eine maßvolle Selbstüberschätzung adaptiv zu sein, da sie motiviert. Hoch positive Selbsteinschätzungen im Sinne selbsterhöhender Illusionen können dagegen dazu führen, dass Aufgaben oder Gegner unterschätzt werden – wie Janis (1982) am Beispiel des „groupthink"-Phänomens illustrierte –, dass Ziele zu hoch angesetzt und deshalb verfehlt werden (vgl. Baumeister et al., 1993) oder dass Hilfsangebote ausgeschlagen werden, weil das Annehmen von Hilfe als Eingeständnis von Schwäche interpretiert wird (Sellin, 2003).

Wann ist eine positive Haltung hilfreich?
Vor dem Hintergrund der Debatte, ob eine positive Haltung hilfreich oder eher schädlich ist, arbeitete Schütz (2001) folgende Bedingungsfaktoren zur Einschätzung der Adaptivität positiver Haltungen heraus:
▶ *Ausmaß der Verzerrung:* Positive Selbsteinschätzungen, ja sogar Selbstüberschätzungen können motivierend und hilfreich sein, wenn sie nicht zu extrem ausfallen (Baumeister, 1989).
▶ *Situationsmerkmale:* Ist man einer Situation ausgeliefert, an der man nichts ändern kann, mag positives Denken helfen, die eigene Befindlichkeit vor einem Absinken in Resignation oder Depression zu bewahren (vgl. Ferring et al., 1994). In Situationen, die Initiative und Handeln erfordern, ist eine optimistische Haltung hilfreich, solange sie realistisch bleibt. Unrealistischer Optimismus kann dazu führen, dass notwendiges Handeln unterbleibt und Gefahren übersehen bzw. unterschätzt werden.
▶ *Handlungsphasen:* Eine positive Sicht der Dinge motiviert bei der Umsetzung getroffener Entscheidungen und schützt vor störenden Zweifeln und ablenkenden Alternativen. Müssen Entscheidungen jedoch erst getroffen werden, kann positives Denken Fehlentscheidungen begünstigen (Gollwitzer & Kinney, 1989).
▶ *Kriteriumsfrage:* Positive Sichtweisen sind häufig für die Person selbst und in kurzfristiger Hinsicht günstig. Berücksichtigt werden sollten aber auch Wirkungen auf Interaktionspartner sowie langfristige Effekte (Schütz, 2003).
▶ *Differenzierende Konstrukte:* Positive Sichtweisen sind hilfreich, solange sie notwendiges Handeln vorbereiten und nicht ersetzen (Erwartung versus Phantasie; vgl. Oettingen, 1997). Darüber hinaus erweist sich eine positive Haltung als hilfreich, solange sie durch eine leichte Überschätzung eigener Handlungsmöglichkeiten förderliches Verhalten begünstigt und nicht durch eine Unterschätzung des Risikos funktionales Verhalten behindert (funktionaler versus defensiver Optimismus; vgl. Schwarzer, 1994).
▶ *Interindividuelle Differenzen:* Eine einheitliche positive Sichtweise zu propagieren ist nicht angebracht. Beachtet werden müssen unterschiedliche Fähigkeiten und Persönlichkeitsstrukturen sowie die wechselseitige Beeinflussung

4 Kann positives Denken schädlich sein? Eine differenzierende Sichtweise

von Person und sozialer Umwelt. Positive Sichtweisen erweisen sich vor allem für diejenigen Menschen als hilfreich, die sich durch einen optimistischen Bewältigungsstil wohl und sicher fühlen (Norem & Illingworth, 1993). Personen, die einen optimistischen Bewältigungsstil haben, vermeiden es, an eine bevorstehende unangenehme oder belastende Situation – etwa eine Operation, eine Prüfung oder eine neue Arbeitsstelle – zu denken. Sie versuchen sich zu entspannen, vielleicht mit Hilfe von Progressiver Muskelrelaxation, Autogenem Training, schöner Musik oder einem Spaziergang. Sie zeichnen sich durch eine optimistische Haltung aus und meistern schwierige Situationen mit Hoffnung und Humor. Anderen Menschen hilft es hingegen, sich alle Probleme vorzustellen, die in einer bestimmten Situation auftreten könnten, und sich mögliche Bewältigungsformen zu vergegenwärtigen.

Insgesamt ist festzuhalten, dass positives Denken in moderatem Umfang, in bestimmten Situationen, im Hinblick auf bestimmte Kriterien, in bestimmten Varianten und bei bestimmten Personen hilfreich ist. Unter anderen Umständen kann eine rosige Sicht auf die Dinge dagegen durchaus problematisch sein. Entscheidend ist, ob man in der Lage ist, eigene Fehler, Schwächen oder Risiken realistisch einzuschätzen und daraus Konsequenzen zu ziehen.

Zitierte Literatur

Affleck, G., Tennen, H., Croog, S. & Levine, S. (1987). Causal attribution, perceived benefits, and morbidity after a heart attack: An eight-year study. Journal of Consulting and Clinical Psychology, 55, 29–35.

Ahrens, B. (2000). Die suizidale Störung – Ärger ohne Hoffnung? In M. Wolfersdorf & C. Franke (Hrsg.), Suizidforschung und Suizidprävention am Ende des 20. Jahrhunderts. Theologische, epidemiologische, ökonomische, therapeutische Aspekte. Beiträge der DGS-Jahrestagung vom 08.–10.10.1999 in Bayreuth (S. 173–196). Regensburg: Roderer.

Bandura, A. (1977). Self-efficacy. Psychological Review, 84, 191–215.

Bandura, A. (1992). Self-efficacy mechanism in psychobiologic functioning. In R. Schwarzer (Ed.), Self-efficacy: Thought control of action (pp. 355–394). Washington, DC: Hemisphere.

Bandura, A. (1997). Self-efficacy: The exercise of control. New York: Freeman.

Barnum, D. D., Snyder, C. R., Rapoff, M. A., Mani, M. M. & Thompson, R. (1998). Hope and social support in the psychological adjustment of pediatric burn survivors and matched controls. Children's Health Care, 27, 15–30.

Baumeister, R. F. (1989). The optimal margin of illusion. Journal of Social and Clinical Psychology, 8, 176–189.

Baumeister, R. F., Campbell, J. & Krueger, J. (2003). Does high self-esteem cause better performance, interpersonal success, happiness, or healthier lifestyles? Psychological Science in the Public Interest, 4, 1–43.

Baumeister, R. F., Heatherton, T. F. & Tice, D. M. (1993). When ego threats lead to self-regulation failure: Negative consequences of high self-esteem. Journal of Personality and Social Psychology, 64, 141–156.

Beck, A. T. (1974). The development of depression: A cognitive model. In R. J. Friedman & M. M. Katz (Eds.), The psychology of depression: Contemporary theory and research (p. 3–20). Oxford: John Wiley & Sons.

Carnegie, D. (1986). Sorge dich nicht, lebe! Bern: Scherz [engl. Original 1948].

Carver, C. S. & Scheier, M. F. (2002). Optimism. In C. R. Snyder & S. J. Lopez (Eds.), Handbook of positive psychology (pp. 231–243). New York: Oxford University Press.

Curry, L. A., Snyder, C. R., Cook, D. L., Ruby, B. C. & Rehm, M. (1997). The role of hope in student-athlete academic and sport achievement. Journal of Personality and Social Psychology, 73, 1257–1267.

DeCharms, R. (1972). Personal causation training in the schools. Journal of Applied Social Psychology, 29, 95–113.

Desharnais, R., Godin, G., Jobin, J., Valois, P. & Ross, A. (1990). Optimism and health-relevant cognitions after a myocardial infarction. Psychological Reports, 67, 1131–1135.

Devins, G. M. & Edwards, P. J. (1988). Self-efficacy and smoking reduction in chronic obstructive pulmonary disease. Behaviour Research and Therapy, 26, 127–135.

Dorsch, F., Häcker, H. & Stapf, K. H. (1998). Dorsch Psychologisches Wörterbuch. Bern: Huber.

Egeland, B. & Erickson, M. (1993). Implications of attachment theory for prevention and intervention. In H. Parens & S. Kramer (Eds.), Prevention in mental health (pp. 23–50). Northvale: Jason Aronson.

Engl, J., Thurmaier, F. & Black, C. (1998). Konstruktive Ehe und Kommunikation (KEK). Ein Kurs zur Weiterentwicklung von Partnerschaft. Vorher-nachher-Ergebnisse: Entwicklung von Kommunikationsqualität, Ehequalität und individuellen Allgemeinbeschwerden. München: Institut für Forschung und Ausbildung in Kommunikationstherapie e.V.

Ferring, D., Filipp, S. H. & Klauer, T. (1994). Korrelate der Überlebenszeit bei Krebspatienten: Ergebnisse einer follow-back-Studie. In E. Heim & M. Perrez (Hrsg.), Krankheitsverarbeitung (S. 63–73). Göttingen: Hogrefe.

Frese, M. (1992). A plea for realistic pessimism: On objective reality, coping with stress and psychological dysfunction. In L. Montada, S.-H. Filipp & M. J. Lerner (Eds.), Life crises and experiences of loss in adulthood (pp. 81–94). Hillsdale, NJ: Lawrence Erlbaum Associates.

Gibson, B. & Sanbonmatsu, D. M. (2004). Optimism, pessimism, and gambling: The downside of optimism. Personality and Social Psychology Bulletin, 30, 149–160.

Gollwitzer, P. M. & Kinney, R. F. (1989). Effects of deliberative and implemental mind-sets on illusion of control. Journal of Personality and Social Psychology, 56, 531–542.

Haltenhof, H., Krakow, K., Zöfel, P., Ulm, G. & Bühler, K. E. (2000). Krankheitsverarbeitung bei Morbus Parkinson. Der Nervenarzt, 71, 275–281.

Helmke, A. (1992). Selbstvertrauen und schulische Leistungen. Göttingen: Hogrefe.

Helmke, A. (1998). Vom Optimisten zum Realisten? Zur Entwicklung des Fähigkeitsselbstkonzeptes vom Kindergarten bis zur 6. Klassenstufe. In E. Weinert (Hrsg.), Entwicklung im Kindesalter (S. 115–132). Weinheim: Beltz PVU.

Hofmann, J. M. & Preiser, S. (1989). Die Veränderbarkeit von Kontrollüberzeugungen bei Studentinnen und Studenten im Lehramtspraktikum. Frankfurt a. M.: Institut für Pädagogische Psychologie, J.-W.-Goethe-Universität.

Irving, L. M., Snyder, C. R. & Crowson, J. J., Jr. (1998). Hope and the negotiation of cancer facts by college women. Journal of Personality, 66, 195–214.

Janes, L. M. & Olson, J. M. (2000). Peer pressures: The behavioral effects of observing ridicule of others. Personality and Social Psychology Bulletin, 26, 474–485.

Janis, I. L. (1982). Groupthink (2nd ed.). Boston, MA: Houghton Mifflin.

Janoff-Bulman, R. & Marshall, G. (1982). Mortality, well-being, and control: A study of a population of institutionalized aged. Personality and Social Psychology Bulletin, 8, 691–698.

Jerusalem, M. & Schwarzer, R. (1981/1999). Allgemeine Selbstwirksamkeit [On-line]. Verfügbar unter: http://www.fu-berlin.de/gesund/skalen/Allgemeine_Selbstwirksamkeit/allgemeine_selbstwirksamkeit.htm [17.04.2003].

Kramer, R. M., Meyerson, D. & Davis, G. (1990). How much is enough? Psychological components of „guns versus butter" decisions in a security dilemma. Journal of Personality and Social Psychology, 58, 984–993.

Krampen, G. (1981). IPC Fragebogen zu Kontrollüberzeugungen („Locus of control"). Deutsche Bearbeitung der IPC-Scales von Hanna Levenson. Göttingen: Hogrefe.

Krampen, G. (1991). Fragebogen zu Kompetenz- und Kontrollüberzeugungen. Göttingen: Hogrefe.

Lambert, M. J. (1992). Implications of outcome research for psychotherapy integration. In J. C. Norcross & M. R. Godfried (Eds.), Handbook of psychology integration (pp. 94–129). New York: Basic.

Lefcourt, H. M., Davidson, K. & Kueneman, K. (1990). Humor and immune system functioning. International Journal of Humor Research, 3, 305–321.

Little, T. D., Lopez, D. F., Oettingen, G. & Baltes, P. B. (2001). A comparative-longitudinal study of action-control beliefs and school performance: On the role of context. International Journal of Behavioral Development, 25, 237–245.

Little, T. D., Oettingen, G., Stetsenko, A. & Baltes, P. B. (1995). Children's action control beliefs about school performance: How do American children compare with German and Russian children? Journal of Personality and Social Psychology, 69, 686–700.

Maddux, J. E. (2002). Self-Efficacy. The power of believing you can. In C. R. Snyder & S. J. Lopez (Eds.), Handbook of positive psychology (pp. 277–287). New York: Oxford University Press.

Maddux, J. E. & Lewis, J. (1995). Self-efficacy and adjustment: Basic principles and issues. In J. E. Maddux (Ed.), Self-efficacy, adaptation, and adjustment: Theory, research, and application (pp. 37–68). New York: Plenum.

Martin, R. A. & Lefcourt, H. M. (1983). Sense of humor as a moderator of the relation between stressors and mood. Journal of Personality and Social Psychology, 45, 1313–1324.

Martin, R. A. & Lefcourt, H. M. (1984). The Situational Humor Response Questionnaire: A quantitative measure of the sense of humor. Journal of Personality and Social Psychology, 47, 145–155.

Norem, J. K. & Illingworth, K. S. (1993). Strategy dependent effects of reflecting on self and tasks: Some implications of optimism and defensive pessimism. Journal of Personality and Social Psychology, 65, 822–835.

Oettingen, G. (1997). Psychologie des Zukunftsdenkens. Erwartungen und Phantasien. Göttingen: Hogrefe.

Peterson, C. (2000). The future of optimism. American Psychologist, 55, 44–55.

Preiser, S. (1988). Kontrolle und engagiertes Handeln. Entstehungs-, Veränderungs- und Wirkungsbedingungen von Kontrollkognitionen und Engagement. Göttingen: Hogrefe.

Preiser, S. (2001). Kontrollüberzeugungen. In D. H. Rost (Hrsg.), Handwörterbuch Pädagogische Psychologie (2., überarb. und erw. Aufl., S. 355–360). Weinheim: Beltz PVU.

Rosenkranz, M. A., Jackson, D. C., Dalton, K. M., Dolski, I., Ryff, C. D., Singer, B. H., Muller, D., Kalin, N. H. & Davidson, R. J. (2003). Affective style and in vivo immune response: Neurobehavioral mechanisms. PNAS, 100, 11148–11152.

Rotter, J. B. (1955). The role of psychological situation in determing the direction of human behavior. Nebraska Symposium on Motivation, 3, 245–268.

Rotton, J. & Shats, M. (1996). Effects of state humor, expectancies and choice on postsurgical mood and self-medication: A field experiment. Journal of Applied Social Psychology, 26, 1775–1794.

Ruch, W., Köhler, G. & Thriel, C. v. (1997). STHI – State-Trait-Heiterkeits-Inventar. Institutsveröffentlichung: Heinrich-Heine-Universität Düsseldorf.

Scheier, M. F. & Carver, C. S. (1985). Optimism, coping, and health: Assessment and implications of generalized outcome expectancies. Health Psychology, 4, 219–247.

Scheier, M. F., Carver, C. S. & Bridges, M. W. (1994). Distinguishing optimism from neuroticism (and trait anxiety, self-mastery, and self-esteem): A reevaluation of the Life Orientation Test. Journal of Personality and Social Psychology, 67, 1063–1078.

Scheier, M. F., Matthews, K. A., Owens, J. F., Magovern, G. J., Lefebvre, R. C., Abott, R. A. & Carver, C. S. (1989). Dispositional optimism and recovery from coronary artery bypass surgery: The beneficial effects on physical and psychological well-being. Journal of Personality and Social Psychology, 57, 1024–1040.

Schmitz, G. S. (2001). Kann Selbstwirksamkeitserwartung vor Burnout schützen? Eine Längsschnittstudie in zehn Bundesländern. Psychologie in Erziehung und Unterricht, 48, 49–67.

Schütz, A. (2001). Positives Denken und Illusionen – nützlich oder schädlich? In R. K. Silbereisen & M. Reitzle (Hrsg.), Psychologie 2000. Bericht über den 42. Kongress der Deutschen Gesellschaft für Psychologie in Jena 2000 (S. 468–479). Lengerich: Pabst.

Schütz, A. (2003). Psychologie des Selbstwertgefühls. Von Selbstakzeptanz bis Arroganz (2. Aufl.). Stuttgart: Kohlhammer.

Schwarzer, R. (1993). Defensiver und funktionaler Optimismus als Bedingungen für Gesundheitsverhalten. Zeitschrift für Gesundheitspsychologie, 1, 7–31.

Schwarzer, R. (1994). Optimistische Kompetenzerwartung: Zur Erfassung einer personellen Bewältigungsressource. Diagnostica, 40, 105–123.

Schwarzer, R. & Jerusalem, M. (1999). Kollektive Selbstwirksamkeit [On-line]. Verfügbar unter: http://www.fu-berlin.de/gesund/skalen/Kollektive_Selbstwirksamkeit/kollektive_selbstwirksamkeit.htm [17.04.2003].

Schwarzer, R. & Renner, B. (1997). Risikoeinschätzung und Optimismus. In R. Schwarzer (Hrsg.), Gesundheitspsychologie. Ein Lehrbuch (2., überarb. u. erw. Aufl., S. 43–66). Göttingen: Hogrefe.

Schwarzer, R. & Schmitz, G. S. (1999). Lehrer-Selbstwirksamkeit [On-line]. Verfügbar unter: http://www.fu-berlin.de/gesund/skalen/Lehrer-Selbstwirksamkeit/lehrer-selbstwirksamkeit.htm [17.04.2003].

Seligman, M. E. P., Reivich, K., Jaycox, L. & Gillham, J. (1995). The optimistic child. Boston: Houghton Mifflin.

Sellin, I. (2003). Selbstwertschätzung und Hilfesuche. Unterschiede zwischen Selbstwert-Teilgruppen. Dissertation. TU Chemnitz.

Snyder, C. R., Feldman, D. B., Taylor, J. D., Schroeder, L. L. & Adams, V., III. (2000). The roles of hopeful thinking in preventing problems and enhancing strengths. Applied and Preventive Psychology, 15, 262–295.

Snyder, C. R., Rand, K. L. & Sigmon, D. R. (2002). Hope theory. A member of the positive psychology family. In C. R. Snyder & S. J. Lopez (Eds.), Handbook of positive psychology (pp. 257–276). New York: Oxford University Press.

Spencer, S. M. & Norem, J. K. (1996). Reflection and distraction: Defensive pessimism, strategic optimism, and performance. Personality and Social Psychology Bulletin, 22, 354–365.

Steptoe, A., Wardle, J., Vinck, J., Tuomisto, M., Holte, A. & Wichstrøm, L. (1994). Personality and attitudinal correlates of healthy lifestyles in young adults. Psychology and Health, 9, 331–343.

Taylor, S. E. & Brown, J. D. (1988). Illusion and well-being: A social psychological perspective on mental health. Psychological Bulletin, 103, 193–210.

Taylor, S. E., Kemeny, M. E., Reed, G. M., Bower, J. E. & Gruenewald, T. L. (2000). Psychological resources, positive illusions, and health. American Psychologist, 55, 99–109.

Thurmaier, F. (1997). Ehevorbereitung – Ein Partnerschaftliches Lernprogramm (EPL). Methodik, Inhalte und Effektivität eines präventiven Paarkommunikationstrainings. München: Verlag Institut für Forschung und Ausbildung in Kommunikationstherapie e.V.

Vaillant, G. E. (1977). Adaptation to life. Boston: Little, Brown.

Weinert, F. E. & Helmke, A. (1997). Individuelle Bedingungsfaktoren der Schulleistung. Literaturüberblick, Ergebnisse aus dem SCHOLASTIK-Projekt, Kommentar. In F. E. Weinert & A. Helmke (Hrsg.), Entwicklung im Grundschulalter (S. 181–221). Weinheim: Beltz PVU.

Wieland-Eckelmann, R. & Carver, C. S. (1990). Dispositionelle Bewältigungsstile, Optimismus und Bewältigung: Ein interkultureller Vergleich. Zeitschrift für Differentielle und Diagnostische Psychologie, 11, 167–184.

Zempel, J. & Frese, M. (1997). Arbeitslose: Selbstverantwortung überwindet die Lethargie. Psychologie Heute, 24, 36–41.

3 Gelassenheit

Dorothea Rahm

Als ich mich darauf einließ, einen Artikel zum psychologischen Konzept Gelassenheit zu schreiben, dachte ich, ich hätte eine relativ einfache Aufgabe übernommen – auch wenn meine erwachsenen Kinder amüsiert reagierten, als sie hörten, dass ausgerechnet ihre Mutter über Gelassenheit schreibt.

Das Thema Gelassenheit ist in meiner tagtäglichen Arbeit als Psychotherapeutin und Supervisorin ständig präsent. Stress-Management-Seminare sind seit langem in Mode (Kaluza, 1996). In den Regalen der Buchhandlungen nimmt Gelassenheit einen ebenso breiten Raum ein wie in den Medien. Selbst die Bildzeitung widmete dem Thema anlässlich des Kirchentages 2003 eine ganze Serie mit Auszügen aus dem neu erschienenen Buch des Dalai Lama (2003).

Und dann stellte sich überraschenderweise heraus: Gelassenheit ist überhaupt kein psychologisches Konzept. Es kommt als eigenes Thema weder in den psychologischen Lehrbüchern (vgl. Zimbardo & Gerrig, 1999) noch im psychologischen Wörterbuch vor (Dorsch, 1998). So habe ich mich entschieden, aus meiner eigenen Erfahrung und Perspektive als Psychologin und Psychotherapeutin zu beschreiben, wie sich Gelassenheit entwickeln kann und was diese Entwicklung erschwert.

1 Hintergründe und Definition

Das Denken der antiken Philosophen, der Stoiker, der Mystiker und der Buddhisten ist als Hintergrund unserer heutigen Vorstellungen von Gelassenheit sehr präsent.

Sokrates (geb. ca. 470 v. Chr.), Platon (geb. 427 v. Chr.) und Aristoteles (geb. 384 v. Chr.) haben sich intensiv und zentral mit dem Thema der Lebenskunst und damit auch mit der Entwicklung von Gelassenheit auseinander gesetzt. Im Mittelpunkt ihres Interesses stand die Tugend: die Bedeutung der Tugend für das Leben des Einzelnen, die Bedeutung der Tugend für die Lenkung des Staates, die Lehrbarkeit von Tugend. Weisheit, Gerechtigkeit, Mut und Besonnenheit beziehungsweise Mäßigung galten als die vier – nicht unabhängig voneinander zu betrachtenden – Kardinaltugenden. Die Stoiker, die Erfinder der „stoischen

Ruhe", haben sich besonders der letztgenannten dieser vier Tugenden, der Gelassenheit, gewidmet. Darunter verstanden sie einen vernunftgeleiteten Umgang mit Affekten als Ideal der stoischen Lebensführung. Für eine Annäherung an dieses Ideal entwarf Epiktet (geb. 50 n. Chr.) Lebensregeln und Überprüfungsübungen, die sich in modernen Therapieformen wiederfinden: „Untersuchung, gründliche Prüfung, Lektüre, Anhören, Wachsamkeit [...], rhetorische Techniken der leisen oder lauten Selbstkommunikation, Selbstbeherrschung, Erinnerung an das, was gut ist, Ausübung der Pflichten" (überliefert von Philon von Alexandria; nach Margraf, 2000). Durch die Werke Ciceros erlangte die griechische Philosophie, insbesondere der Stoizismus, großen Einfluss auf das Römische Reich.

Auch in der buddhistischen Lehre (begründet etwa 525 v. Chr.), insbesondere im Zen-Buddhismus, geht es zentral um das leibhaftige Einüben von Gelassenheit, um das Erlernen von Achtsamkeit im Kontakt mit mir selbst und meiner Mitwelt.

In der deutschen Mystik hat der Theologe Johannes Eckhart (geb. 1260) den Begriff „Gelazenheit" (gelazen: ruhig, beherrscht, gleichmütig; Duden, Etymologie, 1997) in die deutsche Sprache eingeführt. In dieser „Gelazenheit" greift er die Sehnsucht des Menschen, nicht nur des mittelalterlichen Menschen, nach einem Geborgensein im Urgrund des Lebens auf (Eckhart versteht darunter das Aufgehobensein in Gott).

Nach diesen Ausführungen stellt sich die Frage, was die psychologische Wissenschaft – wenn nicht direkt, dann indirekt – zum Begriff der Gelassenheit zu sagen hat.

> **DEFINITION**
>
> **Gelassenheit** ist ein komplexes Konstrukt, eine Haltung, eine Tugend, eine Lebenskunst. Sie lässt sich sinnvoll nur im Verein mit anderen Haltungen und Tugenden betrachten. Gelassenheit geht einher mit einem Bündel von Fähigkeiten, die im Kontakt und im Austausch mit mir selbst und meiner Mitwelt entstanden sind und entstehen. Sie dient dazu, mich zu lehren, auf eine für mich und meine Möglichkeiten angemessene Weise mit Affekten und Herausforderungen des Lebens umzugehen und die eigenen Fähigkeiten zu entfalten. Sie geht einher mit dem Gefühl, dass mir dies auf irgendeine Weise immer wieder möglich sein wird. Ihre Entwicklung als lebenslanger Prozess beginnt lange vor der Geburt. Gelassenheit entsteht auf der Basis von Bindungssicherheit und bewirkt Bindungssicherheit. Sie entwickelt sich mit der Fähigkeit zu vertrauen und zu misstrauen, mit der Fähigkeit, aus guten und aus schlechten Erfahrungen zu lernen. Gelassenheit geht einher mit der Fähigkeit, sich einen Grund für Hoffnung zu erarbeiten. Sie ereignet sich in Verbindung mit Neu-

> gierde, Empathie und Engagement für sich selbst und seine Mit-Welt, verliert sich angesichts der Fähigkeit, betroffen zu sein, z. B. von eigener Schuld, und findet sich wieder in der Fähigkeit, sich und anderen zu verzeihen. Gelassenheit wird durch Gelassenheit gelehrt.
>
> Gelassenheit im oben verstandenen Sinne schließt die manchmal im Buddhismus und Stoizismus mitgedachte Extremform, die Apathie oder sancta indifferentia, aus.

2 Erkenntnisse der Stressforschung

Stress ist gewissermaßen ein Antipode der Gelassenheit. Daher lohnt es, Erkenntnisse aus der psychologischen und hirnphysiologischen Stressforschung heranzuziehen, um aus dieser Perspektive einen Blick auf die Gelassenheit zu werfen (Bauer, 2002; Zimbardo & Gerrig, 1999).

Physiologische Reaktion. Ein Stressor ist ein Reizereignis, das die Bewältigungsfähigkeit des Organismus herausfordert oder überschreitet. Die physiologischen Reaktionen auf Stress sind ganzkörperlich. Sie sind unter anderem nachweisbar als Veränderung der Tätigkeit von Zentralnervensystem, Hormonsystem, Muskelsystem und sämtlicher Organe. Diese physiologischen Reaktionen laufen automatisch ab, egal ob es sich um physiologische (z. B. Schlafmangel, Lärmbelästigung, Krankheit, Verletzung, Vergiftung) oder um psychologische Stressauslöser handelt (z. B. Verlust von Liebe oder persönlicher Sicherheit, Verlust des Portemonnaies, Erwartung eines zukünftiges Verlustes oder die Perpetuierung alter, schmerzlicher Erfahrungen, die nicht verarbeitet wurden).

Psychologische Reaktion. Im Unterschied zur physiologischen Reaktion auf Stressoren verläuft die psychologische Reaktion nicht automatisch. Sie hängt von so genannten Moderatorvariablen ab, die in der bisherigen Lebensgeschichte gelernt wurden. Dies sind in erster Linie die Interpretationen und Bewertungen, mit denen wir die Innen- und Außenwahrnehmungen unserer fünf Sinne in Anbetracht eines uns herausfordernden Ereignisses versehen. Als Moderatorvariable wirkt darüber hinaus die lebensgeschichtlich erworbene Bindungssicherheit, insbesondere dann, wenn unterstützende Menschen auch real zur Verfügung stehen. Wie wirksam unsere Moderatorvariablen angesichts einer Herausforderung sind, ergibt sich aus der Antwort auf Fragen wie:
▶ Erlebe ich das Ereignis als Katastrophe?
▶ Habe ich in meinem Leben schon ähnliche Krisen überwunden?
▶ Wie und wodurch ist mir das gelungen?

- Was hat mich entlastet, entspannt, abgelenkt?
- Kenne ich die Strategien oder Fähigkeiten, die ich mobilisieren oder entwickeln muss, um die Situation zu bewältigen?
- Fällt mir jemand ein, den ich um Unterstützung bitten kann?
- Kann ich mir jetzt schon vorstellen, wie es mir gehen wird, wenn diese Situation hinter mir liegt?

Chronischer Stress und seine Folgen. Chronischer Stress, verursacht durch das Fortbestehen von nicht bewältigbaren Herausforderungen, kann die gesamte körperliche Funktionsfähigkeit beeinträchtigen, insbesondere wirkt er sich aus auf das Immunsystem, auf den Verlauf vieler chronischer Erkrankungen (möglicherweise sogar auf deren Entstehung) sowie auf kognitive Leistungen des Gehirns wie Konzentrationsfähigkeit, Erinnerungsfähigkeit, Kurzzeitgedächtnis, die Fähigkeit zu Problemlösung, Urteilsbildung und flexiblem Denken. Bauer (2002) referiert eine Untersuchung, nach der chronischer Stress die Intelligenzentwicklung von Kindern beeinträchtigt. Eine Extremform von chronischem Stress stellen schwere und lang anhaltende Traumatisierungen dar (van der Kolk et al., 2000), insbesondere, wenn sie in früher Kindheit stattfinden und wenn Bezugspersonen daran beteiligt sind. Dazu gehören selbst erlebte oder an Angehörigen vollzogene und miterlebte körperliche Gewalt oder sexueller Missbrauch, schwere Krankheiten, schwere oder zahlreiche Operationen, extreme Vernachlässigung, extreme chronische Überforderung und Folter. Diese schweren Traumatisierungen können zu Veränderungen der Hirnstruktur bis hin zu einer „Substanzverminderung in Hirnregionen führen, die eine entscheidende Funktion für die Gedächtnisfunktion haben (Amygdala und Hippocampus)" (Bauer, 2002, S. 191–192).

Andererseits haben Untersuchungen gezeigt, dass mütterliche Zuwendung, eine stabile Bindungssicherheit und gute Beziehungserfahrungen lang anhaltende positive Wirkungen auf das Stressverarbeitungssystem haben. Diese Erfahrungen sind darüber hinaus in der Lage, Gene zu aktivieren, deren Proteine so genannte Wachstumsfaktoren für Nervenzellen sind (Bauer, 2002).

Es ist anzunehmen, dass diese positiven Beziehungsbedingungen einen guten Nährboden für die Entwicklung der oben beschriebenen Moderatorvariablen darstellen.

3 Entwicklung von Gelassenheit im Lebensverlauf

Bevor ein Kind auf die Welt kommt, wird es etwa neun Monate lang getragen. In dieser Zeit ist es durch die Plazentaschranke relativ gut geschützt. Es erfährt mit all seinen – schon zu diesem Zeitpunkt erstaunlich gut ausgebildeten – Sinnen

Geborgenheit. Es kann sich – gelassen – darauf verlassen, dass es gut aufgehoben ist. Seine Bedürfnisse nach Nahrung, Rhythmus, Halt und Bewegung werden angemessen und prompt beantwortet. Hier beginnt die Entwicklung von Urvertrauen (Erikson, 1968) beziehungsweise Grundvertrauen (Petzold, 1995), die sich mit dem Lernen von Beziehungsmustern lebenslang fortsetzt.

Erkenntnisse der Säuglingsforschung
Die Säuglingsforschung hat viel dazu beigetragen, dass wir heute relativ genau wissen, wie ein Säugling im Dialog mit der Mutter lernt, seine Affekte zu modulieren, sich selbst und seine Wirkmöglichkeiten im Austausch mit der Mutter zu erfahren (Dornes, 1993; v. Klitzing, 1998; Stern, 1992 u. 1998). (Der Begriff „Mutter" wird im Weiteren verwendet als Synonym für die zentrale versorgende Bezugsperson, also z. B. Vater, Tante, Oma, Tagesmutter.)

„Einstimmung". Natürlich sind die Erkenntnisse der Säuglingsforschung als intuitives Wissen seit Jahrtausenden bekannt. Auf der Grundlage dieses Wissens gestalten Erwachsene den Kontakt mit Säuglingen, z. B., indem sie die Nähe zum Säugling so regulieren, dass sie von diesem optimal wahrgenommen werden können – nämlich aus einem Abstand von 20 bis 25 Zentimetern. Sie wissen, wie sie die Tonlage ihrer Stimme modulieren müssen, um den Säugling zu beruhigen oder seine wache Aufmerksamkeit zu erlangen. Sie wissen auch, wie oft sie den immer gleichen Satz wiederholen und variieren müssen, wie sie Affekte über- und untertreiben müssen und wie sie das Spiel mit (vorgestellten) Als-ob-Affekten mit dem Kind üben müssen. Dieses Wissen scheint im Menschen angelegt zu sein. Das sich fortwährend wiederholende Frage-Antwort-Spiel zwischen Mutter und Kind wird als „Attunement" oder „Einstimmung" (Stern, 1992) bezeichnet.

Der „kompetente Säugling". Es wurden unzählige Studien durchgeführt, in denen die Leistungsfähigkeit der Sinnesorgane des Säuglings und seine Wahrnehmungs-, Unterscheidungs- und Verarbeitungskompetenz schon kurz nach der Geburt nachgewiesen werden konnten (Dornes, 1993). Bereits in den ersten Tagen lernen Säuglinge, die Stimme und das Aussehen der Mutter zu erkennen und wiederzuerkennen. Von Anfang an gestalten sie die Kommunikation mit ihrer Mutter und anderen Personen mit, z. B., indem sie ihre Aufmerksamkeit durch Zu- und Abwenden des Kopfes zeigen, indem sie durch unterschiedlich moduliertes Schreien auf unterschiedliche Formen von Unbehagen aufmerksam machen und Rückmeldungen über die Wirksamkeit von Beruhigungsbemühungen geben. Säuglinge sind bereits von den ersten Lebenstagen an in der Lage, die den Basisemotionen Ärger, Furcht, Traurigkeit, Ekel und Freude entsprechenden Gesichtsausdrücke zu imitieren und durch den eigenen Gesichtsausdruck den zugehörigen Affektzustand psychologisch und hirnphysiologisch zu erfahren, einschließlich der damit einhergehenden Veränderungen von Blutdruck, Pulsfrequenz, elektrischem Hautwiderstand und Elektroenzephalogramm (EEG).

Empathie und Selbstgefühl. Bei Säuglingen depressiver Mütter lassen sich schon im Alter zwischen drei und sechs Monaten EEG-Veränderungen nachweisen, die die depressionstypischen EEG-Aktivitäten ihrer Mütter während der Interaktion mit ihnen widerspiegeln (Dornes, 2000). Bauer berichtet von der Entdeckung so genannter Spiegel-Neuronen: „Diese können sich das, was wir bei einem anderen Menschen beobachten, so einprägen, dass wir es selbst fühlen, aufgrund dessen aber auch besser nachahmen können" (Bauer, 2002, S. 12). Diese Spiegel-Nervenzellen scheinen also für die Spiegelung von Affekten, für das Aufnehmen und Verarbeiten von entsprechenden Sinneswahrnehmungen und das Produzieren von Affekten zuständig zu sein. Selbst Schmerzen, die wir bei anderen Menschen beobachten, ohne sie körperlich selbst zu erleben, aktivieren Nervenzellen und bewirken so eine objektive körperliche Reaktion. Bauer geht davon aus, dass diese (im Gyrus cinguli gespeicherten und verarbeiteten) Erfahrungen die Grundlage bilden für die sich entwickelnde Fähigkeit zur Empathie mit sich selbst und mit anderen Menschen sowie für ein sich entwickelndes Selbstgefühl.

Affekte bewältigen lernen. Im tagtäglichen dialogischen Spiel mit der Mutter machen Kinder Abertausende von Erfahrungen, die ihnen helfen, den Umgang mit den eigenen Affekten und mit denen der anderen zu lernen. Diese Erfahrungen werden gespeichert und beeinflussen den Umgang mit neuen Herausforderungen. Kinder aller Kulturen spielen in unendlichen Wiederholungen und Variationen das „Kuckuck-Ba"-Spiel: Wieder und wieder erleben sie den Schreck über das Entschwinden der Mutter und die Überraschung und Freude über ihr Wiederauftauchen. Sie lernen, dass sie darauf vertrauen können, dass Erschreckendes nur vorübergehend und damit aushaltbar ist, dass alles wieder gut wird. Hoffnung etabliert sich, indem sich die Erfahrung häufig genug wiederholt, dass Hoffen sinnvoll ist, dass der Erwachsene einigermaßen zuverlässig ist, dass Ereignisse mit einiger Sicherheit vorhergesagt werden können. So üben Kinder Stresstoleranz und Zuversicht, mit einem Wort: Gelassenheit.

> **BEISPIEL**
>
> Wie sich mütterliche Affekte über das Säuglingsalter hinaus auf Affekte und Verhaltensweisen des Kindes auswirken, wie Gelassenheit also „vererbt" werden kann, zeigt folgendes Experiment (Dornes, 1993), bei dem Krabbelkindern ein ihnen bis dahin unbekannter blinkender und quietschender Roboter angeboten wird: Wenn die Mutter aufmunternd nickt, krabbelt das Kind auf das unbekannte Ding zu. Ist der Gesichtsausdruck der Mutter hingegen ängstlich oder wirkt er eingefroren, zieht das Kind sich zurück.

Auch die Affekt-Äußerungen des Kindes unterliegen spontanen – häufig unbewussten – Bewertungen seitens der Mutter, die in das weitere Erlernen von Affektbewältigungsmechanismen mit eingehen: Freude, Furcht, Ärger, Traurigkeit oder Verwirrung können erlaubt oder auch verboten sein.

Mögliche Störungen. Das Attunement von Mutter und Kind gelingt nicht immer. Die Gründe dafür können beim Kind oder bei der Mutter liegen, meist handelt es sich um ein Wechselspiel von beidem. Manche Kinder werden mit einem schwierigen oder für die Mutter schwierigen Temperament geboren, sind leicht irritierbar oder weniger leicht zu beruhigen oder können ihren Schlaf-Wach-Rhythmus schlechter regulieren. Manche haben auch einen besonders schweren Start ins Leben gehabt: So kann die Geburt eine Traumatisierung, eine Krise des gesamten Systems bedeuten, z. B., wenn sie mit lebensbedrohlichem Sauerstoffmangel oder Klinikaufenthalt verbunden ist, mit Schmerzen durch invasive Eingriffe oder mit einem Mangel an Rhythmus, Gehalten- und Beantwortet-Sein. Nach Largo (2001) sind knapp 30 Prozent der Säuglinge so genannte Schrei-Babys – Säuglinge, die viel schreien, sich schwer beruhigen lassen (Rauh, 2002) und deshalb überdurchschnittliche mütterliche Fähigkeiten und Leistungen verlangen.

Für manche Mütter ist Attunement nicht oder nur in guten Momenten möglich. Das kann daran liegen, dass sie selbst als Säugling zu wenig Fürsorge erfahren haben, dass sie in ihrem Leben schwere Traumatisierungen, z. B. Vernachlässigung oder Misshandlung, erfahren haben oder in den Monaten vor oder nach der Geburt ihres Kindes schwere, nicht verarbeitete Verluste erlitten haben, etwa eine Trennung, Todesfälle (auch Fehlgeburt oder Abtreibung), den Verlust der Heimat oder der beruflichen Perspektive.

Mutterschaft scheint eine Phase zu sein, in der die emotionale Lernfähigkeit besonders hoch ist: Nach den Studien von Stern (1998) können in dieser Phase schon wenige therapeutische Gespräche zu positiven Veränderungen der Fürsorgefähigkeit führen, wenn dabei die eigene Bindungs- und Beziehungserfahrung der Mutter zum Thema gemacht werden kann und sich die empathische Selbstreflexionsfähigkeit in Bezug auf die eigene Lebensgeschichte erhöht. Ähnliches gilt für angeleitete Mutter-Kind-Interaktionen, bei denen die Mutter übt, Signale des Säuglings angemessen wahrzunehmen und zu interpretieren (Papoušek, 1998). Das unterstützende System – Partner, Freundinnen, Frauen aus dem Säuglingspflegekurs, Großeltern, Mutter-Kind-Literatur – spielt eine enorm wichtige Rolle für die Bewältigung der Anforderungen in der Mutterschaft, für die Gelassenheit der Mutter, für ihr Vertrauen in die eigenen Fähigkeiten und in die ihres Babys. Oft sind gesellschaftliche Erwartungen und Forderungen hier wenig hilfreich, manchmal sind sie sogar schädlich.

Erkenntnisse der Bindungsforschung

Die Erkenntnisse der Säuglingsforschung werden durch die Bindungsforschung erhärtet (Bowlby, 1958; Dornes, 1993; Opp et al., 1999; Spangler & Zimmermann, 1995). Die Bindungstheorie unterscheidet Kinder mit sicherer, ablehnend-unsicherer, ambivalent-unsicherer und desorganisiert-unsicherer Bindung. Untersuchungen haben gezeigt, dass diejenigen Kinder, deren Mütter über eine (per Fragebogen gemessene) gute Bindungsfähigkeit verfügen, mit großer Wahrscheinlichkeit eine sichere Bindung entwickeln (nachgewiesen über minutiös ausgewertete Videoaufnahmen von Trennungssituationen). Diese Bindungssicherheit hat einen hohen Vorhersagewert für die Entwicklung des Kindes bis ins Erwachsenenalter hinein: Sicher gebundene Kinder sind mit hoher Wahrscheinlichkeit in der Lage, sowohl gute soziale Beziehungen zu entwickeln als auch gute schulische Leistungen zu erbringen. Grundlage für diese Bindungssicherheit ist nach den Aussagen der Bindungstheorie die Feinfühligkeit (responsiveness; Ainsworth, 1989) der Mutter: ihre Fähigkeit, die Signale des Säuglings wahrzunehmen, sie angemessen zu interpretieren und angemessen und prompt darauf zu reagieren.

Die „gute" Mutter. Das bisher Gesagte darf nicht dahingehend missverstanden werden, dass Mütter immer alles richtig machen müssen. Die Fähigkeit, vertrauen und hoffen zu können, entsteht durch eine hinreichend häufige Wiederholung hinreichend guter und hinreichend zuverlässiger Erfahrungen. Winnicott (1971) spricht von der „good enough mother". Auf der Basis der Erfahrung, dass es „grundsätzlich funktioniert", wächst das Kind zunehmend auch an den Herausforderungen, am Umgehen mit Missverständnissen, Irritationen, nicht Regelbarem, am Nein-Sagen, Grenzen setzen, Nicht-Erfüllen von Bedürfnissen. Wenn seine Neugierde auf den im Beispiel erwähnten Roboter groß genug ist,

---

Frühkindliche Erfahrungen als Basis von Gelassenheit

Die Grundlagen von Gelassenheit werden in einem sehr frühen Alter angelegt. Im Austausch mit der Mutter erfährt, erprobt, moduliert und reguliert das Kind in unzähligen Wiederholungen und Variationen seine Affekte. Wenn dieser Entwicklungsprozess hinreichend gut verläuft, macht es dabei die Erfahrung: Ich kann davon ausgehen, dass ich gut „beantwortet" und versorgt werde und dass ich selbst an diesem Austausch mitwirke, dass ich fähig bin, die Signale zu geben, die da beantwortet werden.

Auf diese Weise beginnt das Kind, eine Basis für das Vertrauen in andere, in sich selbst und in die Möglichkeit des dialogischen Austauschs zu erwerben, eine Basis für das Lernen aus Erfahrung, eine Basis für Hoffnung – und für Gelassenheit.

krabbelt es vielleicht trotz Angst auf ihn zu und findet Vergnügen daran. Es wird vielleicht besonders mutig und macht die Erfahrung, dass es besser ist, die Ängstlichkeit der Mutter nicht als oberste Verhaltensmaxime anzuerkennen.

Erkenntnisse der Resilienzforschung
Ergänzt und erweitert wird das bisher Ausgeführte durch die Schutz- und Risikofaktorenforschung, die neuerdings auch als Resilienzforschung bezeichnet wird (Opp et al., 1999; Rahm & Kirsch, 2000). Resilienz bedeutet in diesem Zusammenhang eine Widerstandskraft, die sich unter widrigen Umständen und belastenden Lebensbedingungen entfalten kann.

Die Resilienzforschung gibt Antworten auf die Frage, wie unter schwierigen Bedingungen Lebensbewältigung gelingen kann, wie sich auch dann Lebenskunst und Gelassenheit etablieren können. Ausgangspunkt zahlreicher Untersuchungen war die Beobachtung, dass es eine erstaunlich große Anzahl von Kindern gibt (je nach Studie zwischen 10 und 30 Prozent), deren Lebensbewältigung gelingt, obwohl sie unter hoch belastenden Bedingungen aufwachsen. Folgende Bedingungen können – neben anderen – zu Risikofaktoren werden: schwere körperliche oder psychische Erkrankungen, Sucht, Kriminalität und schlechte Schulbildung von Mutter oder Vater, niedriger sozioökonomischer Status, schlechte Wohnbedingungen, große Geschwisterzahl – besonders bei geringem Altersabstand –, chronische Disharmonie in der Familie, häufig wechselnde frühe Bezugspersonen, Verlust der Mutter ohne guten Ersatz, genetische Disposition, aggressiver und sexueller Missbrauch sowie Vernachlässigung. Von Risikobedingungen spricht man, wenn mehrere dieser Faktoren zusammenkommen. Eine Reihe von Bedingungen können, wenn sie zusammenwirken, zu Schutzfaktoren werden, dazu zählen: dauerhafte, gute Beziehung zu einer Person, ein guter Ersatz bei Verlust der Mutter, Fähigkeit der Eltern zur Selbstreflexion sowie zum Umgang mit Belastungssituationen, hohe Qualität der Schule – d. h. persönliche Kompetenz der Lehrerin – im Grundschulalter, mindestens durchschnittliche Intelligenz und robustes, aktives, kontaktfreudiges Temperament, erfolgreiche Übernahme von Verantwortung, gute Beziehung zu Peers, also die Erfahrung von Solidarität, und Selbstwirksamkeitsüberzeugung. Selbstwirksamkeit wird hier verstanden als eine auf Erfahrung beruhende realistische Überzeugung, Herausforderungen gewachsen zu sein, sich Handlungsfähigkeit aneignen zu können und/oder andere um Unterstützung bitten zu können.

Die Bedeutung der frühen Mutter-Kind-Interaktion wird durch diese Erkenntnisse relativiert: Es besteht die Möglichkeit, defizitäre und schädigende Erfahrungen über die gesamte Kindheit und sogar über den gesamten Lebensverlauf zu kompensieren. In erster Linie scheint hierfür eine langfristige, vertrauensvolle Beziehung zu einer Person verantwortlich zu sein, die zuverlässig ist und über Beziehungs- und Handlungskompetenz verfügt.

Gemeinsam mit Kolleginnen und Kollegen habe ich in einem Gruppentherapieprojekt mit Risikokindern an einer Schule in einem sozialen Brennpunkt gearbeitet (Rahm & Kirsch, 2000). Vielen dieser Kinder ist es innerhalb des zur Verfügung stehenden Zeitraums von nur acht Monaten gelungen, solidarische Beziehungen zu Gleichaltrigen (Peers) zu entwickeln, zu erfahren, dass sie selbst etwas bewirken und bewegen können, und eine Ahnung davon zu bekommen, dass es hilfreich sein kann, sich selbst, seine Affekte und Motive auf dem Hintergrund der eigenen Lebenssituation verstehen zu lernen. Gleichzeitig konnten ihre Lehrerinnen ihr Verstehens- und Handlungsrepertoire im Umgang mit diesen extrem schwierigen Kindern weiterentwickeln.

> **Möglichkeiten der Kompensation ungünstiger Bedingungen**
> Auch bei extrem belastenden frühen Erfahrungen gibt es Kompensationsmöglichkeiten. Neben anlagebedingten Faktoren scheint ein Gelingen vor allem geknüpft zu sein an:
> ▶ mindestens eine langfristige gute Beziehungserfahrung
> ▶ realistische Überzeugung von Selbstwirksamkeit
> ▶ Selbstreflexionsfähigkeit
> ▶ Solidarität.
> Die Möglichkeit, Gelassenheit zu entwickeln, ist somit nicht ausschließlich an gute frühkindliche Erfahrungen gebunden.

4 Entwicklung von Gelassenheit in der Psychotherapie

Auch wenn es in der psychotherapeutischen Literatur in anderer Terminologie formuliert wird: Die Entwicklung von Gelassenheit, einhergehend mit Selbstwirksamkeit, ist das übergeordnete Ziel therapeutischen Handelns.
Schwerpunkte der psychotherapeutischen Arbeit können sein:
▶ Konkrete Bewältigungsmöglichkeiten: Durch erfahrene Selbstwirksamkeit kann die Überzeugung von Selbstwirksamkeit (weiter-)entwickelt werden.
▶ Selbst-, Beziehungs- und Situationsreflexion: Über die Fähigkeit, achtsam und fürsorglich im Kontakt mit sich selbst, seinen Gefühlen, Motiven und Bedürfnissen zu sein, erschließt sich die Fähigkeit zur Empathie mit sich selbst und anderen, die auch zu einer zunehmend realistischen Wahrnehmung von sich selbst, vom anderen und von der gegebenen Situation führt.

▶ Ressourcen: Ressourcen und Möglichkeiten, die in der eigenen Person, in der gegebenen Situation und insbesondere in zwischenmenschlichen Beziehungen liegen, werden aktiviert und weiterentwickelt.
▶ Lebensgeschichte: Szenen aus der eigenen Lebensgeschichte können aktiviert und bearbeitet werden, damit sie heutige Entwicklungsmöglichkeiten des Denkens, Fühlens und Handelns weniger blockieren oder einschränken, damit ein kohärentes Verstehen der eigenen Person und Geschichte möglich wird (s. a. Kohärenz als zentrales Konzept der Salutogenese am Ende dieses Kapitels).

Diese Schwerpunkte sind miteinander verwoben. Positive Erfahrungen in einem dieser Bereiche erhöhen die Wahrscheinlichkeit positiver Entwicklungen in den anderen Bereichen.

Voraussetzung für einen gelingenden psychotherapeutischen Prozess ist die Entwicklung eines guten Arbeitsbündnisses.

Veränderungen erzeugen Stress. Alle größeren Veränderungen im Leben eines Menschen sind Herausforderungen an sein bisheriges System des Denkens, Fühlens und Handelns. Sie fordern seine Lernfähigkeit im Umgang mit Neuem heraus und wirken mit am lebenslangen Identitätsbildungsprozess. Veränderungen können Verunsicherung, Angst und mehr oder weniger großen Stress verursachen, selbst wenn sie positiv sind, wie z. B. unerwartete Erfolge im Leistungsbereich, die erste Liebe, ein Auslandsstipendium, Heirat, die Geburt eines Kindes, ein Hauskauf oder der Sechser im Lotto. Veränderungen können normativ (entwicklungsgemäß zu erwarten) oder nicht normativ (nicht erwartet und nicht vorbereitet) sein. Zu den normativen Veränderungen zählen z. B. Einschulung, körperliche Veränderungen mit Beginn der Pubertät, Konfirmation oder Jugendweihe, Ausbildungsbeginn, Auszug aus der elterlichen Wohnung, Gründung einer eigenen Familie, Geburt und die folgenden Lebensstadien eigener Kinder, Beendigung des Berufslebens, Umzug in eine voraussichtlich letzte Wohnsituation. Nicht normative Veränderungen sind z. B. Unfälle, Operationen und chronische Erkrankungen (sowohl eigene als auch die von nahen Angehörigen und Freunden), die Geburt eines behinderten Kindes, Verluste durch Trennung, Tod oder Suizid eines nahen Menschen, Verluste durch Naturkatastrophen, Vergewaltigung, Krieg und Vertreibung. Veränderungen fordern all unsere Bewältigungsfähigkeiten heraus und lassen – wenn es gut geht – unsere Bewältigungsfähigkeiten wachsen. Für die Bewältigung von Krisen (Rahm, 2001) ist die Unterstützung durch vertraute, empathiefähige, solidarische Mitmenschen eine der wichtigsten Ressourcen.

Professionelle Unterstützung. Psychotherapie kann hilfreich oder erforderlich sein, wenn im Lebensverlauf nicht genügend, nicht genügend vielfältige und nicht genügend effektive Bewältigungsmechanismen gelernt werden konnten und/oder wenn Traumatisierungen bzw. Vernachlässigungen so gravierend sind, dass sie mit – wie auch immer gearteten – Bewältigungsmechanismen ohne professionelle Unterstützung nicht verarbeitet werden können. Die Entscheidung, sich in eine Psychotherapie zu begeben, löst – neben der damit verbundenen Hoffnung – fast immer Verunsicherung oder Angst aus. Dies beruht auf dem Wissen oder der Ahnung, dass ich mich verändern werde, dass das Loslassen von alten Denk-, Fühl- und Verhaltensweisen auch schmerzlich sein kann, dass ich mich mit Unerfreulichem auseinander setzen muss, dass Therapie harte Arbeit ist.

Es gibt verschiedene psychotherapeutische Schulrichtungen, die verschiedene Schwerpunkte setzen. Einige will ich hier kurz andeuten. Beispielsweise wird Angst- und Stressbewältigung durch den kombinierten Einsatz von Entspannungs- und Problembewältigungstechniken gelernt; oder es wird geübt, destruktive und dysfunktionale Überzeugungen durch konstruktive Selbstverbalisierungen zu ersetzen (z. B. „Ich muss perfekt sein", „Meine Mitmenschen müssen meine Wünsche erfüllen", „Ich darf niemanden enttäuschen" versus „Ich habe das gut genug gemacht", „In erster Linie bin ich selbst dafür verantwortlich, für mich zu sorgen", „Beziehungen kann ich verbessern, wenn ich zu mir selbst stehe"). Einschränkungen in der sozialen Beziehungsfähigkeit werden durch Beziehungslernen über die Interaktion zwischen Patient bzw. Patientin und Therapeut bzw. Therapeutin verstehbar und veränderbar; oder es werden Veränderungen über das Verstehen von lebensgeschichtlichen Situationen und Entwicklungen eingeleitet.

Eine ganz besondere Rolle für die Verarbeitung von traumatisierenden Erfahrungen spielen Distanzierungstechniken (Rahm et al., 1999; Reddemann, 2001) und Safe-place-Techniken (Katz-Bernstein, 1996; Reddemann, 2001), die weiter unten in einem Fallbeispiel aufgegriffen werden.

Ein gutes Arbeitsbündnis entwickeln. Die Wirksamkeit der verschiedenen Therapieansätze basiert nach neueren Untersuchungen (Wampold, 2001) vor allem darauf, dass zwischen Patient/Patientin und Therapeut/Therapeutin ein gutes Arbeitsbündnis besteht oder entwickelt werden kann. Beide sollten die Überzeugung teilen, dass das, was sie tun, heilsam ist, dass die Probleme des Patienten oder der Patientin einen Sinn haben und die Hoffnung auf Veränderung realistisch ist. Gleichzeitig muss ein Therapeut davon überzeugt sein, diesem Patienten oder dieser Patientin mit dem gewählten Verfahren helfen zu können. Wirksamkeit entsteht auch dadurch, dass Patient und Therapeut (mit dem von ihm gewählten Verfahren) zueinander passen. Diese Erkenntnis hebt neben der fachlichen die persönliche Kompetenz des Therapeuten hervor. Ein Therapeut braucht viele Eigenschaften, die denen einer „guten Mutter" entsprechen (Rahm,

2004; Rudolf, 1996), z. B. Integrität, Engagement, die Fähigkeit zu empathischem Verstehen – auch von komplexen Hintergründen –, die Fähigkeit, eigene und fremde Grenzen zu sehen und zu achten, mit Belastungen umzugehen, sich einzulassen und wieder distanzieren zu können, eigene Fehler und Unwissenheiten zu erkennen und zu akzeptieren sowie Handlungsfähigkeit, Ideenreichtum und Humor. Unter diesen Voraussetzungen kann Psychotherapie zur Heilung, zu einem Gelassen-Werden im oben definierten Sinne, beitragen (Integrative Therapie, vgl. Rahm et al., 1999).

> **FALLBEISPIEL**
>
> Eine Patientin möchte daran arbeiten, dass sie sich in Auseinandersetzungen mit Kolleginnen und Kollegen auf eine Weise unsicher und fast unterwürfig fühlt und verhält, die ihren sonst gut abrufbaren fachlichen und persönlichen Kompetenzen nicht entspricht. Dabei äußert sie den Satz: „Ich fühle und verhalte mich wie ein überfordertes kleines Mädchen." Wir hatten bereits mehrfach versucht, an frühen Traumatisierungen zu arbeiten, zum Beispiel am Miterleben der Misshandlung eines jüngeren Bruders durch den alkoholkranken Vater. Rein kognitiv weiß sie, dass sie als Kind überfordert wurde. Was fehlt, ist die Fühlfähigkeit für das kleine Mädchen, das sie einmal war: „Das war nun mal so." „Das ist doch lange vorbei." „Was nützt es, in Selbstmitleid auszubrechen." „Letztlich bin ich daran gewachsen." (Diese Sätze zeugen nur scheinbar von Gelassenheit.) Das in meiner Haltung und in meinem Gesichtsausdruck wahrnehmbare Mitgefühl erlebte sie bisher als irritierend, ängstigend und ärgerlich.
>
> Ich bitte sie nun, nach einem Bild zu suchen, das ihr zu „überfordertes kleines Mädchen" einfällt. Sie erinnert folgende Szene: Als sie acht Jahre alt war, hatte ihre dreijährige Schwester eine schwere Verbrennung. Sie bekam die Aufgabe, mit ihr zum Krankenhaus zu gehen: ein anderthalbstündiger Weg mit einem wimmernden Kleinkind. Ich bitte sie, sich diesen Weg konkret vorzustellen, all ihre Angst, die Ankunft im Krankenhaus, der Unmut und das wenig hilfreiche Entsetzen der Krankenschwester über die „verantwortungslosen Eltern", die ihr verletztes Kind nicht selbst gebracht haben. Auf mein wiederum empathisches Mitgefühl reagiert die Patientin unwirsch. Ich schlage ihr daher eine Distanzierungsmöglichkeit vor: Ich bitte sie, sich vorzustellen, wir beide seien zwei gute Patentanten, die sich über diese Situation des kleinen Mädchens unterhalten. Kaum hat dieser Dialog begonnen, beginnt sie zu weinen. Sie ist in diesem Moment fähig, mit sich selbst zu fühlen, und sie kann sich in Identifikation mit der Kleinen vorstellen, wie es gewesen wäre, wenn auch damals jemand für sie da gewesen wäre.

> Ich schlage ihr vor, in der Vorstellung einen guten, sicheren Ort (safe-place) zu suchen, an dem das Kind sich wohl fühlen könnte. Sie erfindet eine Blockhütte, in der es warm ist, in der ein Kaminfeuer knistert und in der sie einen warmen Kakao bekommt. Sie erfindet eine gute Fee, die einfach da ist und alles weiß. Ich frage, ob sie in der Hütte sicher genug ist, ob sie sich darauf verlassen kann, dass kein Unbefugter hineinkommt: Ja, sie sei dort sicher, die Fee passe auf sie auf.
>
> Anschließend schauen wir uns den Ausgangspunkt dieser Arbeit, ihre Schwierigkeiten in der Auseinandersetzung mit einer Kollegin, noch einmal an, mit dem ausdrücklichen Hinweis, das kleine Mädchen dabei an ihrem sicheren Ort zu lassen. Sie muss lachen. Die Situation kommt ihr jetzt in keiner Weise bedrohlich oder überfordernd vor. Sicherheitshalber probt sie die nicht erfolgte Auseinandersetzung in einem Rollenspiel. Sie ist dabei sicher und kompetent – und gelassen.
>
> Wir überlegen gemeinsam, wie sie diese neue Erfahrung in ihre Alltagsbewältigung übertragen kann. Sie ist sich sicher, dass sie Situationen, in denen sie sich überfordert fühlt, an ihrem „mulmigen Gefühl" erkennen kann. Als Übungsaufgabe nimmt sie mit, jedes Mal, wenn eine solche Situation auftaucht, als Erstes das kleine Mädchen an den sicheren Ort zu bringen.

Das im Kasten geschilderte Fallbeispiel verdeutlicht, dass Psychotherapie dabei helfen kann, einen ganz individuellen Weg zu finden, um besser – und gelassener – leben zu lernen. Sie ist umso wirksamer, je umfassender dabei das gesamte System von Denken, Fühlen und Handeln erreicht werden kann.

Psychotherapie ist eine von vielen Möglichkeiten, die zur Entwicklung eines erfüllenden – gelassenen – Lebens beitragen. Sie kann dabei nachweislich (Bauer, 2002) hirnphysiologische Veränderungen bewirken.

5 Gelassener werden: Anregungen für den Alltag

Vielleicht haben Ihnen die bisherigen Ausführungen Lust und Mut gemacht, sich mit der eigenen Gelassenheit zu beschäftigen. Ob die im Folgenden genannten Anregungen im Einzelfall sinnvoll und nutzbar sind, hängt von der individuellen Lebenssituation und Lebensgeschichte ab, von individuellen Wünschen, gelernten und bevorzugten Bewältigungsstrategien und vorhandenen Ressourcen, besonders im zwischenmenschlichen Bereich. Und es hängt davon ab, wie gravierend und wie bewältigbar die Ereignisse erscheinen, die Gelassenheit erschweren.

Vorweg muss darauf hingewiesen werden, dass Gelassenheit nicht immer die beste und einzig sinnvolle Umgehensweise mit schwierigen Situationen darstellt: Manchmal ist es besser, sich zu empören, Stellung zu beziehen oder sofort zu handeln.

Aus guten Erfahrungen lernen. Das Erlernen von Gelassenheit beinhaltet das Wissen, dass ich Gelassenheit lernen kann, d. h., es benötigt das Erinnern an eigene Erfahrungen. Versuchen Sie sich zu erinnern, wann Ihnen der positive Umgang mit einer schwierigen, Stress auslösenden Situation schon gelungen ist. Fragen Sie sich: Wie habe ich das gemacht? Was hat alles dazu beigetragen, dass mir das gelungen ist? Was brauche ich, um diese Erfahrung wiederholen und weiterentwickeln zu können? Wenn Sie Ihre Antworten ausführlich protokollieren, aktivieren Sie Ihre Fähigkeit, aus guten Erfahrungen zu lernen.

Für die Kultivierung von Gelassenheit sind besonders sechs Themenbereiche relevant:
(1) der Umgang mit Stressauslösern
(2) die Aktivierung von Lebensfreude
(3) das Verstehen und Würdigen der eigenen Person
(4) die (Weiter-) Entwicklung hilfreicher Beziehungen
(5) Lebensgestaltung und Lebensentscheidungen
(6) das Gesundheitsverhalten.

Die Entwicklung eines dieser Bereiche fördert fast immer auch Veränderungsmöglichkeiten in den anderen. Dies gilt selbst dann, wenn verschiedene Bewältigungsstrategien im Widerspruch zueinander zu stehen scheinen, wenn man also z. B. die Nacht durchtanzt (2), obwohl man pünktlich um acht Uhr am Arbeitsplatz erscheinen muss (6).

(1) Der Umgang mit Stressauslösern

Für den Umgang mit Stress auslösenden Situationen sind die folgenden Strategien bzw. Fähigkeiten hilfreich:
▶ Bewertungsveränderung
▶ Problemlösefertigkeiten
▶ soziale Unterstützung
▶ Beruhigungsfähigkeiten.

Bewertungsveränderungen. Die Strategie, Bewertungen zu verändern – insbesondere wenn sie verbunden ist mit der Fähigkeit, sich an frühere Schwierigkeiten und deren Bewältigung zu erinnern – kann helfen, sich aus Involvierung und Enge zu lösen. Im Zusammenhang mit Stress wurden Bewertungsveränderungen als Moderatorvariable beschrieben: Ein schwieriges Ereignis sieht aus einer anderen Perspektive weniger schlimm oder eher bewältigbar aus („Verglichen mit …

ist es vielleicht doch nicht so furchtbar schlimm"; „In zwei Monaten – oder morgen früh – kann ich wieder darüber lächeln"; „Ich weiß aus Erfahrung, dass es immer wieder zu diesem Problem kommen kann und dass ich im Laufe der Zeit immer damit fertig geworden bin, dass dabei jedes Mal Zeit, Geduld, Unterstützung durch Kollegen wichtig gewesen sind"). Vorbereitend lassen sich Stressbewältigungsfähigkeiten auch durch die Erarbeitung realistischer Erwartungen fördern („Autofahren ist mit Risiken verbunden"; „Wenn das und das passiert, werde ich dieses und jenes tun").

Problemlösefertigkeiten. Der Erwerb zusätzlicher Problemlösefertigkeiten ist hilfreich für die (Weiter-)Entwicklung der Selbstwirksamkeitsüberzeugung: Ich kann die Handy-Gebrauchsanweisung studieren oder sie mir – gegebenenfalls mehrmals – erklären lassen; ich kann einen Volkshochschulkurs belegen, um Aufräumen zu lernen; ich kann mich daran erinnern, dass ich bereits früher in der Lage war, mir Problemlösefähigkeiten anzueignen.

Soziale Unterstützung. Die Unterstützung durch andere Menschen kann dabei helfen, neue Bewertungen, neue Perspektiven und/oder neue Problembewältigungsstrategien zu entwickeln. Sie kann helfen, Gefühle auszudrücken, zu verstehen, zu verarbeiten – und sich aus einer Involvierung zu lösen (z. B. durch das Angebot einer Freundin, in einer Krisensituation bei ihr zu übernachten).

Beruhigungsfähigkeiten. Es ist hilfreich, zu wissen oder herauszufinden, was der eigenen Beruhigung dient: schlafen, Entspannungsübungen machen, Musik hören, einen wütenden Brief schreiben, Geschirr zerschmeißen, allein spazieren gehen, mit anderen zusammen sein, ins Fitness-Studio oder in die Disko gehen.

Um den Umgang mit Stressauslösern zu verbessern, kann es hilfreich sein, eine persönliche Liste mit positiven Erfahrungen oder wünschenswerten Strategien auswendig zu lernen oder sie vorbeugend und in Form einer Meditation mehrmals täglich aufzusagen, sie bei sich zu tragen oder neben den Spiegel zu hängen. Sie können auch ein eigenes, gut abrufbares Zauberwort (oder eine Zaubermelodie oder -vorstellung) für Gelassenheit erfinden und meditativ einüben. Je mehr Sie sich auf diese Weise kreativ mit Stressbewältigungsmöglichkeiten befassen, desto wirksamer sind diese.

(2) Die Aktivierung von Lebensfreude

Freude und Stress können zwar nacheinander, nicht aber gleichzeitig empfunden werden. Es trägt zur Gelassenheit bei, wenn man Zeit darauf verwendet, herauszufinden, was einem Freude macht und gut tut – und dies dann auch wenigstens ab und zu in die Tat umsetzt. Es lohnt, hier kreativ und immer wieder neu zu suchen, da es zu unterschiedlichen Zeiten ganz unterschiedliche Bedürfnisse geben kann. Um nur einige Beispiele zu nennen: Sie könnten sich für eine Idee einsetzen, eine große Arbeit in Angriff nehmen, Computerspiele spielen, kochen, Sport treiben, singen, einen Sonnenuntergang betrachten und dabei Ihrem Atem nachspüren – und vielleicht diesen Sonnenuntergang zu Ihrer persönlichen Beruhigungsmetapher werden lassen. Sich die Atmosphäre dieses Sonnenuntergangs und die damit verbundenen Körperempfindungen in Erinnerung zu rufen ist ein wirksames Gegenbild zu Stress.

(3) Das Verstehen und Würdigen der eigenen Person
Selbstreflexionsfähigkeit, also die Fähigkeit, sich selbst mit seiner Lebensgeschichte, in seinem So-geworden-Sein, zu reflektieren und anzunehmen, ist ein Schutzfaktor, der nachhaltig zur Entwicklung von mehr Gelassenheit beitragen kann. Es gibt vielfältige Möglichkeiten, die Selbstreflexionsfähigkeit zu fördern – Möglichkeiten, die wie Mosaiksteinchen zusammenwirken können: z. B. das Führen eines Tagebuchs, die Teilnahme an Seminaren (Kunst, Philosophie) oder an Selbsterfahrungsgruppen, persönliche Begegnungen mit anderen Menschen, das Lesen von Biografien oder psychologisch-psychotherapeutischer Fachliteratur. Für Menschen, die wenig Kontakt zum eigenen „inneren Kind" haben, kann es hilfreich sein, sich über Kinder- und Bilderbücher einen Zugang zu verlorenen Bereichen zu öffnen.

(4) Die (Weiter-)Entwicklung hilfreicher Beziehungen
Gute Beziehungen zu anderen Menschen, insbesondere wenn sie belastbar und zeitlich und räumlich gut abrufbar sind, sind ein zentraler Schutzfaktor. Solche Beziehungen zu kultivieren braucht Zeit, Motivation und Energie. Für die Entwicklung einer guten Beziehungsfähigkeit ist Selbstreflexionsfähigkeit grundlegend.

(5) Lebensgestaltung und Lebensentscheidungen
Es gibt extrem überfordernde Lebensbedingungen, die sich einer direkten Beeinflussung entziehen, z. B. Unfälle oder lebensbedrohliche Erkrankungen. Es gibt aber auch ungünstige Lebensbedingungen – z. B. unerfreuliche Wohn-, Arbeits- oder Beziehungssituationen –, die nicht verändert werden, obwohl dies möglich wäre. Solche Bedingungen können der Entwicklung von Gelassenheit im Wege stehen. Es kann hilfreich sein, sich eine künftige Veränderung zunächst möglichst konkret vorzustellen, bevor man sie in Angriff nimmt.

(6) Gesundheitsverhalten
Etwas für die eigene Gesundheit zu tun, z. B., indem man für genügend Schlaf, eine ausgewogene Ernährung, ausreichend Bewegung und Entspannung sorgt, ist eine wichtige Voraussetzung für Gelassenheit.

Veränderungsziele wählen

Wer mehr Gelassenheit entwickeln möchte, kann Veränderungsziele aus den genannten sechs Themenbereichen auswählen. Fragen Sie sich, wie Ihr Veränderungsziel aussieht und woran Sie erkennen können, dass Sie diesem Ziel näher gekommen sind. Der Lernprozess wird intensiviert, wenn Sie Ihre Antworten auf beide Fragen so konkret und detailliert wie möglich aufschreiben. Um sich dem Thema Gelassenheit – insbesondere den Aspekten Achtsamkeit, Freude und Distanzierungsfähigkeit – übend zu nähern, ist auch Reddemann (2003) sehr hilfreich.

Wer gelassen ist, lebt gesünder. Die Salutogeneseforschung beschäftigt sich mit der Frage, was Menschen – auch unter belastenden Lebensbedingungen – körperlich und seelisch gesund erhält. Dabei hat sich gezeigt, dass Gelassenheit und Gesundheit in engem Zusammenhang stehen. Für eine gesunde Entwicklung ist nach Antonovsky das Kohärenzgefühl verantwortlich. Er definiert es als die Grundhaltung, die Welt und das eigene Leben als zusammenhängend und sinnvoll zu erleben, bzw. als „eine globale Orientierung, die das Ausmaß ausdrückt, in dem jemand ein durchdringendes, überdauerndes und dennoch dynamisches Gefühl des Vertrauens hat, dass erstens die Anforderungen aus der inneren oder äußeren Erfahrungswelt im Verlauf des Lebens strukturiert, vorhersagbar und erklärbar sind und dass zweitens die Ressourcen verfügbar sind, die nötig sind, um den Anforderungen gerecht zu werden. Und drittens, dass diese Anforderungen Herausforderungen sind, die Investition und Engagement verdienen" (Bundeszentrale, 1999, S. 30).

Ich habe beim Entwickeln und Ausloten des Konzepts Gelassenheit in meinem Denken, Fühlen und Handeln vieles neu erfahren und neu strukturiert – und bin auf viele neue Themen neugierig geworden. Ich hoffe, dass die Beschäftigung mit Gelassenheit auch bei Ihnen als Leserin oder Leser Wirkungen erzeugen kann.

Zitierte Literatur

Ainsworth, M. (1989). Attachment beyond infancy. American Psychologist, 44, 709–716.

Bowlby, J. (1958). The nature of a child's tie to his mother. International Journal of Psycho-Analysis, 39, 1–23.

Bauer, J. (2002). Das Gedächtnis des Körpers. Wie Beziehungen und Lebensstile unsere Gene steuern. Frankfurt a. M.: Eichborn.

Bundeszentrale für gesundheitliche Aufklärung (Hrsg.). (1999). Was erhält Menschen gesund? – Antonovskys Modell der Salutogenese (4. Aufl.). Köln: BZgA.

Dornes, M. (1993). Der kompetente Säugling. Die präverbale Entwicklung des Kindes. Frankfurt a. M.: Fischer.

Dornes, M. (2000). Affektspiegelung – Zur symbol- und identitätsbildenden Funktion früher Interaktion. In U. Streek

(Hrsg.), Erinnern, Agieren und Inszenieren (S. 59–85). Göttingen: Vandenhoeck & Ruprecht.

Dalai Lama (2003). Ratschläge des Herzens. Zürich: Diogenes.

Dorsch (1998). Psychologisches Wörterbuch (13. Aufl.). Bern: Huber.

Duden (1997). Ethymologie der deutschen Sprache (2. Aufl.). Mannheim: Duden.

Erikson, E. H. (1968). Kindheit und Gesellschaft. Stuttgart: Klett.

Kaluza, G. (1996). Gelassen und sicher im Stress (2. Aufl.). Berlin: Springer.

Katz-Bernstein, N. (1996). Das Konzept des „safe-place" – ein Beitrag zur Praxeologie Integrativer Kindertherapie. In B. Metzmacher, H. G. Petzold & H. Zaepfel (Hrsg.), Praxis der Integrativen Kindertherapie, Bd. 2 (S. 111–142). Paderborn: Junfermann.

Klitzing, K. von (Hrsg.). (1998). Psychotherapie in der frühen Kindheit. Göttingen: Vandenhoeck & Ruprecht.

Largo, R. (2001). Babyjahre. München: Piper.

Margraf, J. (Hrsg.). (2000). Handbuch der Verhaltenstherapie, Bd. 1 u. 2 (2. Aufl.). Berlin: Springer.

Papoušek, M. (1998). Das Münchner Modell einer interaktionszentrierten Säuglings-Eltern-Beratung und -Psychotherapie. In K. von Klitzing (Hrsg.), Psychotherapie in der frühen Kindheit (S. 88–118). Göttingen: Vandenhoeck & Ruprecht.

Opp, G., Fingerle, M. & Freytag, A. (Hrsg.). (1999). Was Kinder stärkt: Erziehung zwischen Risiko und Resilienz. München: Reinhardt.

Petzold, H. G. (Hrsg.). (1995). Psychotherapie und Babyforschung, Bd. 2. Paderborn: Junfermann.

Rahm, D. (2001). „Der schöpferische Sprung" – Krisen und Bewältigungsmöglichkeiten. Beratung aktuell, 2, 94–110.

Rahm, D. (2004). Integrative Gruppentherapie mit Kindern (2. Aufl.). Paderborn: Junfermann.

Rahm, D. & Kirsch, C. (2000). Entwicklung von Kindern heute – Ein Diskussionsbeitrag aus der Perspektive der Integrativen Gruppentherapie mit marginalisierten Kindern. Beratung aktuell, 1, 17–40.

Rahm, D., Otte, H., Bosse, S. & Ruhe-Hollenbach, H. (1999). Einführung in die Integrative Therapie. Grundlagen und Praxis (4. Aufl.). Paderborn: Junfermann.

Rauh, H. (2002). Vorgeburtliche Entwicklung und Frühe Kindheit. In R. Oerter & L. Montada (Hrsg.), Entwicklungspsychologie (5. Aufl.; S. 131–208). Weinheim: Beltz PVU.

Reddemann, L. (2001). Imagination als heilsame Kraft. Zur Behandlung von Traumafolgen mit ressourcenorientierten Verfahren. Stuttgart: Pfeiffer bei Klett-Cotta.

Reddemann, L. (2003). CD: Imagination als heilsame Kraft. Stuttgart: Pfeiffer bei Klett-Cotta.

Rudolf, G. (1996). Psychotherapeutische Medizin. Ein einführendes Lehrbuch auf psychodynamischer Grundlage. Stuttgart: Enke.

Spangler, G. & Zimmermann, P. (Hrsg.). (1995). Die Bindungstheorie. Grundlagen, Forschung und Anwendung. Stuttgart: Klett-Cotta.

Stern, D. (1992). Die Lebenserfahrung des Säuglings. Stuttgart: Klett-Cotta.

Stern, D. (1998). Die Mutterschaftskonstellation. Stuttgart: Klett-Cotta.

van der Kolk, B., McFarlane, A. & Weisaeth, L. (Hrsg.). (2000). Traumatic Stress. Grundlagen und Behandlungsansätze. Paderborn: Junfermann.

Wampold, B. E. (2001). The great psychotherapy debate. London: Lawrence Erlbaum Associates.

Winnicott, D. W. (1971). Vom Spiel zur Kreativität. Stuttgart: Klett.

Zimbardo, P. G. & Gerrig, R. J. (1999). Psychologie (7. Aufl.). Berlin: Springer.

4 Geborgenheit
Hans Mogel

Geborgenheit ist ein großes Wort, denn es enthält unsere stärksten Sehnsüchte: die Sehnsucht nach Sicherheit, Wärme, Wohlbefinden, Vertrauen, nach Liebe, Akzeptanz, Schutz, Verständnis, nach Freundschaft, Zuneigung und Nähe – nach einem Leben also, in dem man sich fallen lassen kann, ohne Angst haben zu müssen. Diese Sehnsucht nach so grundlegenden Inhalten unseres Lebensvollzugs kann man als die Sehnsucht nach Geborgenheit bezeichnen.

Wer aber Sehnsucht hat, der sehnt sich nach etwas und sucht es zugleich. Offensichtlich hat er es noch nicht gefunden. Die Sehnsucht ist somit nicht gestillt. Sie motiviert die Suche nach Wegen zur Geborgenheit. Bevor wir diese Wege thematisieren, wollen wir uns mit wichtigen Aspekten von Geborgenheit befassen.

I Zum Begriff der Geborgenheit

In unserer Kultur meint Geborgenheit die positive Seite unseres Daseins oder unserer Existenz, die Sonnenseite des Lebens oder gar das Paradies auf Erden. Aber wir erleben auch anderes. Nach jeder Flugzeug-, Schifffahrts-, Reaktor- oder Bergkatastrophe und nach jedem Terroranschlag teilen uns die Medien sofort mit: Soundso viele Tote konnten geborgen werden. Die Ungeborgenheit des Lebensendes ist ganz offensichtlich immer dabei, wenn Menschen ein letztes Mal in Sicherheit gebracht werden.

> **Geborgenheit/Ungeborgenheit: ein System mit Abstufungen**
> Geborgenheit und Ungeborgenheit wirken wie Gegensätze eines bipolaren Systems. Doch der Eindruck trügt. Zwischen beiden gibt es unzählige, fein differenzierte Abstufungen auf einer subjektiven und individuellen Ebene: So, wie jede Person in ihrer Welt lebt, lebt sie in ihrer eigenen Geborgenheit oder Ungeborgenheit. Bei diesem scheinbar bipolaren System des psychischen Geschehens gibt es sehr viele „Übergangssituationen". Einige Beispiele: Wer angestrengt arbeitet, muss sich nicht unbedingt geborgen, aber auch nicht unge-

> borgen fühlen. Wenn man die Schönheit einer Pflanze oder einer Landschaft erlebt, muss das weder zu Geborgenheit noch zu Ungeborgenheit führen, es kann schlicht ästhetisches Erleben bedeuten. Was Geborgenheit oder Ungeborgenheit hervorruft, hängt eng mit der individuellen Erfahrungsorganisation des psychischen Bezugssystems von Menschen zusammen (Mogel, 1990), mit ihrem persönlichen Erleben und mit ihrer aktuellen Lebenssituation. So mag sich der Clochard, der mit Hund und Bier- oder Schnapsflasche unter der Brücke sitzt, zeitweise geborgen fühlen, während sich der hoch bezahlte Spitzenpolitiker, der folgenreiche Fehlentscheidungen getroffen hat, möglicherweise ungeborgen fühlt. Die Übergänge zwischen beiden Erlebnisinhalten sind also zumeist fließend. Nur in Extremfällen trifft die Bipolarität zu: Man fliegt mit dem Flugzeug zu einem Glück versprechenden Ziel und erfährt plötzlich, dass der eigene Tod bevorsteht, wie bei den Flügen in das World Trade Center 2001. Abgesehen von solchen extremen Realitäten dürften die eigenen Handlungsorientierungen, die verfolgten Ziele und die gesamte Lebensstrukturierung einer Person für ihr Geborgenheitserleben maßgebend sein.

Das Wort „Geborgenheit" ist wohl am stärksten durch das Gefühl der Sicherheit geprägt, gleichgültig, um welche Sicherheit es letztlich geht. Dieser Gesichtspunkt scheint in allen Kulturen gültig zu sein. Das isländische Wort „borgar", das italienische Wort „bagare" und das deutsche „borgen" sind insofern bedeutungsgleich, als es jedes Mal darum geht, dass durch das Geben oder Leihen von Geld zugleich Sicherheit gewährleistet wird. In diesem Kontext ist auch das deutsche Wort „Bürge" zu verstehen. Wenn eine Bank ein Darlehen zur Verfügung stellen soll, verlangt sie entweder materielle Sicherheiten oder einen Bürgen.

Aber der Aspekt der Sicherheit als Hauptmerkmal der Geborgenheit ist viel umfassender zu sehen. Wenn der berühmte Schweizer Schriftsteller Conrad Ferdinand Meyer mit einer Barke – in diesem Wort ist ebenfalls die sichernde Geborgenheit enthalten – über gefährliche Untiefen fährt (Meyer, 1986), so ist das existentiell gleichbedeutend mit dem Umstand, dass Bergsteiger vor Nachteinbruch eine bergende Hütte aufsuchen, in der sie Sicherheit, Wärme und Schutz finden. Der „Berg" beinhaltet ebenfalls das bergende Moment, aber zugleich die Gefahren der Ungeborgenheit. Geborgenheit und Ungeborgenheit befinden sich offenbar eng beieinander. Das gilt leider für viele Lebensbereiche: Wie schnell verwandelt sich Liebe in Hass, wie oft werden Freunde Feinde, wie häufig verwandelt sich ein Traum in ein Trauma, und wie schnell kommt der Fall nach dem Höhenflug?

Geborgenheit als interkulturelles Konzept

Die Untersuchung der Geborgenheitsbegriffe verschiedener Völker hat gezeigt, dass Geborgenheit ein interkulturell bedeutsames Konzept zu sein scheint. Die Indonesier zum Beispiel sagen „Rasa tentram" und meinen damit ein Gefühl bzw. eine Empfindung von Ruhe, Friedlichkeit, Sicherheit und Arglosigkeit. Ein anderes Wort, nämlich „Keamanan", benutzen sie, um einen Zustand der Ruhe und Sicherheit auszudrücken. Und von „Perlindungan" sprechen sie, wenn sie die Geborgenheit des Obdachs, des Asyls oder Schutzraums meinen. Dieses Wort beinhaltet auch das, was wir im Deutschen als „Schirm" bezeichnen, besonders im Sinne des Abgeschirmtseins, des Schutzes und der Protektion. Die Indonesier verfügen also über einen sehr differenzierten Geborgenheitsbegriff, der sich in seinen wesentlichen Komponenten mit den Hauptbedeutungen unseres Geborgenheitsverständnisses deckt.

Beispiel Thailand. Einen etwas anderen Geborgenheitsbegriff haben wir im südostasiatischen Thailand gefunden, und zwar in den nordthailändischen Provinzen um Chiang Mai und im nordthailändischen Dschungel. Thailänderinnen und Thailänder sagen, wenn sie von Geborgenheit sprechen, „ob-un-djai", was wörtlich übersetzt bedeutet: „warm ums Herz". Begrifflich ist diese Wortkombination im Sinne des Grundgefühls der Geborgenheit als eines Lebensgefühls der Wärme, des Wohlbefindens, der Sicherheit, des Schutzes, der Nähe und manchmal auch des Glücks zu verstehen.

Was die nordthailändische Bevölkerung mit „ob-un-djai" verbindet, ist in der Lebenswirklichkeit der Menschen dort von viel existientellerer Natur als bei uns. Das zeigt die Auswertung von Interviews, die wir dort gemacht haben. Ich zitiere im Folgenden aus den Aussagen junger Erwachsener und alter Menschen. Die Zahlen in den vorangestellten Klammern kennzeichnen die Rangfolge der gegebenen Antworten.

Eine 27-jährige Thailänderin antwortet auf die Frage nach ihren Geborgenheitssituationen: „Mein Restaurant, meine Existenz." Nach Ungeborgenheitssituationen befragt, sagt sie: „Zu wenig Verdienst und Zukunftsangst durch unsicheres Geschäft."

Ein 22-jähriger thailändischer Schreiner macht auf die Frage nach seinen Geborgenheitssituationen unter anderem folgende Aussage: „Wenn der Gemüsepreis gut ist, damit die Gemüsehändler von ihren Erlösen Möbel kaufen können." Als Ungeborgenheitssituationen nennt er: (1) „Die Befürchtung, keinen Job zu haben"; (2) „Das Unsicherheitsgefühl bei Geldinvestitionen"; (3) „Angst vor einem Verkehrsunfall im Abendverkehr".

Eine 74-jährige Thailänderin verbindet Geborgenheit mit (1) „Geld" und (2) „Gesundheit". Geborgenheitssituationen sind für sie, wenn sie (1) „lange Baumwollkordeln herstellen kann, um ausgebleichte Kordeln (an und in buddhistischen Tempeln) zu ersetzen"; außerdem nennt sie: (2) „Die Kinder, die für mich sorgen und mir manchmal ein wenig Geld geben." Ungeborgenheit ist für sie, wenn sie sich (1) „schlecht fühlt"; (2) „Als mein Mann im Krieg war und Freunde sagten, er könnte eine andere haben, doch ich vertraute ihm immer"; (3) „Aids".

Ein 75-jähriger Thailänder fühlt sich geborgen, wenn er Folgendes hat: (1) „Geld"; (2) „genug zu essen"; (3) „gute Gesundheit". Geborgenheitssituationen sind für ihn: (1) „Früchte verkaufen können, um Geld zu bekommen"; (2) „Bambusholz, ganz dünn geschält, zu Flechten verarbeiten, um Pilze züchten zu können"; (3) „Selbst gemachte Zigaretten rauchen"; (4) „Einen guten Doktor haben". Er nennt nur eine einzige Ungeborgenheitssituation: Er sei auf dem rechten Auge blind und wolle sich deshalb umbringen.

Diese Beispiele sollten zeigen, dass Geborgenheit in den Provinzen und Dschungelgebieten Nordthailands sowohl bei Männern als auch bei Frauen, bei Jungen wie bei Alten stark mit dem Aspekt der Existenzsicherung verbunden ist.

Beispiel Deutschland. Auch in Deutschland haben wir Frauen und Männer nach typischen Geborgenheitsmerkmalen und -situationen befragt. Die angeführten Beispiele sind repräsentativ im Rahmen einer ersten empirischen Pilotstudie, die auch altersabhängige Geborgenheitsqualitäten bei beiden Geschlechtern zeigte (Mogel, 1995). Die Gültigkeit dieser Ergebnisse bedarf weiterer empirischer Überprüfung. Die den folgenden Beispielen vorangestellten Zahlen in Klammern geben die Rangfolge der Antworten an. Da es sich um Interviews mit offenen Fragen handelt, wurden Merkmale auch mehrfach genannt.

Geborgenheit war bei den Frauen mit den folgenden *Merkmalen* verbunden: (1) Wärme, Zuneigung, Zugehörigkeitsgefühl, Verlässlichkeit; (2) Wärme, Liebe, Sicherheit, Vertrauen, Zärtlichkeit; (3) Nähe, Wärme, Sicherheit, Sich-fallen-lassen-können. „Wärme" wurde sowohl als Einzelmerkmal als auch in Kombination mit anderen Geborgenheitsmerkmalen genannt.

Bei den Männern finden wir folgende Merkmale: (1) Sicherheit, Verlässlichkeit, Freundlichkeit; (2) Warmes Empfinden in sicherer Umgebung, Schutz; (3) Sicherheit, Schutz, Verlässlichkeit, Nestwärme.

Nach *Situationen der Geborgenheit* befragt, antworteten die Frauen: (1) Bei der besten Freundin, in den Armen des geliebten Mannes; (2) Bei der Familie, bei der Freundin, in der Partnerschaft; (3) In der Familie, im Haus, in der Wohnung.

Die Männer nannten als Situationen der Geborgenheit: (1) Partnerschaft, Treue, freundliche Kollegen; (2) Familie, Zweisamkeit, körperliche Nähe der Partnerin; (3) Freundschaft, Partnerschaft, Familie, mein Bett.

Diese wenigen Beispiele sagen schon eine Menge darüber aus, was Menschen beiderlei Geschlechts in unserem Kulturkreis unter Geborgenheit verstehen, welche Situationen sie damit verbinden und wie sie Geborgenheit erleben. Erkenntnisse darüber, wie Menschen Geborgenheit definieren (Geborgenheitsmerkmale) und wie sie Geborgenheit erleben (Geborgenheitssituationen), helfen, den Begriff der Geborgenheit präziser zu fassen. Denn unabhängig von empirisch gewonnenen Ergebnissen zum Entwicklungsverlauf, zur Geschlechtsspezifik und zur Generalität von Geborgenheitsmerkmalen und -situationen bleibt das folgende Faktum: Geborgenheit wird immer individuell erlebt, und dieses Erleben stellt das eigentliche Lebensgefühl des Geborgenseins dar. Dies gilt ebenfalls für die als so beeinträchtigend empfundene Ungeborgenheit.

2   Geborgenheitserleben

Das bewusste Erleben macht die Wirklichkeit unserer psychischen Existenz aus (vgl. Rohracher, 1984). Beim Erleben der Geborgenheit handelt es sich um ein positives, förderliches Grundgefühl. Dennoch hat Geborgenheitserleben nicht nur eine emotionale, sondern auch eine existentielle Dimension (im Sinne der Lebenserhaltung). Geborgenheit hängt mit dem Leben selbst und mit dem Selbst der Person zusammen. Indem sie diese beiden Seiten des Lebensvollzugs eines Individuums förderlich verknüpft, bildet sie ein Fundamentales Lebenssystem.

Fundamentale Lebenssysteme
Unter Fundamentalen Lebenssystemen versteht man psychologisch grundlegende, die individuelle Persönlichkeitsentwicklung fördernde Vorgänge des psychischen Geschehens mit unmittelbarer Relevanz für positives Erleben und erfolgreiches Handeln. Geborgenheit, Selbstwert und Spiel sind solche Systeme. Gemeinsam ist ihnen, dass sie
▶ eine individuelle Optimierung der förderlichen Seiten des Erlebens anstreben und so eine psychohygienisch adaptive Funktion ausüben,
▶ in einer aktiven Individuum-Umwelt-Relation stehen, wobei
▶ die internen psychischen Regulationen und Steuerungen am Aufbau und der Aufrechterhaltung positiver Emotionen – wie z. B. Freude – orientiert sind.
Fundamentale Lebenssysteme sind lebensförderlich und existenzsichernd wirksam, indem sie durch ihre systemeigenen Dynamiken vorteilhafte Entwicklungen der psychischen Organisation des Lebens in Gang setzen und ihre Funktionsweise sicherstellen. Mit dem grundsätzlich positiven Erlebniswert Fundamentaler Lebenssysteme geht eine Verbesserung der adaptiven Kompetenzen des Individuums einher.

Der Organismus, das psychische Geschehen und die Umweltbeziehungen sind in harmonisch-positiver Weise betroffen, da die geborgene Person an den folgenden (in unserem Kulturkreis empirisch gefundenen) Komponenten der Geborgenheit partizipiert. Die Zahlen in Klammern markieren die Rangfolge dieser Komponenten in unseren deutschen Geborgenheitsuntersuchungen: (1) Sicherheit, (2) Wärme, (3) Wohlbefinden, (4) Vertrauen, (5) Liebe, (6) Akzeptanz, (7) Schutz, (8) Verständnis, (9) Zuneigung, (10) Hilfe erhalten, (11) Zuhause, (12) (innere) Ruhe – und weitere Formen positiven Erlebens (Mogel, 1995).

Geborgenheit ist offensichtlich mit Lebensbedingungen verbunden, die auf uns eine angenehme, im Idealfall eine beglückende Wirkung ausüben. Sie ist das emotionale Dach über unserem Kopf, das schützt und wärmt, Sicherheitsgefühl und Behaglichkeit hervorruft. Dies wird deutlich, wenn man die Rangfolge der in unserer Kultur genannten typischen Geborgenheitssituationen betrachtet: (1) Freundschaft, (2) Familie, (3) Partnerschaft, (4) eine Umarmung, (5) Kuscheln, (6) Verständnis/Trost, (7) Zuhause, (8) warmes Zimmer, (9) Natur, (10) Hilfe im Gespräch – und weitere Geborgenheitssituationen (Mogel, 1995).

Geborgenheit ist etwas, das wir alle brauchen und suchen. Wenn man Menschen, gleichgültig welchen Alters und Geschlechts, nach ihrem Verständnis von Geborgenheit fragt, können sie ihre Vorstellungen von diesem Lebensgefühl zumeist sehr präzise mitteilen. Sie wissen also, was für sie Geborgenheit ist. Es ist ihnen bewusst, wie ihr Geborgenheitserleben ist oder sein sollte. Dieses Wissen und Bewusstsein ist die wichtigste Voraussetzung, um gegen drohende oder erlebte Ungeborgenheit angehen zu können. Denn wenn man weiß, was Geborgenheit für einen selbst ist, kann man sich Ziele setzen, die die Ungeborgenheit beenden. Voraussetzung allerdings ist, dass man die richtigen Wege zu dem Hauptziel, geborgen zu sein, findet.

Zwar kann man Geborgenheit nicht auf eines ihrer Merkmale reduzieren, doch werden bestimmte dieser Merkmale sehr häufig genannt, allen voran die Sicherheit.

3   Wie wichtig ist die Sicherheit?

Alle Kulturen messen der Sicherheit eine hohe Relevanz für das Geborgenheitserleben zu. Für dieses Merkmal besteht also transkulturelle Universalität.

Bei den typischen Geborgenheits*situationen* hingegen stellen wir kulturspezifische Unterschiede fest: So werden etwa deutsche Möbelhersteller kaum auf einen guten Gemüsepreis hoffen, damit die Gemüsehändler bei ihnen Möbel kaufen. Übereinstimmung gibt es eher bei existentiellen Ungeborgenheitssituationen: Die Befürchtung, den Job zu verlieren, ist in Thailand wie in Deutschland realis-

> **Transkulturelle Universalität**
> Der Begriff „transkulturelle Universalität" bezieht sich auf die Inhalte, den Aufbau und die Funktionsweise Fundamentaler Lebenssysteme im Kulturvergleich.
>   Das Fundamentale Lebenssystem Geborgenheit wurde mit Hilfe von Interviews in der jeweiligen Landessprache in über 20 Ländern auf verschiedenen Kontinenten untersucht, um herauszufinden, ob hochrangige Geborgenheitsmerkmale – wie z. B. Sicherheit oder Wohlbefinden – in den unterschiedlichen Kulturen, Religionsgemeinschaften und Staaten den gleichen hohen Stellenwert haben (transkulturelle Universalität) oder ob es kulturspezifische, religionsspezifische, staatenspezifische Differenzen gibt.
>   Die transkulturelle Universalität bestimmter Geborgenheitsmerkmale und -situationen sowie die Feststellung von Differenzen liefern nicht nur Erkenntnisse über Geborgenheit, sondern auch wichtige Hinweise für die weitere Erforschung Fundamentaler Lebenssysteme.

tisch, und sie betrifft das höchstrangige Geborgenheitsmerkmal, die Sicherheit. Sehen wir uns also das Merkmal Sicherheit genauer an.

Wenn sich die Sicherheit sowohl bei beiden Geschlechtern als auch in recht unterschiedlichen Kulturen als höchstrangiges Geborgenheitsmerkmal erweist, muss sie in zahlreichen Lebensbereichen eine wichtige Rolle spielen. Dass dem so ist, kann man an seinem eigenen Lebensgefühl nachvollziehen. Wer selbstsicher ist, sprich: sich seiner selbst sicher ist, hat es leichter. Und wer sich in seinen eigenen Lebensverhältnissen sicher fühlen kann, fühlt sich eher wohl als jemand in ungesicherten Lebensverhältnissen.

Den Zusammenhang zwischen Sicherheitsgefühl und subjektivem Wohlbefinden (Diener, Shigehiro & Lucas, 2002) scheint auch die Geschäftswelt erkannt zu haben: Versicherungen und Automobilkonzerne werben vorrangig mit der Sicherheit ihrer Produkte. Für Flaschen werden Sicherheitsverschlüsse propagiert, und Sicherheitsschlösser sollen uns vor Eindringlingen schützen. Wenn Politiker Wahlen gewinnen wollen, versprechen sie alles Mögliche, vor allem aber Sicherheit. Und wenn Wissenschaftlern die Argumente ausgehen, sagen sie, dass ein Sachverhalt mit an Sicherheit grenzender Wahrscheinlichkeit so sei, wie sie behaupten. Mit anderen Worten: Sicherheit ist wohl die wichtigste Voraussetzung, um Geborgenheit zu erleben. Werden wir – durch welche Einflüsse auch immer – verunsichert, öffnen sich psychisch schon die Türen für das so beeinträchtigende Ungeborgenheitserleben.

Sicherheit im Kontext anderer Merkmale. Für eine umfassende Betrachtung der Geborgenheit muss das Merkmal Sicherheit im Zusammenhang mit anderen Merkmalen der Geborgenheit gesehen werden, z. B. mit Wärme, Wohlbefinden,

Vertrauen, Liebe, Akzeptanz, Schutz und vielen mehr. Außerdem werden die typischen Geborgenheitssituationen, wie etwa Freundschaft, Familie und Partnerschaft, nicht allein durch das Merkmal Sicherheit, sondern auch von Emotionen der Zuneigung, der Fürsorglichkeit und überhaupt von emotional und motivational differenzierten zwischenmenschlichen Beziehungen geprägt. Wenn Partner miteinander kuscheln, suchen sie nicht unbedingt oder ausschließlich Sicherheit, sondern Nähe, Wärme und Zärtlichkeit. Dennoch spielt Sicherheit (die Sicherheit, sich aufeinander verlassen, dem anderen vertrauen zu können) im privaten und intimen Interaktionsbereich eine große Rolle.

Sicherheit und Sozialität. Es fällt auf, dass die meisten Geborgenheitsgefühle im zwischenmenschlichen bzw. sozialen Bereich angesiedelt sind. Geborgenheit ist demnach nichts für Einzelgänger: Einsame fühlen sich ungeborgen. Gemeinschaftlichkeit hingegen stimuliert das individuelle Geborgenheitserleben.

Das Geborgenheitserleben ist offensichtlich eng mit der Sozialität des Menschen verbunden, mit seinem Drang nach sozialem Kontakt, Kommunikation und Gemeinsamkeit. Sozialität bildet einen fruchtbaren Boden für die Entwicklung von Geborgenheit und für die Aufrechterhaltung jenes Anteils am Erleben persönlicher Sicherheit, der auf Sozialkontakt beruht. Diese Sicherheit ist für das Geborgensein so hochgradig wichtig, dass sie die Hauptaktivitäten im Lebensvollzug permanent beansprucht. Tritt Unsicherheit auf, ist Ungeborgenheit nicht weit.

4 Zwischen Geborgenheit und Ungeborgenheit

Der Mensch ist ein Geborgenheitswesen. Er investiert unendlich viel Energie, um sein Dasein, ja seinen ganzen Lebensvollzug unter Geborgenheitsbedingungen zu realisieren. Er baut z. B. Häuser, um Sicherheit, Wärme, Wohlbefinden und Schutz zu haben. Im zwischenmenschlichen Bereich sucht er Vertrauen, Schutz und Verständnis. Er schließt Freundschaften, geht Partnerschaften ein, gründet eine Familie. Bei alledem möchte er Akzeptanz, Nähe und Zuneigung erfahren. Er möchte nicht allein, nicht einsam sein, und er möchte Hilfe erhalten, wenn er sie braucht. Dies jedenfalls hat unsere bisherige Geborgenheitsforschung eindeutig ergeben (Mogel, 1993 u. 1995). Dennoch lässt sich leicht feststellen, dass die Menschen bei den heutigen Lebensbedingungen der hoch zivilisierten Gesellschaften zunehmend unter der Ungeborgenheit leiden.

Manifestationen der Ungeborgenheit. Ungeborgenheit wird nicht nur durch bestimmte, ganz offensichtliche Ungeborgenheitssituationen erzeugt, die durch beeinträchtigende Ereignisse zustande kommen, wie z. B. Kummer durch den

Verlust einer nahen Person, Trauer durch den Tod einer vertrauten Person, Schmerz durch Abschied, das Phänomen des Heimwehs oder verschiedene Katastrophen, die Ungeborgenheit erzeugen. Es geht auch um die Ungeborgenheit der Person in sich selbst. Viele Menschen leiden unter einem geschwächten Selbstwertgefühl, unter Minderwertigkeitserleben und Ungeborgenheit im zwischenmenschlichen Bereich, wie sie z. B. durch Streit, Hass, Eifersucht, Missgunst, Aggression, Misstrauen, Anonymität, Gleichgültigkeit und Egoismus entsteht. Angst und Depression sind psychische Manifestationen der Ungeborgenheit. Auch in der Klinischen Psychologie weniger thematisierte, aber in den gegenwärtigen Lebensverhältnissen der Menschen häufige Zustandsbilder fallen unter die Ungeborgenheit, etwa Unzufriedenheit, Kummer, Einsamkeit, Bindungsangst, soziale Isolation, Fatalismus und Hoffnungslosigkeit (z. B. Schwab, 1996; Wolf, 1991).

Ursachen und Folgen. Sich geborgen zu fühlen und geborgen zu sein ist die wohl umfassendste und nachhaltig förderlich wirksame Entwicklungsdeterminante vor allem in der frühen Persönlichkeitsentwicklung. Fehlt ein kontinuierliches Geborgenheitserleben in der frühen Kindheit, in der Kindheit, der Jugend oder im Erwachsenenleben, steigt die Gefahr der Beeinträchtigung durch Ungeborgenheit (Bowlby, 1975; Marshall & Kennell, 1983). Die Entwicklungschancen sind dann weniger gut, die sozialen Kontakte eingeschränkt, Pessimismus, Skepsis, Misstrauen und Ängstlichkeit prägen die Lebenseinstellung. Fast überflüssig zu betonen, dass ungeborgene Menschen es schwer haben, mit sich selbst und mit ihrer Umwelt umzugehen. Es ist, als säßen sie in einem – selbst gebauten – Käfig negativer Emotionen, aus dem es offenbar kein Entrinnen gibt. Hält ein solcher Zustand der Ungeborgenheit länger an, bleibt eine Verletzung des Selbstwertgefühls nicht aus, und mit dem Rückgang sozialer Kontakte sinken zugleich die Chancen auf Selbstverwirklichung, auf das Erreichen von Zielen und auf Erfolg im Leben.

Permanente Ungeborgenheit ist ein sicherer Garant für die Zerstörung der psychischen und häufig auch der materiellen Lebensgrundlagen der betroffenen Person. Das von uns in zahlreichen Ländern auf verschiedenen Kontinenten gefundene, universell an erster Stelle stehende Geborgenheitsmerkmal – die Sicherheit – ist im Falle von permanenter Ungeborgenheit ernsthaft bedroht oder gar reduziert (Mogel, 1995). Nun kann sich die Unsicherheit auf allen Ebenen der psychischen Persönlichkeitsorganisation und in allen Bereichen des Lebensvollzugs beeinträchtigend, weil verunsichernd, ausbreiten. Bleibt ein solch desolater Zustand der Ungeborgenheit lange Zeit stabil, schwinden nach und nach die förderlichen psychischen Kräfte – und mit ihnen jedes positive Erleben der eigenen Lebenswelt.

Wenn Ungeborgenheit zum Dauergast wird. Letztlich kann alles, was eine Person als beeinträchtigend und nachteilig erlebt, Ungeborgenheitsgefühle hervorrufen und aufrechterhalten. Umso wichtiger wird die Beantwortung der Frage, welche Wege aus der Sackgasse der Ungeborgenheit herausführen. Was können wir tun, um Geborgenheit zu erreichen? Spätestens bei der Suche nach Wegen wird sich zeigen, dass Geborgenheit kein statisches Etwas ist, das man entweder hat oder nicht hat. Sie ist, wie wir gleich sehen werden, nicht nur das vielleicht umfassendste förderliche Lebenssystem des Menschen – und in diesem Sinne fundamental – sie ist zugleich das System, das zur Erhaltung der permanenten Aktivität des Menschen bedarf.

Lassen wir einmal dahingestellt, was das Gefühl der Ungeborgenheit im Einzelfall erzeugt, aufrechterhält und immer wieder von neuem hervorruft. Die Ungeborgenheit ist, jedenfalls bei sehr vielen Menschen, ein äußerst unangenehmer Dauergast, den sie häufig nicht aus eigener Kraft loswerden können. Sie brauchen Hilfe von außen. Und die Beeinträchtigung durch Ungeborgenheit nimmt in unserer Gesellschaft stetig zu. Noch nie gab es so viele unterschiedliche Psychotherapieformen, noch nie so viele Klinische Psychologen, Psychotherapeuten, Psychiater, so viele psychologische Beratungsstellen und Hilfsorganisationen – wie z. B. die Telefonseelsorge –, die neben der psychologischen Beratung und der Behandlung psychischer Erkrankungen damit beschäftigt sind, ihrer leidenden Klientel beim Abbau der Ungeborgenheit zu helfen. Selbst die Praxen der Hausärzte sind zunehmend mit diesem Phänomen konfrontiert. Häufiger denn je brauchen Menschen Zuspruch und kommunikative Zuwendung von Fachleuten, um in die für sie wichtigen Geborgenheitssituationen (zurück) zu finden.

5 Wege zur Geborgenheit

Die Frage, wie man zur Geborgenheit finden kann, impliziert, dass Wege aus der Ungeborgenheit aufzuzeigen sind. Die starke Sehnsucht nach Geborgenheit, die Menschen gerade in der heutigen Zeit empfinden, rührt ja wohl kaum daher, dass sie schon geborgen sind oder sich geborgen fühlen, sondern diese Sehnsucht hat ihren Ursprung in einer ständigen Furcht vor Ungeborgenheit oder darin, dass Ungeborgenheit das individuelle Erleben bzw. Leben bereits beherrscht.

Ungeborgenheit ist ein beständiges beklemmendes Gefühl der inneren Unglückseligkeit, ein inneres Leiden. Die Sehnsucht nach Geborgenheit wirkt da, wo noch Hoffnung besteht, sie auf diesem oder jenem Weg eventuell erreichen zu können. Werden solche möglichen Wege nicht mehr in Betracht gezogen, herrscht also bereits das Gefühl der Ausweglosigkeit, dann sind schon Resignation und Fatalismus am Werk. Wenn es einmal so weit ist, wird ein anderes Fundamentales Lebenssystem ebenfalls in Mitleidenschaft gezogen: das Selbstwertgefühl (Schütz, 2003). Es sinkt. Und mit ihm sinkt das Selbstvertrauen. Jetzt ist der Zeitpunkt erreicht, ab dem man sich kaum mehr mit eigener Kraft aus der Ungeborgenheit herausholen kann – obwohl die Auflehnung gegen sie in einer weniger schwerwiegenden Situation hilfreich, manchmal heilsam sein kann. Jetzt aber ist Hilfe von außen notwendig.

Hilfe vertrauter Personen. Der nahe liegendste Weg aus der Ungeborgenheit ist, das Gespräch mit vertrauten Familienangehörigen oder guten Freunden – sofern vorhanden – oder mit dem Lebenspartner zu suchen. Dieser Weg setzt voraus, dass man selbst die ersten Schritte tut. Man kann nicht erwarten, dass die Bezugspersonen von selbst merken, wie schlecht es einem geht und wo die Ursachen für diesen Zustand liegen. Man kann nur darauf hoffen, dass andere Personen einem Geborgenheit vermitteln, wenn man sie klar über das eigene (Ungeborgenheits-)Erleben informiert und ihnen zeigt, dass man ihre Hilfe braucht.

Wer gute Bezugspersonen hat und das Gespräch mit ihnen sucht, erfährt in der Regel Verständnis und Akzeptanz, spürt dabei Gemeinsamkeit, vielleicht sogar Wärme. Er wird den einen oder anderen Hinweis und Ratschlag erhalten, der aus dem emotionalen Dilemma herausführen kann, vorausgesetzt, dass er ihn akzeptiert und eventuell befolgt. Das alles setzt die Bereitschaft voraus, Hilfe anzunehmen, und den Willen, selbst aus der Ungeborgenheit herauszufinden. Allerdings stößt diese Möglichkeit manchmal an natürliche Grenzen: Wenn jemand sehr alt oder sehr krank ist, den nahenden Tod vor Augen hat und deswegen ungeborgen ist, helfen Ratschläge von außen manchmal wenig, dennoch lässt sich das Ausmaß des Leidens auch in einer solchen Situation durch Nähe, Wärme und Zuwendung mildern.

Geborgenheitssituationen aufsuchen. Auch ganz persönliche und individuelle Wege sind möglich. Man kann Situationen aufsuchen, von denen man sich Geborgenheitserleben verspricht. Die Möglichkeiten sind hierbei so unterschiedlich wie die Individuen selbst: Die eine Person fühlt sich durch einen langen Spaziergang in der Natur geborgen, eine andere durch einen ausgedehnten Aufenthalt in der Kirche, eine weitere empfindet Geborgenheit am Stammtisch im Wirtshaus. Hier sind die Möglichkeiten so vielfältig wie das aktivierbare Handlungsrepertoire einer Person.

Selbstaktualisierung. Vielleicht der weiteste, aber sicher auch der effektivste Weg aus der Ungeborgenheit führt direkt über die eigene Person. Selbstaktualisierung bedeutet, die eigenen Kompetenzen aktiv umzusetzen, indem man durch – selbst gesteuerte – Handlungen lebenswichtige Ziele zu erreichen versucht. Entwicklungspsychologisch gehen Selbstaktualisierung und persönliches Wachstum Hand in Hand. Selbstaktualisierung gelingt, wenn das Individuum davon überzeugt ist, persönliche Ziele erreichen zu können bzw. erreicht zu haben. Es kann sich somit geborgen fühlen. Je weniger die berufliche und/oder private Lebensgestaltung mittels Selbstaktualisierung glückt, desto wahrscheinlicher wird das Erleben von Ungeborgenheit. Gerade die Selbstaktualisierung erlaubt es, die aktive Seite des Fundamentalen Lebenssystems der Geborgenheit zu studieren, denn die Art und Weise der individuellen Selbstaktualisierung zeigt, wie Menschen ihr Leben dem eigenen Selbst entsprechend gestalten und hierfür ihre Lebensenergie einsetzen.

Lebenssituation und -haltung ändern. Eine weitere Möglichkeit ist, die eigene Lebenssituation so zu verändern, dass sie einem sinnvoller erscheint und dadurch positiver wirkt. Solche Veränderungen können z. B. die Lebensbereiche der Partnerschaft, des Wohnens, des Arbeitsplatzes und der Freizeit betreffen.

Ein anderer, vielleicht nicht ganz einfacher, aber dennoch gangbarer Weg betrifft die eigene Lebenseinstellung. Manche Menschen werden deswegen ungeborgen und bleiben es auch, weil sie für alles Negative besonders empfänglich sind und dabei die positiven Dinge des Lebens allzu leicht übersehen. Hier ist eine Neuorientierung zum Positiven der einzige Weg. Sie ist abhängig von der individuellen Grundeinstellung zum Leben. Überwiegen optimistische Einstellungen, resultieren viel eher positive Orientierungen. Überwiegen pessimistische Einstellungen, kann es nur schwer zu positiven Orientierungen kommen. Welche Einstellungen sich durchsetzen, hängt mit der Erfahrungsorganisation des psychischen Bezugssystems der Person zusammen (Mogel, 1990).

Einstellungsänderungen sind zwar nicht leicht zu erreichen, aber man kann versuchen, sich von anderen Menschen dabei helfen zu lassen. Sie kennen die Wegweiser zur Positivität oft besser als man selbst. Hat man seine Einstellung erfolgreich geändert, lassen sich auch Ungeborgenheitserfahrungen bewusst und gezielt bewältigen. Es ist dann besser möglich, die positiven Dinge des Lebens wahrzunehmen und sich daran zu freuen – vielleicht auch an den positiven Seiten der eigenen Person. Und das wäre Balsam für ein beeinträchtigtes Selbstwertgefühl. Ein solcher Weg bedeutet den Versuch, mit sich selbst zufrieden zu werden und zu sein. Selbstwert heißt, mit sich selbst im Reinen zu sein, sich als Person zu respektieren und als wertvoll zu erleben. Ist das erreicht, geht alles leichter, denn in der eigenen Ruhe und Zufriedenheit wurzelt die Lebenskraft. So gesehen „ist die Zufriedenheit [...] ein hohes Gut" (Hofstätter, 1986, S. 137).

Anderen helfen. Ein recht sicherer Weg zur Geborgenheit besteht darin, anderen zu helfen. Wer anderen in ihrer Not und in ihrem Leiden beisteht, hat das Gefühl, etwas von sich selbst herzugeben und Gutes zu bewirken. Das beglückt, macht zufrieden und fördert das eigene Geborgenheitsgefühl. Bekannt ist dieses Phänomen bei allen helfenden Berufen und Tätigkeiten von der Seelsorge über die Psychotherapie bis hin zu so unterschiedlichen Formen wie Pannenhilfe, Katastrophenhilfe oder Nachbarschaftshilfe. Man denke nur an die große Hilfsbereitschaft angesichts der Flutkatastrophe 2002 in Deutschland und an die zahlreichen positiven Gefühlsäußerungen von Helfern und Betroffenen.

Der Weg des Glaubens. Für viele Menschen ist der Glaube ein Weg zur Geborgenheit. Er gibt ihnen Halt und Kraft sowie Hoffnung, der Ungeborgenheit entgegentreten und sie überwinden zu können, ja manchmal sogar Glück zu verspüren. Dieses Phänomen konnten wir im Rahmen unserer internationalen Geborgenheitsforschung auch in allen Religionen Südostasiens feststellen (z. B. im Buddhismus, Taoismus, Hinduismus, Islam, Christentum).

Während Glück als ein emotionales Erleben meist von kurzer Dauer ist, ist Geborgenheit nicht nur zeitlich, sondern auch inhaltlich umfassender. „Geborgenheit ist freilich ein stärkeres Wort für Glück", sagte Goethe. Und Recht hatte er. Wir selbst gehen ja sogar so weit, Geborgenheit als etwas Paradiesisches anzusehen und die Sehnsucht nach Geborgenheit als die irdische Sehnsucht des Menschen nach dem Paradies zu bezeichnen.

6 Ausblick: Zum Stand der Geborgenheitsforschung

In den Humanwissenschaften – und damit auch in der Psychologie – ist Geborgenheit bisher kein eigenes Forschungsthema. Zwar wird der Begriff (wenn auch eher alltagssprachlich) genannt und zuweilen auch als wichtig angesehen, doch außer unseren eigenen Interviewuntersuchungen haben wir keine empirische Untersuchung gefunden, die Geborgenheit als ein Phänomen für die Forschung thematisiert. Fast überflüssig zu erwähnen, dass es weder eine einschlägige Forschungstradition noch Forschungsliteratur gibt. Dies haben unsere umfassenden Literaturrecherchen ergeben.

Als Begriff kommt Geborgenheit seit 1990 allerdings häufiger vor: In der Klinischen Psychologie, der Psychotherapie (Rothe, 1993), in der Sozialpsychologie, der Persönlichkeitspsychologie (Wolf, 1991; Schwab, 1996) und der Organisationspsychologie – das ist immerhin ein positives Zeichen. Doch Geborgenheit ist ein so wichtiges Fundamentales Lebenssystem des Menschen, dass es nicht nur genannt, sondern erforscht werden muss.

Seit 1996 erforschen wir die Geborgenheit international und kulturvergleichend. Wir wollen herausfinden, welche Komponenten dieses grundlegenden

Lebensgefühls in allen Kulturen gleichermaßen wichtig sind (transkulturelle Universalität) und inwieweit kultur-, aber auch bislang unterschätzte religionsspezifische Besonderheiten das Geborgenheitsverständnis der Menschen prägen.

„Fundamentale Lebenssysteme" ist der übergeordnete Begriff für ein förderliches psychisches Geschehen innerhalb der Positiven Psychologie. Dazu gehören auch das Lebenssystem des Spielens, das wir ebenfalls empirisch und kulturvergleichend sowie im Labor untersucht haben (Mogel & Ohler, 2003), das Selbstwertgefühl, das positive Erleben sowie die innere Organisation und Dynamik von Einstellungen (vgl. Roth, 1967). Fundamentale Lebenssysteme bilden als Forschungsthemen der Positiven Psychologie und als Basis eines optimistischbefriedigenden Lebensvollzugs der Menschen eine wichtige Ergänzung zur Erkenntnistradition der Klinischen Psychologie, die vorwiegend Manifestationen der Ungeborgenheit zum Gegenstand hatte: Angstneurosen, Zwangsneurosen, Depression, Schizophrenie usw.

Natürlich ist die Erforschung der klassischen Krankheitsbilder wichtig, und genauso bedeutsam sind die wirksamen psychotherapeutischen Wege zu ihrer Heilung. Aber vielleicht kann das bisher in den Humanwissenschaften vernachlässigte Fundamentale Lebenssystem der Geborgenheit dazu beitragen, Ungeborgenheitserkrankungen wirksam vorzubeugen. Aufgabe der Psychologie ist es, die Entwicklung, Dynamik und Organisation dieses Systems zu erkennen, um die Geborgenheit auf heilsame Weise für das Leben fruchtbar werden zu lassen. Spätestens dann ist der Nachweis erbracht, dass ein Leben in Geborgenheit ein besseres Leben ist.

Zitierte Literatur

Bowlby, J. (1975). Bindung. Eine Analyse der Mutter-Kind-Beziehung. München: Kindler.

Diener, E., Shigehiro, O. & Lucas, R. E. (2002). Personality, culture and subjective well-being. Annual Review of Psychology, 54, 403–425.

Hofstätter, P. R. (1986). Bedingungen der Zufriedenheit. Zürich: Edition Interfrom.

Marshall, H. K. & Kennell J. H. (1983). Mutter-Kind-Bindung. Über die Folgen einer frühen Trennung. München: Kösel.

Meyer, C. F. (1986). „Abendwolke". Sämtliche Gedichte (S. 213–214). Stuttgart: Reclam.

Mogel, H. (1990). Bezugssystem und Erfahrungsorganisation. Göttingen: Hogrefe.

Mogel, H. (1993). Geborgenheit. Ein vernachlässigtes Konzept in der Psychologie. Antrittsvorlesung Universität Passau.

Mogel, H. (1995). Geborgenheit. Psychologie eines Lebensgefühls. Berlin: Springer.

Mogel, H. & Ohler, P. (2003). Abschlussbericht für das Projekt „Die Entwicklung der Spielformen beim Kind", DFG-Geschäftszeichen: MO420/7-2.

Rohracher, H. (1984). Einführung in die Psychologie. München: Urban und Schwarzenberg.

Roth, E. (1967). Einstellungen als Determination individuellen Verhaltens. Die Analyse eines Begriffs für die Persönlichkeitspsychologie. Göttingen: Hogrefe.

Rothe, M. (1993). Geborgenheit und Vertrauen – Voraussetzungen für die Bewältigung von Behinderung und sozialer Ausgrenzung. Soziale Arbeit, 42 (9–10), 333–337.

Schütz, A. (2003). Psychologie des Selbstwertgefühls. Stuttgart: Kohlhammer.

Schwab, R. (1996). Einsamkeit als belastende Emotion. In E. H. Witte (Hrsg.), Sozialpsychologie der Motivation und Emotion. Beiträge des 10. Hamburger Symposions zur Methodologie der Sozialpsychologie (S. 171–182). Lengerich: Pabst.

Wolf E. (1991). Bedürfnis nach interpersonellen Beziehungen und Bewältigung belastender Lebensereignisse. Zeitschrift für ärztliche Fortbildung, 85, 359–364.

5 Religiosität und Spiritualität

Michael Utsch

Ein religiös-spirituelles Weltbild vermittelt durch seine Geschlossenheit ein tragendes Gefühl von Geborgenheit und Sicherheit angesichts einer unvorhersehbaren und damit potentiell chaotischen Zukunft. Die Wahrnehmung und der Umgang mit einer subjektiv als umfassend erlebten Wirklichkeit und „höheren Macht" erweitern die gewöhnliche Lebenswelt mit ihrer Raum-Zeit-Gebundenheit und können sich als Sinngeber, Kraftquelle und Bewältigungshilfe erweisen.

1 Religion – eine kollektive Neurose?

Philosophen wie Feuerbach und Nietzsche haben die unterdrückende Funktion der Religion angeprangert und ihre zerstörerischen Auswirkungen für den Einzelnen und die Gesellschaft herausgestellt. Daran knüpfte Sigmund Freud an: Er beschrieb Religiosität als illusionäres Wunschdenken und kollektive Neurose und glaubte, sie könne durch Wissenschaft und Technik ersetzt werden (Freud, 1927). Insgesamt untersuchte die frühe psychoanalytische Religionspsychologie eher die – zweifellos manchmal vorhandenen – negativen Aspekte der Religion. Demnach resultieren aus unmenschlichen religiösen Moralvorstellungen zwanghafte Schuldgefühle, die in eine gehemmte, lebensfeindliche und depressiv getönte Grundhaltung münden.

Schüler Freuds und die Religion
Während die klassische Psychoanalyse der Religion nichts abgewinnen konnte, kamen einige prominente Schüler Freuds schon bald zu anderen Schlüssen.

Der Freud-Schüler Adler war der Überzeugung, die Regungen der menschlichen Seele seien ohne die Einbeziehung einer transzendent-religiösen Dimension gar nicht vollständig zu verstehen, weil jedes Individuum auf Beziehung angewiesen und in eine soziale und kosmische Umwelt eingebunden sei (Adler, 1930). Noch umfassender als Adler integriert die Analytische Psychologie religiöse Bilder und Symbole. Nach C. G. Jung kann eine Selbstwerdung („Individuation") ohne die Beantwortung der existentiellen Lebensfragen nach Sinn, Leid und Tod nicht gelingen (Jung, 1940).

Kürzlich hat Parsons (1999) in einer gründlichen Studie auf Freuds Unfähigkeit hingewiesen, Neugierde und Verständnis für eine außergewöhnliche, „mystische" Erfahrung zu entwickeln, diese von einer konventionellen, institutionell geprägten Religiosität zu unterscheiden und die religiöse Dimension als etwas Eigenständiges anzuerkennen. Von dieser Erblast befreien sich jedoch zunehmend mehr Psychologen und Psychotherapeuten.

Wiederkehr der Religion. Heute hat sich die Einstellung zur Religion merklich geändert – nicht nur in der Psychoanalyse. Denn die gesellschaftliche Wirklichkeit straft Nietzsches Diagnose vom Tode Gottes Lügen. Die vielen Stimmen, die der Religion keine lange Zukunft mehr beschieden haben und allein auf die Vernunft und den gesunden Menschenverstand vertrauten, haben sich offensichtlich getäuscht. Die Säkularisierung ignorierend, tauchen religiöse Motive immer häufiger auch an Orten auf, an denen man sie nicht vermutet: In der Werbung, in Filmen und Musikvideos, in den zahllosen Angeboten esoterischer Lebenshilfe, im Fitness- und Wellness-Kult und sogar in der Sportarena bricht sich das Bedürfnis nach Selbstüberschreitung Bahn. Die Wiederkehr der Religion ist heute unübersehbar – ein „Megatrend" in der Sprache der Soziologen (Polak, 2002).

Neubewertung. Wie bewerten Psychologen die Religion heute? Gilt sie als Krankheitsherd, den man bekämpfen und ausrotten sollte, oder als ein Gesundheitspotential, das zu entdecken und entwickeln sich lohnt? Neuere Veröffentlichungen zeugen von einem grundlegenden Einstellungswandel. Eine lebendige Religiosität wird heute in ihrer stützenden Funktion anerkannt und teilweise schon als eine therapeutische Ressource eingesetzt (Bassler, 2000; Ruff, 2002; Galuska, 2003; Utsch, 2004).

„Von der Gottesvergiftung zum erträglichen Gott":
Das Beispiel Tilmann Moser
Für die veränderte Haltung der Psychologie und Psychotherapie zur Religion ist der Gesinnungswechsel des bekannten Psychoanalytikers Tilmann Moser exemplarisch. 1976 veröffentlichte Moser seinen Bestseller „Gottesvergiftung", in dem er mit dem strafenden Richtergott seiner Kindheit abrechnete. Sein Gottesbild zeigte einen gewalttätigen und unbarmherzigen Patriarchen, der über den absoluten Gehorsam seiner Untergebenen wacht. Durch empirische Befunde, die unmissverständlich einen positiven Einfluss des Glaubens auf die Gesundheit belegen, änderte sich seine Einstellung. Heute kann Moser bestimmte religiöse Glaubenshaltungen als eine Quelle von Kraft und seelischem Reichtum würdigen (Moser, 2003).

2 Zur Geschichte der Religionspsychologie

Entgegen einer weit verbreiteten Fehleinschätzung kann die Religionspsychologie auf eine reiche Vergangenheit zurückblicken. Die Psychologie als einzelwissenschaftliche Disziplin besteht seit rund hundert Jahren, und von Beginn an haben sich ihre Vertreter intensiv mit dem Phänomen menschlicher Religiosität auseinander gesetzt. Vor dem Hintergrund ihrer psychologischen Modelle erforschten bereits einige Gründungsväter der Psychologie religiöse Phänomene wie Bekehrungserlebnisse und Gottesoffenbarungen. Der eigentliche Begründer der experimentellen Psychologie, Wilhelm Wundt aus Leipzig, verfasste neben streng methodisch ausgerichteten Untersuchungen zur Wahrnehmungspsychologie eine mehrbändige „Völkerpsychologie", in der die Religion als ein prägendes Kulturgut besondere Berücksichtigung fand.

Anfänge der Religionspsychologie in den USA. Auch in den USA erlebte die Religionspsychologie um 1900 eine erste Blüte. Noch stärker und durchgängiger als in Deutschland interessierten sich die Gründungsväter der amerikanischen Psychologie, darunter Stanley Hall, Edwin Starbuck, James Leuba und William James, für die Erforschung der Religiosität – wenn auch aus höchst unterschiedlichen Motiven (Huxel, 2000). Ihre Schwerpunkte waren die Erforschung besonderer religiöser Erlebnisse, die Konversionsforschung und die Entwicklung religionspädagogischer Konsequenzen. Aber auch in den USA geriet die mit viel Enthusiasmus begonnene Forschung durch die zunehmende Dominanz behavioristischer Theorien ins Stocken. Erst durch die „kognitive Wende" in den 1960er Jahren, die eine Schwerpunktverschiebung von der Verhaltensforschung hin zu mentalen Wahrnehmungs- und Bewertungsprozessen mit sich brachte, gewannen religionspsychologische Fragen wieder an Bedeutung. In den letzten dreißig Jahren hat sich die amerikanische Religionspsychologie zu einer „voll ausgereiften und führenden Forschungsdisziplin entwickelt, deren Ergebnisse neue Fakten, Einsichten und stimulierende Impulse für alle anderen psychologischen Bereiche liefern" (Emmons & Paloutzian, 2003, S. 379). Heute ist sie durch eine große Sektion im Fachverband amerikanischer Psychologen vertreten (Division 36 der APA).

Vergleich Deutschland – USA. Die Fakten sprechen für sich: Eine Literaturrecherche in der psychologischen Forschungsdatenbank „PsychInfo" ergab für den Zeitraum zwischen 1988 und 2001 1.198 Verweise auf Studien mit dem Thema Religion und 777 Verweise für den Begriff Spiritualität. Während amerikanische Einführungslehrbücher das breite Spektrum der Religionspsychologie abbilden (Wulff, 1997 u. 2004; Hood et al., 2003), geschieht dies in vergleichbaren deutschen Lehrwerken nur selten (Schmitz, 1992; Grom, 1996; Utsch, 1998;

Henning et al., 2004), und kaum eine Lehrveranstaltung, kaum ein Fachartikel widmet sich dem Thema (Popp-Baier, 2000; Oser & Bucher, 2002; Reich, 2003). In den USA hingegen, das dokumentieren viel beachtete Aufsätze in internationalen Fachzeitschriften, werden heute religiöse und spirituelle Fragen von der akademischen Psychologie sehr ernst genommen (Emmons & McCullough, 1999; Worthington & Sandage, 2001; Baumeister, 2002; Emmons & Paloutzian, 2003). Spezielle Themenhefte stellen Bedeutung und Einfluss eines religiösen Glaubens, Erlebens und Verhaltens für den jeweiligen Fachbereich – Klinische Psychologie, Persönlichkeitsforschung, Sozialpsychologie, Entwicklungspsychologie und Familienpsychologie – detailliert dar.

> **Spätfolgen des Nationalsozialismus? Religionspsychologie in Europa**
> In Mitteleuropa kam die religionspsychologische Forschung durch die Nazi-Diktatur fast gänzlich zum Erliegen. Während sie in den USA und in den skandinavischen Ländern kontinuierlich weiterentwickelt wurde, fristet sie in Deutschland noch heute ein Schattendasein. Keine theologische, religionswissenschaftliche oder psychologische Fakultät unterhält einen Lehrstuhl für Religionspsychologie. Europäische Nachbarländer bieten in dieser Hinsicht mehr: In Belgien, Finnland, Italien, den Niederlanden, Norwegen und Schweden existieren religionspsychologische Lehrstühle, die im Weiterbildungsprojekt „Sokrates" vernetzt zusammenarbeiten (www.univie.ac.at/etf/eurorelpsy/). Die Vorbehalte deutschsprachiger Psychologen gegenüber der Religionspsychologie lassen sich auf verschiedene Gründe zurückführen. Weder hat sich ein einflussreicher deutschsprachiger Psychologe der Nachkriegszeit intensiver mit religionspsychologischen Themen befasst, noch wurden geläufige psychologische Theorien auf religionspsychologische Fragestellungen angewendet. Während der in den 1920er Jahren verbreitete geisteswissenschaftliche Forschungsansatz die Religionspsychologie beflügelte, verlor sie unter dem wachsenden Diktat von Experiment und Statistik an Bedeutung. Manche vertreten sogar die Auffassung, dass Schamgefühle angesichts der nationalsozialistischen Vergangenheit und eine nachhaltige Traumatisierung durch die ideologische Verführung verantwortlich für diese hartnäckigen Vorbehalte sein könnten.

Vor dem Hintergrund dieser Geschichte wundert es nicht, dass religionspsychologische Erkenntnisse hauptsächlich aus den USA stammen. Unübersehbar herrschen jedoch große kulturelle Differenzen zwischen Amerika und Deutschland, die sich gerade in der Religionsforschung massiv auswirken. So wird in den Vereinigten Staaten mit religiösem Erleben und Verhalten viel unbefangener und pragmatischer umgegangen. Amerikanische Religionspsychologen interessieren sich weniger für extreme Bewusstseinszustände als für die Auswirkungen einer alltäglichen spirituellen Praxis. Hierzulande wird eine religiöse Erfahrung von Psychologen immer noch als eher ungewöhnliches Phänomen verbucht, mit dem man spektakuläre Erscheinungen wie außersinnliche Wahrnehmungen, paranormale Erfahrungen oder transpersonale Bewusstseinszustände verbindet, kaum aber ein gewöhnliches seelisches Erleben. Amerikanische Religionspsychologen scheinen sich viel stärker dafür zu interessieren, welchen Einfluss traditionell als religiös empfundene Gefühle auf die alltägliche Lebens- und Beziehungsgestaltung nehmen.

3 Religionspsychologie heute: Schwerpunkte und Forschungsergebnisse

Ziele der Religionspsychologie

Die Religionspsychologie versucht, religiöses Erleben und Verhalten mit bewährten psychologischen Theorien besser zu verstehen oder es mit neuen Theorien zu beschreiben. Beispielsweise wurde die Stressbewältigungstheorie von Aaron Lazarus von dem amerikanischen Religionspsychologen Kenneth Pargament (1997) zu einem umfassenden religionspsychologischen Erklärungsmodell weiterentwickelt. Er kam nach vielen Untersuchungen zu dem Schluss, dass Gläubige, die in der Furcht leben, für ihre Sünden von einem strengen Gott bestraft zu werden, und die diese Strenge auch als „emotionales Klima" in ihrer Glaubensgemeinschaft erleben, stärker zu Depressionen, Ängsten und psychosomatischen Störungen neigen als Nichtreligiöse. Umgekehrt fördert der Glaube an einen freundlichen Gott, der menschliche Schwächen nachsichtig beurteilt, in Verbindung mit emotionaler Geborgenheit in einer Glaubensgemeinschaft das psychische und körperliche Wohlbefinden deutlich.

Auch andere psychologische Erklärungsansätze wurden zur Erhellung religionspsychologischer Sachverhalte verwendet – etwa das Gesundheitsmodell der Salutogenese, das der israelische Medizinsoziologe Antonovsky (1997) entwickelte. Als zentrale Ressource für die Widerstandsfähigkeit gegenüber Erkrankungen und damit als Schlüssel zur Gesundheit definierte Antonovsky das „Kohärenzgefühl". Damit umschrieb er ein grundlegendes, tief verankertes Vertrauen darauf, dass
▶ die Ereignisse des Lebens vorhersehbar und erklärbar sind,
▶ sich Lebensprobleme im Prinzip handhaben lassen,
▶ die Welt es wert ist, sich in ihr und für sie zu engagieren.

Weil ein religiös-spirituelles Weltbild ein derartiges Vertrauen stiften kann, liegt eine religionspsychologische Interpretation nahe (Jacobs, 2000).

Religiosität – eine psychologische Kategorie?

Die durchgängige gesellschaftliche Präsenz der Religion zu allen Zeiten und in allen Kulturen veranlasst heute Wissenschaftler, die religiöse Dimension als einen unabhängigen und eigenständigen Persönlichkeitsfaktor des Menschen aufzufassen. Damit kann die Religiosität auch psychologisch beschrieben und erforscht werden. In der amerikanischen Persönlichkeitsforschung wird derzeit überprüft, ob Spiritualität das Fünf-Faktoren-Modell der Persönlichkeit („big five") um eine sechste Dimension ergänzt (Piedmont, 1999): Zu den fünf Basisdimensionen Extroversion, Verträglichkeit, Gewissenhaftigkeit, emotionale Stabilität und Offenheit für Erfahrungen käme der Faktor „spirituelle Transzendenz" hinzu. Spirituelle Transzendenz bezeichnet die Fähigkeit, sich außerhalb des unmittelbaren Raum- und Zeitempfindens zu begeben und das Leben von einer höheren, mehr objektiven Warte zu betrachten.

Konstruktives Potential. Nachdem die Psychologie sich jahrzehntelang hauptsächlich mit den dunklen Seiten der Seele – mit Ängsten und Ärger, Aggression und Frustration, mit Depression und Neurosen – beschäftigt hat, entdeckt die Forschungsrichtung der Positiven Psychologie das konstruktive Potential von Werten und moralischen Tugenden, wie sie die Religionen seit jeher betonen und fördern. Die amerikanischen Forschungsergebnisse berichten Erstaunliches – auch wenn sich eine direkte Übertragung auf europäische Verhältnisse aufgrund der kulturellen Unterschiede verbietet. So fördern „moralische" Charaktereigenschaften wie Demut und Bescheidenheit das gesundheitliche Wohlbefinden (Tangney, 2000). Erste Studien deuten darauf hin, dass Stolz, Narzissmus und der tägliche Kampf um Anerkennung dem Selbstbewusstsein eher schaden als nutzen: So reagierten Personen, die eine hohe Meinung von sich hatten, am aggressivsten auf Kritik an einem von ihnen verfassten Essay. Die psychosomatische Herzforschung konnte zeigen, dass Ärger, Wut und Bitterkeit dem Herzen gefährlich werden können, während die Fähigkeit zu vergeben zu den wichtigsten Schutzfaktoren gezählt werden muss. Weitere Studien zeigten, dass bereits die Erinnerung an eine unfaire und ungerechte Behandlung den Blutdruck von Testpersonen teilweise dramatisch steigen ließ, während diejenigen sich am besten erholten, die versöhnlich reagieren konnten. Der Prozess des Verzeihens wird auch als wichtiger Schlüssel für eine gelingende Partnerschaft angesehen und mittlerweile als ein psychotherapeutischer Wirkfaktor untersucht (McCullough et al., 2000; Luskin, 2003). Die Fähigkeit, Hoffnung zu entwickeln, gilt als wichtige persönliche Voraussetzung, um den eigenen Lebenswillen gegen Not, Unglück und andere Widrigkeiten zu mobilisieren (Yahne

& Miller, 1999). Dankbare Menschen fühlen sich – neuen Studien zufolge – im Alltag wohler und können besser mit einer chronischen Erkrankung umgehen (McCullough et al., 2002; Nuber, 2003). Weisheit im Sinne einer „spirituellen Intelligenz" (Emmons, 2000) wird als die komplexe Fähigkeit aufgefasst,

- veränderte Bewusstseinszustände zu erfahren,
- die alltägliche Erfahrung zu einer heiligen zu machen,
- spirituelle Ressourcen zur Problemlösung einzusetzen,
- Entscheidungen und Handlungen wertorientiert vorzunehmen.

Psychologische Funktionen der Religion

Weil die persönliche Religiosität nur unter Berücksichtigung ihrer spezifischen kulturellen Kontexte richtig verstanden und gedeutet werden kann, helfen die amerikanischen Erkenntnisse im europäischen Kontext nur bedingt weiter. Einige wenige deutschsprachige Psychologen haben die Aufgabe der Religion aus ihrer jeweiligen Perspektive gedeutet. Eine wesentliche Funktion der Religion besteht nach Einsichten des Schweizer Entwicklungspsychologen Flammer (1994) darin, eine Lebensdeutung oder Weltanschauung zu konstruieren, mit der das Schicksalhafte und Zufällige der menschlichen Existenz überwunden werden kann. Je mehr Unwägbarkeiten der eigenen Umwelt und besonders der eigenen Person bekannt seien und kontrollierbar erschienen, desto größere Lebenssicherheit – im Sinne von Vertrauen in die eigenen und die sozialen Ressourcen – könne entstehen. Der Gesprächspsychotherapeut Reinhard Tausch (1996; → Kap. 6, Sinn in unserem Leben) untersuchte Probanden mit einem positiven Gottesbild und stellte fest, dass ihr religiöser Glaube sich primär als Stress reduzierend erwies.

Neben der funktionalen Untersuchung der Religion haben Psychologen aber auch substantielle Deutungen vorgenommen. Dabei treten die Grenzen psychologischer Forschung und die Notwendigkeit interdisziplinärer Zusammenarbeit mit Theologie und Religionswissenschaft deutlich hervor (Wyss, 1991, S. 13): „Religiöse Erfahrung ist nicht innerseelisch auflösbar, sondern entscheidend durch die Begegnung mit dem ‚Überweltlichen' bestimmt. Religiöse Erfahrung verweist auf Transzendenz und ist nicht aus der Immanenz der Psyche allein psychologisch abzuleiten."

Besonders in existentiellen Krisensituationen und Zuständen extremer Hilflosigkeit, so belegen Erfahrungen in der Traumatherapie, ist der Mensch auf religiöse Glaubensüberzeugungen angewiesen (Wirtz, 2003). Allgemeiner gefasst, können mit Hilfe einer persönlichen „Wirklichkeitskonstruktion" die grundlegenden Menschheitsfragen wie Zufall, Schuld, Leiden, Gerechtigkeit, Wahrheit und Tod subjektiv beantwortet werden.

> **Religiosität und Krankheitsbewältigung**
> 157 Patienten mit lebensbedrohlichen Erkrankungen wurden daraufhin untersucht, welchen Einfluss eine positive religiöse Einstellung auf die Krankheitsverarbeitung nimmt (Deister, 2000). Je positiver die Religiosität getönt war, so lautet ein zentrales Ergebnis dieser Studie, umso eher waren die Patienten in der Lage, sich aktiv mit ihrer Situation auseinander zu setzen und Sinn darin zu finden, und umso weniger versuchten sie sich abzulenken oder zogen sich sozial zurück. In einer weiteren Untersuchung berichteten 135 von 251 Patienten auf einer onkologischen Station von einer besonderen spirituellen Erfahrung angesichts ihrer schweren Erkrankung. Alle gaben an, ihre Befindlichkeit habe sich dadurch stark verändert: „Anders im Körper, anders in Raum und Zeit, anders in Bezug auf ihre krankheitsbedingte Situation, frei, weit, intensiv, entspannt, liebend, versöhnt mit sich selbst" (Renz, 2003, S. 129).

Weil aller noch so beeindruckende technische Fortschritt die drängenden Existenzfragen nicht beantworten kann, bleibt die Tür zur Transzendenz offen. Während dabei christliche Überzeugungen an Bedeutung verloren haben, hat das Interesse an anderen Religionen und Weltanschauungen zugenommen. Asiatische Bewusstseinskonzepte, buddhistische Meditationstechniken sowie schamanische und esoterische Praktiken boomen – besonders auf dem freien Markt der Lebenshilfe. Gemeinsam ist den spirituellen Lebenshilfeangeboten, dass sie mit Hilfe eines klar definierten Weltbildes, spezifischen Glaubensüberzeugungen und davon abgeleiteten Techniken und Ritualen arbeiten und als Sinngeber fungieren (Utsch, 2002).

Zunahme nichtrationaler Überzeugungen

Einstellungen, die der Alltagserfahrung widersprechen, sind heute weit verbreitet – z. B. der Glaube an die Reinkarnation. Die Akzeptanz magisch-esoterischer Glaubensmuster ist in den letzten drei Jahrzehnten deutlich gestiegen. Kulturhistoriker prophezeien einen regelrechten Paradigmenwechsel von einer kausal-mechanisch-materialistischen Einstellung hin zu einem spirituell-energetischen Weltbild. Empirische Hinweise unterstützen diese Prognose. Eine im Jahr 2001 durchgeführte repräsentative Emnid-Befragung ergab eine hohe Zustimmungsquote hinsichtlich nichtrationaler Überzeugungen:
- Nur noch 5 Prozent glauben ausschließlich an das, was sich wissenschaftlich beweisen lässt,
- 76 Prozent der Befragten sind von nichtschulmedizinischen Verfahren überzeugt,

- 66 Prozent glauben, dass mit einer Wünschelrute Wasseradern und Erdstrahlen festgestellt werden können,
- 57 Prozent glauben an hellseherische Fähigkeiten,
- fast die Hälfte der Befragten glaubt an die Astrologie,
- 42 Prozent gehen von geheimnisvoll-magischen Kräften aus, die auf den Menschen wirken,
- ein Drittel der Befragten glaubt, dass Fluchsprüche reale Auswirkungen haben.

Der umstrittene englische Biologe Sheldrake (2003) fasst in seinem neuen Buch über den siebten Sinn des Menschen die Ergebnisse von 15 Jahren Forschung zusammen. Er macht „mentale Energiefelder" für unerklärliche menschliche Fähigkeiten wie Vorahnungen oder Gedankenübertragung verantwortlich. Demgegenüber bezweifelt der Physiker Lambeck, dass ein Mensch „allein durch Denken (mental) Wirkungen außerhalb des eigenen Körpers hervorbringen oder Informationen aus der Umwelt aufnehmen" kann (Lambeck, 2003, S. 31). Hergovich (2001) hält dagegen weder spekulative „Energiefelder" noch einen strengen Positivismus im Hinblick auf übernatürliche, paranormale Phänomene für angemessen. Er deutet beide Einstellungen letztlich als den persönlichen Versuch, dem Zufall Sinn zu geben.

Religiosität und Spiritualität: Streit um Begriffe
Die Konzeptualisierung und Abgrenzung von Religiosität und Spiritualität war eine Hauptaktivität der amerikanischen Religionspsychologie der letzten zwei Jahrzehnte (Emmons & Paloutzian, 2003, S. 381). Hill und Hood (1999) listen mehr als hundert standardisierte Messinstrumente auf, die – bezogen auf die amerikanische Kultur – sowohl Religiosität als auch Spiritualität erfassen.

DEFINITION

Weltanschauung: Lebenseinstellung, die dem Dasein einen Sinn gibt. Haltung, aus der heraus gehandelt, gewertet und entschieden wird.
Religion: Gemeinschaftliche Beachtung und persönliche Bindung an eine als transzendent aufgefasste Wirklichkeit.
Religiosität: Religiös gedeutetes Erleben oder religiös motiviertes Verhalten.
Spiritualität: Anerkennung und Pflege einer verborgenen Dimension des Menschen, die entweder immanent oder transzendent verstanden wird.
Transzendenz: Hypothetischer Wirklichkeitsbereich, der sich der gewohnten, alltäglichen Wahrnehmung entzieht.
Das Heilige: Vorstellung eines absoluten Seins.

Spiritualität ist zu einem Modebegriff beworden. Sie wird in der Regel als eine intensive persönliche Erfahrung von Verbundenheit mit allem in einen Gegensatz zur tradierten Religion gestellt, die häufig mit weltfremden Dogmen und Normen in Verbindung gebracht wird. Dabei ist zu berücksichtigen, dass sich auch neue spirituelle Bewegungen einem Institutionalisierungseffekt und „religiöser" Dogmenbildung nicht entziehen können.

Zur Psychologie einer Wertentscheidung

Universelle religiöse Tugenden wie Glaube, Hoffnung und Liebe erleben in der Psychologie ein Comeback. Nachdem der Wertewandel und die Sinnorientierung in der Psychologie lange stiefmütterlich behandelt wurden, stellen neuere Untersuchungen die Bedeutung von subjektiven Wertvorstellungen in den Mittelpunkt (Stiksrud, 1992; McCullough & Snyder, 2000). Im Rahmen der Positiven Psychologie haben Seligman und Csikszentmihalyi (2000) Konzepte wie Vergebung, Dankbarkeit, Bescheidenheit, Weisheit und Zuversicht untersucht. Dabei wurden diese als maßgebliche Werte in Judentum, Islam, Christentum, Buddhismus und Hinduismus identifiziert. Wie hängen nun Wertvorstellungen mit Religion zusammen?

In einer psychologischen Bestandsaufnahme hat Benesch (1990) die Funktion von Weltanschauungen analysiert. In der Erarbeitung einer eigenen Weltanschauung sieht er das wichtigste Merkmal menschlicher Geistestätigkeit, weil die Menschen „das selbstverständliche Vertrauen in die geistige Geborgenheit eines allgemein anerkannten Weltanschauungssystems weitgehend verloren haben" (Benesch, 1990, S. 12). Dabei unterscheidet er fünf Dimensionen einer Weltanschauung:
(1) Weltbild: Wie erklärt man sich die Welt, und was passiert nach dem Tod?
(2) Menschenbild: Was sind Besonderheiten, was die Grenzen des Menschen?
(3) Sinnorientierung: Was macht den Alltag bedeutungsvoll?
(4) Wertekanon: Welche Ideale werden verfolgt?
(5) Moral und Ethik: Welche Regeln und Normen sind verpflichtend?
In einer pluralistischen und säkularisierten Gesellschaft treffen nun die unterschiedlichsten Weltanschauungssysteme aufeinander – und ihre Anhänger müssen miteinander ins Gespräch kommen, soll das Zusammenleben gelingen. So erfordert die multikulturelle Gegenwart eine Rückbesinnung auf religiöse Wurzeln und Werte und die Bereitschaft und Fähigkeit zum Dialog mit eigenen und fremden Traditionen. Hierzu kann die Religionspsychologie einen wichtigen Beitrag leisten. Eine psychologische Perspektive ermöglicht es, das Fremde durch einfühlendes Nachempfinden zu verstehen, und kann dadurch den gegenseitigen Respekt und das Verständnis füreinander verbessern. Außerdem steuert die Psychologie wichtige Kommunikationshilfen für den interkulturellen und interreli-

giösen Dialog bei. Es gilt zunächst, potentielle Unterschiede zwischen dem eigenen Handeln und dem des anderen zuzulassen, wahrzunehmen und Orientierungs- und Verhaltensunsicherheiten, Spannungen sowie die stets mögliche Infragestellung des Eigenen durch den anderen zu ertragen (Weidemann & Straub, 2000; Thomas, 2003).

4 Glaube als Gesundheitsfaktor: Amerikanische Befunde

Medizinsoziologische Untersuchungen hauptsächlich aus den USA belegen seit vielen Jahren, dass ein religiöser Glaube die Gesundheit positiv beeinflussen kann. Diese „Glaubensmedizin"-Forschung berichtet Erstaunliches – erstaunlich zumindest für Leser aus Europa, wo solche Untersuchungen bisher kaum durchgeführt wurden. Nach über 1.200 Studien dürfte erwiesen sein, dass zwischen körperlicher Gesundheit und persönlichem Glauben ein positiver statistischer Zusammenhang besteht, den man durchaus kausal interpretieren kann (Koenig et al., 2001; Dossey, 2003; Reich, 2003). Das heißt: Wer glaubt, ist gesünder, verfügt über mehr Bewältigungsstrategien und genießt eine höhere Lebenszufriedenheit, ja sogar eine höhere Lebenserwartung.

Herbert Benson (1997), Mediziner an der Harvard University, fand heraus, dass wiederholtes Gebet und die Abweisung störender Gedanken körperliche Veränderungen in Gang bringen, die Entspannung bewirken. Diese Entspannung ist nach seiner Untersuchung eine gute Unterstützung bei der Behandlung von verschiedenen Leiden wie Bluthochdruck, Herzrhythmusstörungen, chronischen Schmerzen, leichten bis mittleren Depressionen und anderen Erkrankungen.

Umfangreiche Untersuchungen des amerikanischen Mediziners Matthews (2000) belegen, dass Patienten, die glauben und beten, nach Operationen weniger lang bettlägerig sind und weniger Schmerzmittel benötigen. Außerdem sinkt ihr Blutdruck schneller.

Eine Studie des Psychiaters Harold Koenig von der renommierten Duke University (North Carolina) hat den Wert der christlichen Gemeinschaft und des gemeinsamen Gebetes im Gottesdienst bestätigt. Die 1997 veröffentlichte Untersuchung an 4.000 zufällig ausgewählten Senioren ist die größte Studie über soziale Unterstützung durch Kirchenmitgliedschaft, die je durchgeführt wurde. Koenig und sein Team fanden heraus: Ältere Menschen, die regelmäßig Gottesdienste besuchen, sind weniger depressiv und körperlich gesünder als diejenigen, die allein zu Hause beten.

> **Heilende Wirkung der Fürbitte**
> Zwischen August 1982 und Mai 1983 wurde an der University of California an 393 Patienten eine provozierende Studie über die Auswirkungen des Fürbittgebets durchgeführt (Byrd, 1988). Die Patienten, die kurz zuvor einen Herzinfarkt erlitten hatten, wurden in eine Herzüberwachungsstation eingewiesen und in einer prospektiven, randomisierten und doppelblind geführten Studie in ein Protokoll aufgenommen, d. h., sie wurden nach dem Zufallsprinzip ausgewählt und laufend überwacht, und weder Arzt noch Patient wussten, welcher Kategorie der Patient zugeteilt war. Für die 192 Patienten der Behandlungsgruppe wurde von Menschen außerhalb des Krankenhauses gebetet. Die Betenden mussten christlich getauft sein und aktiv am Gemeindeleben teilnehmen. Jedem Patienten, für den gebetet wurde, teilte man drei bis sieben Beter zu, denen als einzige Information der Name und der Gesundheitszustand des Patienten mitgeteilt wurde. Diese Gruppe traf sich täglich einmal zum Fürbittgebet. Die Kontrollgruppe von 201 Patienten erhielt eine bis auf das Gebet identische Behandlung. Die klinischen Parameter, bei denen die durch Gebet betreute Behandlungsgruppe (BG) wesentlich besser abschnitt als die Kontrollgruppe (KG), waren: Herzleistungsschwäche (BG: 8 Prozent, KG: 20 Prozent), Verbrauch von Medikamenten zur Kreislaufentwässerung (BG: 5 Prozent, KG: 15 Prozent), Herzstillstand (BG: 3 Prozent, KG: 14 Prozent), Lungenentzündung (BG: 3 Prozent, KG: 13 Prozent), Antibiotika-Verbrauch (BG: 3 Prozent, KG: 17 Prozent) und künstliche Beatmung (BG: 0 Prozent, KG: 12 Prozent). Durchschnitt der negativen Faktoren: BG: 3,7 Prozent, KG: 15,2 Prozent.

Was hier über den Gesundheitsfaktor Glaube ausgesagt wird, gilt allerdings nicht für jeden Glaubensstil. Vielmehr zeigen sich enorme Unterschiede bei der Form der Religiosität. Schon die klassische Unterscheidung zwischen extrinsischer – nutzenorientierter – und intrinsischer – überzeugungsgeleiteter – Religiosität von Allport (1950) hat diesen Unterschied herausgestellt. Bei Sterbenden, deren Religiosität sich nicht auf ein starres Festhalten an Glaubenssätzen und -praktiken beschränkte, sondern als eine warmherzige innere Beziehung erlebt wurde, fand Renz (2003) in ihrer Studie zahlreiche positive Auswirkungen. Welcher Glaubensstil macht nun gesund?

Die Nonnen-Studie. Antworten auf diese Frage liefert möglicherweise eine ungewöhnliche Untersuchung, die vor kurzem in den USA vorgestellt wurde. Im September 1930 hatte die Oberin eines franziskanischen Klosters in Nordamerika alle Novizinnen angeschrieben und gebeten, per Hand eine Lebensbeschreibung zu verfassen, bevor sie ihre Gelübde ablegten. Diese zwischen 1931 und 1943 entstandenen Texte bildeten 60 Jahre später die Basis für eine spannende prospektive Längsschnittsuntersuchung: 678 der mittlerweile hochbetagten Schwestern erklärten sich zu jährlichen körperlichen und psychologischen Untersuchungen bereit. Anschließend wurde der körperliche und seelische Gesundheitszustand der Schwestern mit ihren Glaubensstilen verglichen (Snowdon, 2001). Die autobiographischen Texte der Novizinnen waren zuvor von zwei unabhängigen Forschern inhaltsanalytisch ausgewertet worden. Trotz der sehr homogenen Stichprobe – es handelte sich ja ausschließlich um Ordensschwestern, die kurz vor dem Gelübde standen – fanden die Forscher sehr verschiedene Glaubensstile vor. Der wichtigste Unterschied bestand in der Intensität des emotionalen Ausdrucks: Waren manche Lebensberichte und die in ihnen zum Ausdruck kommende Frömmigkeit von einer positiven Emotionalität durchzogen, sprachen andere in erster Linie von Pflicht, Gehorsam und Unterwerfung. Der Vergleich von Glaubensstil und Gesundheitszustand ergab: Je mehr positive Emotionen in den Texten zum Ausdruck kamen, desto besser war es um den Gesundheitszustand der Schreiberin bestellt. Schwestern, so folgerten die Forscher, die mit ihrem Glauben positive Gefühle wie Dankbarkeit, Schutz, Freude oder Gelassenheit verbanden, konnten auch schwierige Lebensereignisse besser verarbeiten und integrieren, was der Gesundheit diente.

Die Gottesbeziehungs-Studie. Zu ähnlichen Ergebnissen kam eine weitere große Studie aus den USA, die den Zusammenhang von Glauben und Wohlbefinden untersuchte (Ellison, 1991). Wenn man nur aus Pflichtgefühlen oder aus sozialer Gewohnheit zur Kirche gehe oder eine religiöse Schrift lese, so die Forscher, wirke sich das weniger positiv aus, als wenn man intensiv am Gottesdienst teilnehme und eine persönliche Beziehung zu Gott pflege.

Die Hamburger Gottesbild-Studie. Die Gottesbeziehung wird durch das persönliche Gottesbild geprägt. Menschen, die sich Gott vor allem als liebendes Wesen vorstellen, neigen stärker dazu, eine innige Beziehung zu Gott zu pflegen und auch größere Zufriedenheit darin zu empfinden. In Hamburg wurden je 100 Frauen und Männer zu ihrer Lebenszufriedenheit und zu Gefühlen von Einsamkeit befragt. Auftauchende neurotische Züge wurden mit dem jeweiligen Gottesbild in Beziehung gebracht (Schwab & Petersen, 1990). Entgegen der weit verbreiteten Auffassung, dass religiöse Menschen neurotischer sind als nichtreligiöse, kam diese Studie zum gegenteiligen Ergebnis: Je engagierter die Teilnehmer in religiöser Hinsicht waren, umso geringer ausgeprägt waren ihre neurotischen Züge. Menschen, die Gott in erster Linie als liebevoll und hilfreich betrachteten, berichteten seltener von Gefühlen der Einsamkeit und äußerten häufiger, mit ihrem Leben zufrieden zu sein. Umgekehrt sprachen die Menschen, die Gott eher als strafenden Richter sahen, öfter von Gefühlen der Einsamkeit und Unzufriedenheit.

Fazit der drei referierten Untersuchungen ist, dass nur diejenige Glaubenshaltung gesundheitsförderlich wirkt, die sich aus einer positiven und herzlichen Gottesbeziehung entwickelt.

5 Heil und Heilung: Grenzen der Interpretation

Solche Befunde beeindrucken, können jedoch auch zu vorschnellen Versprechen oder Erwartungen verlocken. In der deutschen Sprache besteht zwischen „Heilung", „heilig" und „Heil" ein enger Zusammenhang, der allerdings manche Theologen und Therapeuten zu einer vollmundigen Heilungsrhetorik verführt hat. Die Sehnsucht nach Ganzheit, Vollkommenheit, Unversehrtheit und Ungebrochenheit ist gerade heutzutage weit verbreitet. Eine immer ausgeklügeltere Technik erleichtert zwar den Alltag, treibt aber gleichzeitig die Ansprüche und Erwartungen ins Uferlose – gerade im Hinblick auf ein „Psychodesign": den utopischen Versuch, mittels geeigneter Psychopharmaka und Psychotechniken einen perfekten neuen Menschen herzustellen. Diesbezügliche Angebote des alternativen Lebenshilfemarktes haben sich in den letzten Jahren sehr verbreitet. Sie schüren die Illusion, ein vollkommener Mensch, ein Leben ohne Krankheiten, seelische Konflikte und Hindernisse seien machbar. Dabei macht gerade der individuelle Umgang mit körperlichen, seelischen und biographisch bedingten Grenzen das Menschliche aus und verleiht jedem Charakter ein unverwechselbares Profil und eine eigene Schönheit.

Heil und Heilung müssen wegen der Gefahr ihrer Gleichsetzung klar voneinander unterschieden werden. Geht es bei der Heilung um eine reparative Wiederherstellung, die meistens Wunden und Narben hinterlässt, so zielt die Heilserwartung auf einen gänzlich neuen Menschen. Eine therapeutische Heilbehandlung ist von einer religiösen Heilsvermittlung strikt zu trennen. Während die Heilbehandlung mit wissenschaftlich kontrollierten Bedingungen arbeitet, erfolgt eine Heilsvermittlung über die vertrauensvolle Erwartung. Ohne Zweifel kann religiöses Vertrauen gesundheitsfördernd wirken. Es aber als eine Art Wunderdroge einzusetzen hieße, eine Religion zu missbrauchen. Angesichts der zahlreichen korrelationsstatistischen Indizien für die heilsamen Funktionen des Glaubens wurde in einer medizinischen Fachzeitschrift tatsächlich darüber diskutiert, ob Ärzte religiöse Tätigkeiten verordnen sollten. Schlussendlich überwog jedoch die Skepsis. Der wichtigste Einwand war der Hinweis auf „eine drohende Trivialisierung der Religion. Religion darf nicht instrumentalisiert und getestet oder verordnet werden wie ein Antibiotikum" (Sloan et al., 2000, S. 1915). Nicht der Glaube als solcher, wohl aber bestimmte Frömmigkeitsstile können sich wohltuend auswirken, genau so wie manche Religionsformen krank machende Folgen zeitigen.

Echte Religiosität lässt sich nicht funktionalisieren oder instrumentalisieren. Weder sind die so genannten neurotheologischen Forschungen ein Beweis für die Existenz Gottes, noch macht Religion automatisch reich, glücklich und gesund, wie manche propagieren. Darauf weisen auch zahlreiche Studien über die positiven Gesundheitseffekte der Meditation hin.

Meditationsforscher sowohl mit buddhistischem als auch mit christlichem Hintergrund stießen nämlich übereinstimmend auf den paradoxen Befund, dass die Heilwirkung der Meditation dann besonders groß ist, wenn diese gerade nicht zielgerichtet und funktional eingesetzt wird. Gesundheit und Entspannung treten demnach nur als indirekte Nebeneffekte ein: „Wir meditieren nicht, um Schmerzen, Krankheit oder Probleme zu beseitigen. Der beste Weg, in der Meditation Ziele zu erreichen, ist, diese loszulassen. Es geht nicht darum, irgendetwas zu erreichen. Die Entspannung entsteht als Nebenprodukt regelmäßiger Übung, sie ist nicht das Ziel" (Kabat-Zinn, 1995, S. 317f.). „Gewöhnen Sie sich an, Ihre Entspannungsübungen einfach aus Freude an der Sache zu machen", rät auch Herbert Benson (1997, S. 172) den Teilnehmern seines Kursprogramms, „nicht um irgendein Ziel zu erreichen". „Spiritualität und Absicht vertragen sich nicht", fasst Renz (2003, S. 17) ein Ergebnis ihrer Studie zusammen: „Spiritualität ist Berührung mit einer andersartigen Realität, zu der man Ja sagen kann oder Nein". Religiosität und Spiritualität haben also mit Ehrfurcht und Achtsamkeit gegenüber einer größeren, umfassenderen Wirklichkeit zu tun.

> **Gesund durch Meditation**
> Eine bewährte Methode meditativer Gesundheitspflege ist die Einübung der „Entspannungsreaktion" (relaxation response). Sie ist das Gegenteil der Stressreaktion, die jeder kennt: das Herz rast, die Hände werden schweißnass, Nervosität breitet sich aus. Die kontemplative Ruhe hingegen ist körperlich weniger deutlich wahrnehmbar und muss deshalb eingeübt werden. Sie verlangt Eigeninitiative und Disziplin, belohnt aber durch nachweisbare gesundheitliche Effekte, wie folgende Beispiele zeigen: 184 Frauen mit organisch nicht erklärbarer Unfruchtbarkeit nahmen an einem Entspannungsübungsprogramm teil. Innerhalb von einem Jahr nach Abschluss des Kurses wurden 55 Prozent der Teilnehmerinnen schwanger; in der Kontrollgruppe waren es lediglich 20 Prozent (Domar et al., 2000). In einer anderen amerikanischen Studie erlernten 25 Arbeiter bei einem Meditationsexperten Entspannungstechniken. Anschließend impfte man sie und eine Kontrollgruppe gegen

> Grippe. Bei den Meditierenden schlug die Impfung besser an – sie hatten bis zu 25 Prozent mehr Antikörper im Blut (Davidson et al., 2003). Erste Untersuchungen in Deutschland weisen auf vergleichbare Effekte hin (Majumdar, 2000): Das konzentrierte Wiederholen eines Gebets oder Mantras bewirkt eine tiefe körperliche Entspannung und eine wohltuende innere Leere.
>
> **Ein Übungsbeispiel.** „Suchen Sie ein Wort, ein Bild oder ein Gebet, an das Sie glauben. Setzen Sie sich in bequemer Haltung in einen ruhigen Raum, entspannen Sie einzelne Muskeln. Atmen Sie bewusst und langsam, konzentrieren Sie sich auf die Wiederholung Ihres Wortes, Bildes oder Gebets. Nehmen Sie dabei eine passive Haltung ein [...]. Die Beachtung der beiden Schritte – Wiederholung und passives Nichtbeachten auftretender Gedanken – ruft rasch und zuverlässig die Entspannungsreaktion hervor" (Benson, 1997, S. 163).

Die positiven Effekte von Religiosität und Spiritualität lassen sich folgendermaßen zusammenfassen:
- emotionale Entlastung – ein sinnvolles, geschlossenes Weltbild,
- moralische Orientierung – eine ethisch verantwortete Lebensführung,
- soziale Unterstützung – Eingebundensein in eine Gemeinschaft,
- kognitive Neubewertung – Glauben an das Walten einer höheren Macht in Situationen der Hilflosigkeit,
- mentale Bewältigung – Trost, Hoffnung, Gelassenheit auch in ausweglosen Situationen.

Festzuhalten ist, dass Gesundheit und Wohlbefinden von vielfältigen Bedingungen und Einflussfaktoren abhängen: von psychosozialen und innerseelischen, neurobiologischen und lerngeschichtlichen. Die Religiosität ist – auch in ihrer positivsten Form – immer nur ein Faktor unter mehreren. Sie ist eingebettet in eine spezifische Persönlichkeitsentwicklung und einen Lebensstil, der sich durch typische Erlebensformen und Bewältigungsstrategien auszeichnet. Innerhalb dieses Rahmens entwickeln sich verschiedene Glaubensstile, die sich sowohl negativ als auch positiv auswirken können. Der Harvard-Mediziner Benson (1997) unterscheidet zwei verschiedene Formen der Gläubigkeit, eine eher passiv-akzeptierende und eine aktiv-fordernde: Ein berechnender, fordernder Glaube zeigt keine positiven Gesundheitseffekte. Nur wer loslassen und sein Schicksal vertrauensvoll in die Hand Gottes oder einer anderen höheren Macht legen kann („Dein Wille geschehe"), profitiert von der gesundheitsfördernden Kraft des Glaubens.

Zitierte Literatur

Adler, A. (1930). Der Sinn des Lebens. Frankfurt a.M.: Fischer 1976.

Allport, G. W. (1950). The individual and his religion: A psychological interpretation. New York: Macmillan.

Antonovsky, A. (1997). Salutogenese. Zur Entmystifizierung der Gesundheit. Tübingen: dgvt-Verlag (amerik. Original 1987).

Bassler, M. (Hrsg.). (2000). Psychoanalyse und Religion. Versuch einer Vermittlung. Stuttgart: Kohlhammer.

Baumeister, R. F. (Ed.). (2002). Religion and Psychology [Special issue]. Psychological Inquiry, 13 (3).

Benesch, H. (1990). Warum Weltanschauung. Eine psychologische Bestandsaufnahme. Frankfurt a. M.: Fischer.

Benson, H. (1997). Heilung durch Glauben. Selbstheilung in der neuen Medizin. München: Heyne (amerik. Original 1996).

Byrd, R. B. (1988). Positive therapeutic effects of intercessory prayer in a coronary care unit population. Southern Medical Journal, 81, 826–829.

Davidson, R. J., Kabat-Zinn, J., et al. (2003). Alterations in brain and immune function produced by mindfulness meditation. Psychosomatic Medicine, 65, 564–570.

Deister, T. (2000). Krankheitsverarbeitung und religiöse Einstellungen. Ein Vergleich zwischen onkologischen, kardiologischen und HIV-Patienten. Mainz: Grünewald.

Domar, A., Clapp, D., Slawsby, E., Dusek, J., Kessel, B. & Freizinger, M. (2000). Impact of group psychological interventions on pregnancy rates in infertile women. Fertility and Sterility, 73 (4), 805–811.

Dossey, L. (2003). Healing beyond the mind. Medicine and the infinite reach of the mind. Boston: Shambala.

Ellison, C. G. (1991). Religious involvement and subjective well-being. Journal of Health and Social Behaviour, 32, 80–99.

Emmons, R. A. (2000). Is spirituality an intelligence? International Journal for the Psychology of Religion, 10, 3–16.

Emmons, R. A. & McCullough, M. E. (Eds.). (1999). Religion in the Psychology of Personality [Special issue]. Journal of Personality 67 (6).

Emmons, R. A. & Paloutzian, R. F. (2003). The psychology of religion. Annual Review of Psychology, 54, 377–402.

Flammer, A. (1994). Mit Risiko und Ungewißheit leben. Zur psychologischen Funktionalität der Religiosität in der Entwicklung. In G. Klosinski (Hrsg.), Religion als Chance oder Risiko (S. 20–34). Bern: Huber.

Freud, S. (1927). Die Zukunft einer Illusion. Frankfurt a. M.: Fischer 1974.

Galuska, J. (Hrsg.). (2003). Den Horizont erweitern. Die transpersonale Dimension der Psychotherapie. Berlin: Ulrich-Leutner-Verlag.

Grom, B. (1996). Religionspsychologie (2. Aufl.). München: Kösel.

Henning, C., Murken, S. & Nestler, E. (Hrsg.). (2004). Einführung in die Religionspsychologie. Paderborn: Schöningh.

Hergovich, A. (2001). Der Glaube an Psi. Die Psychologie paranormaler Überzeugungen. Bern: Huber.

Hill, P. C. & Hood, R. W. (1999). Measures of religiosity. Birmingham: Religious Education Press.

Hood, R. W., Spilka, B., Hunsberger, B. & Gorsuch, R. (Eds.). (2003). The psychology of religion. An empirical approach (3rd ed.). New York: Guilford.

Huxel, K. (2000). Die empirische Psychologie des Glaubens. Historische und systematische Studien zu den Pionieren der Religionspsychologie. Stuttgart: Kohlhammer.

Jacobs, C. (2000). Salutogenese. Eine pastoralpsychologische Studie zu seelischer Gesundheit, Ressourcen und Umgang mit Belastung bei Seelsorgern. Würzburg: Echter.

Jung, C. G. (1940). Psychologie und Religion. Olten: Walter (1971).

Kabat-Zinn, J. (1995). Gesund durch Meditation. Das große Buch der Selbstheilung. München: Barth (amerik. Original 1990).

Koenig, H. G., Hays, J. C., George, L. K. & Blazer, D. G. (1997). Modeling the cross-sectional relationship between religion, physical health, social support, and depressive symptoms. American Journal of Geriatric Psychiatry, 26, 65–144.

Koenig, H. G., McCullough, M. E. & Larson, D. B. (Eds.). (2001). Handbook of religion and health. New York: Oxford University Press.

Lambeck, M. (2003). Irrt die Physik? Über alternative Medizin und Esoterik. München: Beck.

Luskin, F. (2003). Die Kunst zu verzeihen. So werfen Sie Ballast von der Seele. Landsberg: mvg-Verlag (amerik. Original 2002).

Matthews, D. A. (2000). Glaube macht gesund. Spiritualität und Medizin. Freiburg: Herder (amerik. Original 1997).

Majumdar, M. (2000). Meditation und Gesundheit. Eine Beobachtungsstudie. Essen: KVC-Verlag.

McCullough, M. E., Emmons, R. A. & Tsang, J. (2002). The grateful disposition. Journal of Personality and Social Psychology, 82, 112–127.

McCullough, M. E., Pargament, K. & Thoresen, C. E. (Eds.). (2000). Forgiveness: Theory, practice, and research. New York: Guilford.

McCullough, M. E. & Snyder, C. R. (2000). Classical sources of human strength. Journal of Social and Clinical Psychology, 19, 1–10.

Moser, T. (1976). Gottesvergiftung. Frankfurt a. M.: Suhrkamp.

Moser, T. (2003). Von der Gottesvergiftung zum erträglichen Gott. Psychoanalytische Überlegungen zur Religion. Stuttgart: Kreuz.

Nuber, U. (2003). Dankbarkeit – der Schlüssel zur Zufriedenheit. Psychologie Heute, November, 20–25.

Oser, F. & Bucher, A. (2002). Religiosität, Religionen und Glaubens- und Wertegemeinschaften. In R. Oerter & L. Montada (Hrsg.), Entwicklungspsychologie (5. Aufl., S. 940–954). Weinheim: Beltz PVU.

Pargament, K. (1997). The psychology of religion and coping. New York: Guilford.

Parsons, W. B. (1999). The enigma of the oceanic feeling. New York: Oxford University Press.

Piedmont, R. L. (1999). Does spirituality represent the sixth factor of health? Journal of Personality, 67 (6), 985–1014.

Polak, R. (Hrsg.). (2002). Megatrend Religion? Neue Religiositäten in Europa. Ostfildern: Schwabenverlag.

Popp-Baier, U. (2000). Religionspsychologie. In J. Straub, A. Kochinka & H. Werbik (Hrsg.), Psychologie in der Praxis (S. 754–775). München: dtv.

Reich, K. H. (2003). Spiritualität, Religiosität und Gesundheit. Forschende Komplementärmedizin und Klassische Naturheilkunde, 10, 269–275.

Renz, M. (2003). Grenzerfahrung Gott. Spirituelle Erfahrungen in Leid und Krankheit. Freiburg: Herder.

Ruff, W. (Hrsg.). (2002). Religiöses Erleben verstehen. Göttingen: Vandenhoeck & Ruprecht.

Schmitz, E. (Hrsg.). (1992). Religionspsychologie. Eine Bestandsaufnahme des gegenwärtigen Forschungsstandes. Göttingen: Hogrefe.

Schwab, K. & Petersen, K. U. (1990). Religiousness: Its relation to loneliness, neuroticism, and subjective well-being. Journal for the Scientific Study of Religion, 29, 335–345.

Seligman, M. E. P. & Csikszentmihalyi, M. (2000). Positive psychology: An introduction. American Psychologist, 55, 5–14.

Sheldrake, R. (2003). Der siebte Sinn des Menschen. Gedankenübertragung, Vorahnung und andere unerklärliche Fähigkeiten. Bern: Scherz.

Sloan, R. P., et al. (2000). Should physicians prescribe religious activities? The New England Journal of Medicine, 342 (25), 1913–1916.

Snowdon, D. (2001). Lieber alt und gesund. Dem Altern seinen Schrecken nehmen. München: Blessing (amerik. Original 2001).

Stiksrud, A. (1992). Wertewandel. In R. Asanger & G. Wenninger (Hrsg.), Handwörterbuch Psychologie (4. Aufl., S. 848–854). Weinheim: Beltz PVU.

Tangney, J. P. (2000). Humility: Theoretical perspectives, empirical findings, and directions for future research. Journal of Social and Clinical Research, 19, 70–82.

Tausch, R. (1996). Einsichten und seelische Vorgänge beim religiösen Glauben und bei christlich-ethischen Botschaften. In M. Schlagheck (Hrsg.), Theologie und Psychologie im Dialog über die Frage nach Gott (S. 63–104). Paderborn: Bonifatius.

Thomas, A. (Hrsg.). (2003). Psychologie interkulturellen Handelns (2. Aufl.). Göttingen: Hogrefe.

Utsch, M. (1998). Religionspsychologie: Voraussetzungen, Grundlagen, Forschungsüberblick. Stuttgart: Kohlhammer.

Utsch, M. (2002). Psychotherapie und Spiritualität. Unterschiede zwischen wissenschaftlicher und weltanschaulicher Lebenshilfe. Berlin: EZW-Texte 166.

Utsch, M. (2004). Religiöse Fragen in der Psychotherapie. Psychologische Zugänge zum religiösen Erleben. Stuttgart: Kohlhammer.

Weidemann, D. & Straub, J. (2000). Psychologie interkulturellen Handelns. In J. Straub, A. Kochinka & H. Werbik (Hrsg.), Psychologie in der Praxis (S. 830–855). München: dtv.

Wirtz, U. (2003). Die spirituelle Dimension der Traumatherapie. Transpersonale Psychologie und Psychotherapie, 9 (1), 7–15.

Worthington, E. L. & Sandage, S. J. (2001). Religion and spirituality. Psychotherapy, 38 (4), 473–478.

Wulff, D. M. (1997). Psychology of religion. Classic and contemporary (2nd ed.). New York: John Wiley.

Wulff, D. M. (Ed.). (2004). Handbook of the psychology of religion. New York: Oxford University Press.

Wyss, D. (1991). Psychologie und Religion. Untersuchungen zur Ursprünglichkeit religiösen Erlebens. Würzburg: Königshausen & Neumann.

Yahne, C. E. & Miller, W. R. (1999). Evoking hope. In W. R. Miller (Ed.), Integrating spirituality into treatment. Resources for practitioners (pp. 217–233). Washington: APA.

6 Sinn in unserem Leben
Reinhard Tausch

Im Alltag wird das Wort „Sinn" oft verwendet: „Es ist sinnvoll, was ich tue"; „Er hatte ein sinnerfülltes Leben"; „Ich spüre, dass mein Leben Sinn und Bedeutung hat". Derartige Äußerungen sind meist Anzeichen einer hohen Lebensqualität. Dagegen kommen in folgenden Äußerungen eher seelisch-körperliche Beeinträchtigungen zum Ausdruck: „Meine Tätigkeit scheint mir so sinnlos"; „Mein Leben hat keinen Sinn mehr"; „Ich kann nicht verstehen, welchen Sinn das Ganze hat". Sinnerfahrungen sind also etwas Bedeutsames im Leben von uns Menschen, sie sind bedeutsam für unsere Lebensqualität und z. B. auch für den Wunsch, in sehr schwierigen Lebensphasen weiterzuleben.

In der Psychologie sind Sinnerfahrungen bisher wenig beachtet und kaum empirisch untersucht worden. So fehlen in den Registern vieler deutscher und amerikanischer Standardwerke der Allgemeinen Psychologie und der Klinischen Psychologie die Wörter „Sinn", „Meaning" oder „Meaning of Life". Der bekannte österreichische Psychiatrie-Professor Viktor Frankl hingegen hat Sinnerfahrungen zum Zentrum seiner Logo-Psychotherapie und zur Basis eines tief befriedigenden Lebensstils gemacht (Frankl, 1982 u. 1989; Kurz, 1991). Die Psychologen Klinger (1977), Baumeister (1991) sowie Wong und Fry (1998) geben einen Einblick besonders in amerikanische Forschungen, die deutsche Psychologin Auhagen (2000) informiert über den gegenwärtigen Forschungsstand.

Meine Suche nach Sinn. Das Leben und die Ideen von Viktor Frankl haben mich persönlich sehr beeindruckt, insbesondere seine Erkenntnis, dass Sinnerfahrungen im alltäglichen Leben für die Lebensqualität und die seelische Gesundheit sehr bedeutsam sind. Mir wurde bewusst, dass die Suche nach Sinn und die Vermeidung von Sinnlosigkeit mein bisheriges Leben sehr beeinflusst haben. So opponierte ich als Gymnasiast gegen den Latein- und Griechischunterricht. Welchen Sinn hatte das Vokabellernen oder das Übersetzen von Kriegsschilderungen? Wozu sollte ich das später gebrauchen können? Ich arbeitete also gerade genug, um noch versetzt zu werden. Erst in den letzten Schuljahren war selbständiges Denken möglich und ein Bezug zum gegenwärtigen Leben gegeben. Aus der Hitlerjugend trat ich schon nach wenigen Wochen wieder aus. Es schien mir sinnlos, in Uniformen herumzulaufen, stramm zu stehen, Kampflieder zu singen. Nachdem ich fünfeinhalb Jahre als Soldat im Krieg gewesen war und ein Jahr im Lazarett verbracht hatte, entschied ich mich sehr bewusst dafür, mich nur noch dort zu engagieren, wo ich einen sozial-ethischen Sinn für andere und für mich zu sehen vermochte. Von diesem Grundsatz sind auch meine empirischen Forschungen in den Bereichen Erziehung, Schulunterricht, Psychotherapie und Stressminderung, die in Zusammenarbeit mit meiner Frau entstanden, bis heute bestimmt.

Vor etwa zehn Jahren wandte ich mich dem Thema Sinn mit eigenen Untersuchungen zu. Beim Erforschen der Bewältigung von schweren Stressbelastungen (Tausch, 2003) hatten wir festgestellt: Menschen, die einen nahen Angehörigen durch Tod verloren hatten oder von einer schweren chronischen Erkrankung betroffen waren, waren deutlich weniger seelisch beeinträchtigt und weniger depressiv, wenn sie in den Geschehnissen oder in ihrem Leben einen Sinn sahen oder an ihn glaubten.

Im Folgenden stütze ich mich – wenn nichts anderes erwähnt ist – auf Untersuchungen meiner Mitarbeiter (Richter, 1994; Doll, 1994; Schirmak, 1987; s. a. Tausch, 1995) sowie auf meine Erfahrungen aus der Praxis der Psychotherapie, der Beratung sowie aus dem alltäglichen Leben.

1   Sinnerfahrungen im Alltag

Aufgaben erfüllen. Sinn erleben wir, wenn wir durch unsere Tätigkeit Ziele zu erreichen oder Aufgaben zu erfüllen suchen, die wir bejahen. Nähern wir uns durch unser Verhalten diesen Zielen und Aufgaben an (das können kleine Alltagsziele, aber auch große Lebensaufgaben sein), so erleben wir dies meist als positiv und bedeutungsvoll. Unser Bewusstsein und unser Verhalten sind zielgerichteter, geordneter, harmonischer. Diese Sinnerfahrungen lassen sich z. B. in den Satz fassen: „Sinn spüre ich, wenn ich Aufgaben erledige, auch wenn sie mühevoll sind." Es sind Tätigkeiten, bei denen wir uns als selbstwirksam erfahren und eine gewisse Kontrolle über uns und die Situation haben.

Etwas für andere tun. Sinn erfahren wir auch bei Tätigkeiten zur Erreichung von Zielen oder zur Erfüllung von Aufgaben, die nicht nur für uns, sondern auch für andere wertvoll sind. Wenn wir die Not eines anderen lindern, wenn Mütter ihren Kindern, Lehrer ihren Schülern wirklich helfen, wenn ehrenamtliche Helfer Kranke und Sterbende begleiten, dann erleben die helfenden Personen unmittelbar, dass sie etwas Positives bei anderen bewirken, dass sie für andere wichtig sind: „Sinn spüre ich, wenn ich meinem Mitmenschen helfe." – „Wenn ich andere unterstütze und dabei das Gefühl habe, gebraucht zu werden." – „Wenn ich Leid und Trauer mit anderen trage und denen helfe, denen es schlechter geht als mir." Anderen zu helfen erwies sich in Untersuchungen auch als förderlich für die Helfenden selbst; so verminderten sich z. B. psychosomatische Beschwerden (Luks & Payne, 1991).

Wohlgefühl. Seelische und körperliche Erfahrungen, bei denen Menschen sich positiv fühlen, die sie bejahen und akzeptieren und die ihnen das Gefühl vermitteln, gemocht, akzeptiert und geliebt zu werden oder zu lieben, werden meist auch als sinnvoll erlebt, z. B. ein befriedigendes Zusammensein mit dem Partner, der Familie, Freunden, anderen Mitmenschen: „Im Zusammensein mit meinen Kindern, meinem Mann und Freunden spüre ich, mein Leben hat Bedeutung, einen Sinn." Auch intensives Erleben der Natur, etwa bei Spaziergängen im Wald, Gebirge und am Meer, wird als sinnvoll empfunden, ebenso wie Tätigkeiten, die einem Freude bereiten: „Wenn ich meinen Interessen folge." – „Wenn ich Musik höre oder musiziere." – „Wenn ich mich kreativ oder handwerklich betätige." Als Sinnerfahrung wird auch das seelische und/oder körperliche Wohlgefühl nach körperlicher Betätigung, nach Entspannungsübungen, Meditation u. a. erlebt.

Glauben, hoffen, vertrauen. Wir hoffen oder vertrauen darauf, dass unser Leben oder einschneidende Ereignisse wie Krankheit oder Tod einen Sinn haben, etwa aufgrund religiöser, spiritueller oder philosophischer Auffassungen. Der Sinn wird häufig nicht erkannt oder wahrgenommen, aber es ist Vertrauen oder Hoffnung da: „Mir persönlich hat es sehr geholfen, dass ich meine Sorgen Gott gebe und dass ich weiß, dass ich geführt werde. Ich spüre, dass alles, was geschieht, einen Sinn hat, auch wenn ich ihn oft nicht sehe." – „Sinngebend ist für mich mein Glaube an Gott, das Bewusstsein einer höheren Macht."

Verstehen. Wenn wir uns etwas erschließen, was uns bisher unverständlich und verschlossen war, dann sehen oder spüren wir einen gewissen Sinn, wir sind weniger irritiert oder entmutigt. Schüler, die einen ungeordneten, schwierigen Text schließlich verstehen, oder Erwachsene, die eine Gebrauchsanweisung für ein Gerät begreifen, nehmen eine Ordnung wahr, fühlen sich besser und können angemessener handeln.

Ordnung und Zusammenhang. Eine Ordnung, einen Zusammenhang zwischen verschiedenen sinnlos erscheinenden Einzelheiten herzustellen wird als sinnvoll erfahren. Bei Puzzlespielen z. B. bringen Kinder sinnlos erscheinende Einzelteile in einen Zusammenhang. Die ordnende Tätigkeit und vor allem das Ergebnis, die sichtbare Bedeutung des Ganzen, werden als sinnvoll erlebt. Die Fähigkeit,

Zusammenhänge zwischen unserem Verhalten und einigen Auswirkungen dieses Verhaltens zu sehen, war und ist überlebenswichtig.

Sinngebung. Wir können Ereignissen, Vorgängen oder Tätigkeiten selbst einen Sinn geben. Der Begründer der Logotherapie, Viktor Frankl (1982 u. 1989), wurde in einem Fernsehinterview gefragt, was er nach seiner Freilassung aus dem Konzentrationslager gedacht und gefühlt habe (seine Eltern und seine Frau waren dort gestorben). Er antwortete: „Ich wollte mich dessen als würdig erweisen, dass ich als Einziger der Familie überleben durfte." Krebskranke können den ihnen noch verbleibenden Jahren Sinn geben, indem sie intensiver und bewusster leben oder Familienangehörige auf die Zukunft vorbereiten (A. Tausch, 2001). Auch vergangenen belastenden Ereignissen können wir einen Sinn geben, etwa dadurch, dass wir aus ihnen lernen. Bei unserer Befragung von Partnern nach einer Trennung oder Scheidung sagte ein größerer Prozentsatz, das Ereignis sei längere Zeit sehr schmerzlich für sie gewesen. Aber es habe auch dazu geführt, dass sie allmählich selbständiger, freier geworden wären und aus ihren Fehlern gelernt hätten. Gelingt es uns, auch in belastenden, sinnlos erscheinenden, negativen Ereignissen einen Sinn zu sehen oder ihnen einen Sinn zu geben, dann vermindern sich unsere Belastungen deutlich.

2 Was ist Sinn?

> **DEFINITION**
>
> **Sinn** kann unter Einbeziehung unserer Untersuchungsbefunde und Alltagserfahrungen definiert werden als eine Bedeutung oder Bewertung, die wir bei einer Tätigkeit, einem Geschehen oder einem Ereignis wahrnehmen oder erleben, die wir herstellen oder dem Geschehen/der Tätigkeit geben. Meist ist die Bedeutung/Bewertung förderlich, positiv, bejahend, akzeptierend für den jeweiligen Menschen, verbunden mit einem charakteristischen, meist positiven Gefühl. Eine Sinnerfahrung besteht also aus einer Kognition (Bewertung) und einem zugehörigen Gefühl.

Einige Merkmale von Sinnerfahrungen

Sinn hat viele Quellen. Unsere Gesamt-Sinnerfahrung im Alltag wird, wie oben erläutert, aus mehreren Quellen gespeist. Wir erfahren, dass unser Zusammenleben mit der Familie und anderen Menschen sinnvoll ist, dass unsere Tätigkeiten für andere wertvoll sind, wir erkennen sinnvolle Zusammenhänge, geben Geschehnissen einen Sinn, wir hoffen und glauben, dass die Ereignisse sinnvoll sind.

Art und Ausmaß unserer Gesamt-Sinnerfahrung ändern sich durch das Hinzukommen oder den Fortfall von Sinnquellen. Stressbelastungen des Alltags, z. B. im Beruf und in der Partnerschaft, beeinträchtigen die Sinnerfahrungen in dem jeweiligen Bereich meist deutlich. Bei einschneidenden Lebensereignissen – Krankheit, schweren Verlusten, Unfall oder Krieg – fällt ein Teil der bisherigen Sinnerfahrungen fort oder vermindert sich. Wir werden mit der Notwendigkeit neuer Sinnfindung und Sinngebung konfrontiert.

Kurzfristige Sinnerfahrungen. Viele Menschen erleben Sinnerfahrungen überwiegend bei kleineren Ereignissen im Alltag, z. B. sozialen Zusammenkünften, kleineren Aufgaben und Erledigungen, bei sportlicher Betätigung oder bei der Nahrungsaufnahme. Eine Sinnerfahrung reiht sich gleichsam an die andere. Manche Menschen empfinden zur Abwehr von Einsamkeit, innerer Leere und Depression sonst kaum beachtete Tätigkeiten als sinnhaft, etwa Einkäufe, häufiges Fernsehen, Gaststättenbesuche u. a.

Längerfristige Sinnerfahrungen. Tätigkeiten und Situationen wie der Aufbau einer beruflichen Existenz, eine Ausbildung oder Fortbildung, die Gründung einer Familie, die Betreuung heranwachsender Kinder, der Bau eines Hauses etc. können mittel- und längerfristige Sinnerfahrungen vermitteln.

Lebenssinn. Einige Menschen erkennen einen Gesamt-Sinn in ihrem Leben, haben ein so genanntes Lebensthema, wie wir es etwa von Mutter Theresa, von Ghandi, von Albert Schweitzer kennen. Die meisten Menschen sehen ihr Leben jedoch nicht unter einem umfassenden Gesamt-Sinn, haben keine umfassende Lebensaufgabe und keine zusammenhängende Weltsicht.

Komplexität erschwert Sinnfindung. Es scheint umso schwieriger, Sinn wahrzunehmen oder zu spüren, je umfassender das Geschehen ist. So wie Kinder Puzzlespiele aus wenigen Teilen schneller und leichter zusammensetzen können als komplexe Puzzlespiele, ist es auch eher möglich, Sinn in den Geschehnissen und Tätigkeiten des Alltagslebens zu sehen, als eine Antwort auf die Frage zu geben, welchen Sinn das eigene Leben überhaupt hat.

Sinnerfahrungen sind individuell. Was für den einen Menschen sinnvoll und sinnerfüllend ist, kann für den anderen sinnlos, ohne positive Bedeutung sein; etwa bestimmte Freizeitaktivitäten oder Konsumgüter. Außerdem kann ein und dasselbe Ereignis zugleich als sinnlos und sinnvoll erlebt werden. Wenn ein naher Angehöriger, etwa ein Kind stirbt, so können seine Erkrankung und sein Sterben als kaum verstehbar, als sinnlos empfunden werden. Die eigene Betreuungstätigkeit jedoch und die Begleitung des Sterbenden können durchaus als sinnvoll empfunden werden.

Sinnerfahrungen sind oft kaum bewusst. Vielen Menschen sind die Sinnerfahrungen ihres Alltags und ihres Lebens nicht deutlich bewusst. Dies war ein auffallender Tatbestand bei unseren Untersuchungen. Manche Befragten konnten zunächst nur sehr wenige Angaben über ihre Sinnerfahrungen machen. Wahrscheinlich denken viele Menschen selten über ihre Sinnerfahrungen nach, setzen sich wenig damit auseinander. Oder sie fühlen sich überfordert, weil sie bei dem Wort „Sinn" an einen umfassenden Lebenssinn denken.

„Was empfinde ich als Sinn gebend und sinnvoll in meinem Leben?"
Auf diese Frage antworteten 213 Personen im Alter von 17 bis 88 Jahren (Durchschnittsalter 44) in freier schriftlicher Form. Die Untersuchung von Nicola Richter (1994) kam zu folgenden Ergebnissen:
- Für andere Menschen einschließlich Familie etwas tun (genannt von 68 Prozent), z. B.: „Für andere da sein, ihnen helfen".
- Mitmenschen (62 Prozent), z. B.: „Meine sozialen Beziehungen zu anderen erlebe ich als sinnvoll".
- Mit anderen etwas tun (57 Prozent), z. B.: „Gemeinsam mit anderen eine Aufgabe erledigen".
- Arbeit, Beruf, Pflichten, Aufgaben (45 Prozent), z. B.: „Spüren, dass meine Arbeit gebraucht wird".
- Freunde (31 Prozent), z. B.: „Freunde haben, auf die ich mich verlassen kann".
- Familie (30 Prozent), z. B.: „Liebe und Kraft in meiner Familie empfinde ich als sinnvoll".
- Positive Gefühle (26 Prozent), z. B.: „In der Liebe zu meinem Mann, auch heute noch, obwohl seit seinem Tode schon Jahre vergangen sind".
- Partnerschaft (22 Prozent), z B.: „Meinem Ehepartner Halt geben".
- Kinder (20 Prozent), z. B.: „Im Zusammensein mit meinen Kindern spüre ich, dass mein Leben Bedeutung hat".
- Religiöser Glaube, Spiritualität (18 Prozent), z. B.: „Sinn gebend ist für mich meine Beziehung zu Gott".
- Nachdenken über das Leben und die Zukunft, musische Tätigkeiten, Hobbys, Natur, Wertauffassungen, Ruhe/Frieden/Entspannung, Bücher, körperliche Aktivitäten, Erinnerungen/Gedanken/Vorbilder/Vorstellungen, Haus/Wohnung/Garten u. a. (jeweils 10 Prozent oder geringer).
- 2 Prozent der Befragten sahen keinen Sinn in ihrem Leben.

Eine Untersuchung von Doll (1994) ermöglichte es, diese vielfältigen Sinnerfahrungen zu ordnen. Seine 220 Untersuchungspersonen im Alter zwischen 14 und 68 Jahren (Durchschnittsalter 47) gaben bei 47 vorgegebenen Sinnerfahrungen das Ausmaß ihrer Sinnerfüllung jeweils durch Ankreuzen an. Eine Faktorenanalyse dieser Werte ergab vier Faktoren:

- Faktor I: Sinn im Bereich des eigenen Inneren (Selbstvertrauen, Selbstbestimmung, Gesundheit, Natur erleben u.a.)
- Faktor II: Helfen, Verantwortung übernehmen, Sinnerfahrungen in Partnerschaft und Familie
- Faktor III: Erfolg, Karriere, Beruf, Ziele, Wünsche, sich etwas leisten können, Sport
- Faktor IV: Religiöser/spiritueller/philosophischer Glaube, Vorbilder, Akzeptieren des Unabänderlichen u.a.

Die Sinnerfahrungen des Faktors I wurden im Mittelwert als die sinnerfüllendsten erlebt, danach folgten Faktor II, III und IV.

3 Positive Auswirkungen von Sinnerfahrungen

Wenn wir unser Tun, Erfahren oder Erleben als sinnvoll wahrnehmen, also als positiv und bedeutsam bewerten oder empfinden, dann hat dies deutliche seelisch-therapeutische Auswirkungen. Das spüren wir zum Teil unmittelbar: Wir können die Tätigkeit oder das Geschehen annehmen, bejahen, bewerten es weniger negativ. In unserem Bewusstsein sind positivere Gefühle, ist mehr Ordnung, Harmonie und größere Lebenszufriedenheit. Wir sind weniger beunruhigt, entmutigt oder irritiert, wir grübeln weniger. Wir sind motivierter, einsatzbereiter und leistungsfähiger. Körperlich spüren wir weniger Müdigkeit, Belastungen, Schmerzen.

Sinn und seelische Gesundheit: Untersuchungsergebnisse
Zwischen Sinn und seelischer Gesundheit gibt es deutliche Zusammenhänge: Personen, die häufiger Sinn erleben, sind eher seelisch gesund; und seelisch gesunde Personen erleben häufiger Sinn.

In einer Untersuchung von Richter (1994) nahmen 206 Personen Stellung zu der Frage: „Wie sinnvoll empfinde ich mein gegenwärtiges Leben?" Sie bewerteten ihr Sinnerleben auf einer Skala von „sehr sinnvoll" bis „sehr sinnlos". Das Ausmaß der angegebenen Sinnerfüllung wurde mit Testergebnissen, die diese Personen in seelischer Gesundheit erreichten (FPI), in Beziehung gesetzt. Das Resultat: Personen, die ihr Leben als sinnerfüllt empfanden, waren signifikant lebenszufriedener, emotional stabiler, leistungsorientierter, weniger beansprucht, extravertierter/geselliger als Personen, die sich weniger mit Sinn ausgefüllt fühlten. Personen mit beeinträchtigter seelischer Gesundheit (niedrige Lebenszufriedenheit im FPI-Test) hatten, verglichen mit seelisch gesünderen Personen, eine geringere Sinnerfüllung in fast allen Lebensbereichen (Richter, 1994).

Schirmak (1987) ermittelte, dass Personen mit eingeschränkter seelischer Gesundheit (negative Selbstkommunikation im ISE-Test) im Vergleich zu Personen mit günstigen Testwerten ihre Arbeit und ihre Familie als weniger sinnerfüllt empfanden. Ihnen erschien es sinnvoller, Konflikte mit Gewalt zu lösen; deutlich mehr Personen hatten Angst, ihr jetziges Leben später als sinnlos zu empfinden.

Zu ähnlichen Ergebnissen führten verschiedene Tests, die an Frauen im Alter von 51 bis 75 Jahren durchgeführt wurden. Die Hälfte von ihnen war vom Hausarzt als seelisch gesund eingestuft worden, die andere Hälfte war in psychiatrischer oder psychologischer Behandlung gewesen oder befand sich noch in Behandlung. Die Tests ergaben, dass der Grad der Sinnerfüllung deutlich mit dem Grad der seelischen Gesundheit zusammenhing (Becker, 1985). – Seelisch kranke (psychiatrische) Patienten hatten eine geringere Sinnerfüllung als eine Normalstichprobe nichtpsychiatrischer Personen (Lukas, 1986).

4 Erfahrungen von Sinnlosigkeit und ihre Auswirkungen

Nichtverstehen äußerer Vorgänge. Sinnlosigkeit erfahren wir, wenn wir ein äußeres Geschehen, von dem wir betroffen sind, nicht verstehen, etwa Reaktionen und Maßnahmen von uns nahe stehenden Menschen, von Verwaltungsbehörden, Politikern oder am Arbeitsplatz. Dadurch werden häufig Gefühle von Hilflosigkeit und Ohnmacht oder Ärger und Aggressivität ausgelöst.

Sehr deutlich sind die Beeinträchtigungen bei Schülern und Studierenden, die den Unterrichtsstoff und seine oft unnötig schwer verständliche Darbietung durch die Lehrpersonen als sinnlos empfinden. Wie viel Niedergeschlagenheit oder Ärger erleben Studierende durch unzureichende Erklärung und Darbietung von Unterrichtsinhalten und durch eine geringe Verbindung der Inhalte mit der Praxis! Diese von vielen Menschen erfahrene Sinnlosigkeit, auch bei Behördenerlassen, Gebrauchsanweisungen, Gesetzen usw., hat meine Kollegen Langer, Schulz von Thun und mich zu vielen Forschungen und einem Buch veranlasst. Es weist nach, dass viele Amts- und Gesetzestexte und Texte des alltäglichen Lebens unnötig kompliziert und schwer verständlich sind. Ferner: Alle diese Texte lassen sich durch eine Veränderung von vier Textmerkmalen (Einfachheit, Gliederung/Ordnung, Kürze/Prägnanz, anregende Zusätze) bei einigem Bemühen deutlich verständlicher gestalten (Langer et al., 2002).

Nichtverstehen innerer Vorgänge. Innere Geschehnisse, die wir nicht verstehen können, lösen Gefühle der Sinnlosigkeit aus. Dies ist z. B. bei Depressionen, Angstzuständen und Psychosen der Fall. Das Nicht-verstehen-Können führt zu einer tiefen Beunruhigung und zu weiterer Minderung der seelischen Gesundheit.

Unerreichbare Ziele. Sinnlosigkeit erfahren wir auch dann, wenn wir Zielen, die wir als notwendig, wünschenswert und sinnvoll erachten, durch unsere Tätigkeit nicht näher kommen können.

Verluste. Der Verlust von Personen oder Besitz, die bisher sinnerfüllend waren, führen zu einer deutlichen Sinneinbuße, so z. B. das Verlassenwerden durch den Partner, der Verlust des Arbeitsplatzes, der Gesundheit oder der Verlust der Betreuungsaufgaben, wenn die Kinder aus dem Haus gehen.

Enttäuschungen. Wenn Tätigkeiten, Ziele und Ideale, die wir lange ausübten oder für die wir uns lange Zeit einsetzten, sich als falsch oder unnötig erweisen, erscheinen sie uns im Nachhinein als sinnlos. So erkennen heute viele Menschen in der ehemaligen DDR, dass ihre jahrzehntelange Arbeit am Aufbau des Sozialismus unangemessen gewesen ist und anderen Nachteile gebracht hat.

Summierung von Mangelerfahrungen. Fehlen Sinnerfahrungen in einzelnen Bereichen, können sich die Mangelerfahrungen summieren, so z. B. bei der Trennung vom Partner, dem Verlust des Arbeitsplatzes, bei Depressivität, Alkoholabhängigkeit u. a. Kaum etwas wird als positiv wahrgenommen. So sagte beispielsweise eine Frau zu mir: „Zur Zeit empfinde ich gar nichts als sinnvoll. Ich blicke auf einen Scherbenhaufen von Wünschen, Sehnsüchten und Hoffnungen." – „Eigentlich empfinde ich nichts als sinnvoll. Und dann dieses Gefühl der Wertlosigkeit: Wer bin ich schon? Machtlos und klein! Ich hasse mich selbst. Ich weiß nicht, was mein Leben soll."

Folgen von Sinnverlust. Die Auswirkungen deutlicher Sinnverluste können wir meist unmittelbar spüren: Wir sind entmutigt, hoffnungslos, passiv, resignieren, sind depressiv gestimmt, empfinden deutlichen Stress, grübeln mehr als sonst, reagieren zum Teil aggressiver. Körperlich sind wir eher erschöpft, weniger leistungsfähig, spüren vorhandene Schmerzen stärker. Werden Tätigkeiten oder Arbeiten teilweise als sinnlos empfunden, dann verringert sich die Einsatz- und Arbeitsbereitschaft vieler Menschen stark; das trifft auch auf mich zu. – So wird verständlich, dass der langfristige Mangel oder das Fehlen von Sinnerfüllung in verschiedenen wichtigen Bereichen bei manchen Menschen mit seelischen Beeinträchtigungen oder Depressivität einhergehen.

5 Gefahren bei der Suche nach Sinn

Es ist sehr schwer und seelisch beeinträchtigend, ohne Sinn oder mit geringer Sinnerfüllung zu leben. Betroffene Menschen sind anfällig für Depressionen und unter Umständen selbstmordgefährdet. Deshalb ist die Suche nach Sinn und die

Unterstützung anderer Menschen bei der Sinnsuche ganz wichtig. Wir sollten aber nicht übersehen, dass dabei auch Fehler gemacht oder falsche Entscheidungen getroffen werden können. Diese werden im Folgenden dargestellt.

Über Ursachen grübeln. Manche körperlich oder seelisch erkrankte Menschen versuchen den Sinn dessen, was ihnen widerfahren ist, durch die Klärung der Ursachen zu verstehen. Sie fragen sich häufig: „Warum ich?" Untersuchungen ergaben jedoch: Personen, die schwere Erkrankungen oder Lebenskrisen positiv bewältigen konnten, stellten weniger „Warum-Fragen", grübelten weniger und berichteten weniger von Sinn*gebung* und mehr von Aktivität, Optimismus, Problemlösungen als „Warum-Frager". Sehr belastend ist es auch, wenn Menschen ihre Erkrankung als Folge ihrer Sünden oder der Bestrafung durch Gott ansehen.

Ethische Werte missachten. In vielen Ländern, auch in der so genannten Dritten Welt, schließen sich manche Menschen radikalen, extremistischen Gruppierungen oder Parteien an. Hierdurch erhalten ihr Leben und ihre Aktivitäten öfter einen gewissen Sinn. Nationalsozialisten und Kommunisten sahen einen Sinn im „Kampf" für ihre Partei und ihre Ideen, zumal diese mit Heilsversprechungen verbunden waren. Als sinnvoll empfundene Tätigkeiten und Erfahrungen sind aber dann schädlich für andere, wenn sozial-ethische Werte nicht beachtet werden. Hitler, Stalin, Albert Schweitzer und Mutter Theresa sahen ihre Tätigkeit als sehr sinnerfüllend an. Unterschiedlich jedoch waren ihre sozial-ethischen Werte: Hitler und Stalin erachteten das Töten ihrer Gegner als sinnvoll; für Albert Schweitzer und Mutter Theresa dagegen war die Unterstützung und Begleitung hilfloser Kranker und Sterbender sinn- und wertvoll.

Das ganze Leben in Frage stellen. Etliche Menschen empfinden Fragen nach dem Sinn ihres Lebens oder ihrer beruflichen Tätigkeit als unangenehm und bedrohlich und suchen ihnen auszuweichen. Das bestätigten uns auch Untersuchungspersonen: „Wenn ich über den Sinn meines Lebens nachdenke, dann müsste ich gleich mit allem aufhören, was ich jetzt in meinem Beruf und Leben mache." Ein Nachdenken über den Sinn ihrer Tätigkeit oder ihres Lebensstils macht manche Menschen unsicher und bringt sie dazu, bisherige Überzeugungen in Frage zu stellen. Statt der Frage „Was empfinden Sie in Ihrem Leben als sinnerfüllend?" ist für sie die Frage „Was gibt Ihnen in Ihrem Leben ‚seelischen Halt'?" eher geeignet (Tausch et al., 2004).

Gefahren der Lebensrückschau. Ziehen Menschen am Ende eines größeren Lebensabschnittes, etwa bei der Pensionierung, oder am Ende ihres Lebens Bilanz, so hängt der Sinn, den sie ihrem Leben im Rückblick geben, stark von ihrem gegenwärtigen Zustand ab. Bei körperlichen Schmerzen, Depressivität und Ängsten wird vieles, auch das Vergangene, negativ gesehen, positive Erinnerungen sind dagegen selten. Deshalb ist eine gute psychosoziale Betreuung, etwa in Hospizen, sowie eine wirksame medikamentöse Schmerztherapie für die Lebensqualität von Sterbenskranken wichtig.

Nach dem Sinn der Existenz fragen. Was ist der Sinn meines Lebens, des Lebens überhaupt? Was ist der Sinn des Universums? Diese Fragen bereiten vielen Menschen Schwierigkeiten. Auch Albert Schweitzer empfand dies: „Vertiefst du dich ins Leben, schaust du mit sehenden Augen in das gewaltige belebte Chaos dieses Seins, dann ergreift es dich plötzlich wie ein Schwindel. [...] Wer zu denken wagt, wer Fragen an das Dasein stellt, wer den Sinn der Existenz zu begreifen sucht, wer das ‚Weh' der Welt miterlebt, der kennt die Stunden, in denen das Grauen vor dem Dasein in ihm stärker ist als das Grauen vor dem Nichtmehrsein. So kommt für jeden, der das Leben wahrhaft kennenlernt, eine Krise, wo ihm dieses Dasein wertlos wird, mag er es auch noch weiter tragen" (Schweitzer, 1990, S. 68 u. 71).

Menschen, die das Elend dieser Welt klar und realistisch sehen und sensibel darauf reagieren, kann Folgendes helfen:
▶ das Geschehen, die Realität, annehmen und auf eine Sinnhaftigkeit hoffen oder vertrauen;
▶ Sinn auch in „Kleinigkeiten" sehen. Eine krebskranke Frau: „Es braucht nicht immer gleich der große Lebenssinn zu sein; ein schöner Spaziergang, ein gutes Gespräch oder eine Blume kann mir auch Sinn geben";
▶ sich für etwas engagieren, das für andere und damit auch für uns sinnvoll ist. So sah Albert Schweitzer den Sinn seines Lebens im Engagement für leidende Menschen in Afrika.

Vielleicht macht das Akzeptieren des eigenen Unvermögens, einen Sinn im Weltgeschehen zu sehen, uns offener für die Suche nach Möglichkeiten, dem Leben anderer durch unser Handeln einen Sinn zu geben.

6 Sinnerfahrungen und Religion

Jahrtausendelang haben Menschen Hoffnung und Sinn in der Religion gefunden, etwa in den Botschaften von Jesus oder Buddha. – Und wie ist es heute? In der Untersuchung von Richter (1994) gaben nur 19 Prozent der untersuchten Personen an, religiös-spirituelle Auffassungen verliehen ihrem Alltagsleben Sinn. Woran mag das liegen? Folgende Befunde erscheinen mir für die Klärung dieser Frage hilfreich zu sein:

Manche Menschen haben Schwierigkeiten, die Inhalte religiöser Predigten als sinnvoll zu empfinden, da sie nicht mit der Vernunft vereinbar sind. Warum

z. B. müssen so viele Menschen leiden? Warum lässt Gott, der doch alles sieht und geschaffen hat, das zu? Warum verhungern auf diesem Planeten täglich 25.000 Kinder?

Menschen, denen die Religion wenige oder keine Antworten auf ihre Sinnfragen zu geben vermag, müssen ihr deshalb nicht unbedingt ablehnend gegenüberstehen. Immerhin 46 Prozent gaben an, dass ihnen ihr religiös-spiritueller Glaube „seelischen Halt" gibt (Tausch et al., 2004). Diesen seelischen Halt erfahren sie etwa durch sozial-ethische religiöse Botschaften wie „Liebe deinen Nächsten" oder „Du sollst nicht töten". Halt finden sie auch in der Gemeinschaft mit anderen religiösen oder spirituellen Menschen oder bei der Betreuung von Kranken und Sterbenden. Viele dieser Menschen können die Frage, ob es ein Leben nach dem Tode gibt, offen lassen.

Ein anderer empirischer Befund: Personen, die sich als gläubig, spirituell, als evangelisch, katholisch oder buddhistisch bezeichneten, erfuhren in ihrem alltäglichen Leben mehr Sinnerfüllung als Personen, die sich als atheistisch oder konfessionslos bezeichneten (Richter, 1994). Wahrscheinlich fördern religiöse und spirituelle Einstellungen verschiedener Art die Offenheit für Sinnfragen im alltäglichen Leben.

7 Förderung von Sinnerfahrungen

Es ist offensichtlich, dass Sinnerfahrungen für unser Leben, für unsere Lebensqualität sowie für unsere seelische und körperliche Gesundheit sehr bedeutsam sind. Es ist also nahe liegend, diese wichtigen Erfahrungen zu fördern, zumal sie in den letzten Jahrzehnten vermutlich eher geringer geworden sind, z. B. durch wenig sinnerfüllende Arbeit, durch Stress im Beruf, in der Familie und zum Teil auch in der Freizeit, durch abnehmende familiäre Bindungen und soziale Isolation, besonders in Großstädten, durch eine verminderte Naturverbundenheit sowie durch Beeinträchtigungen der seelischen Gesundheit in Großstädten und an manchen Arbeitsplätzen. Hinzu kommen die immer stärkere Gewichtung von materiellem Besitz, die Eskalation sozialer Probleme in manchen Wohnvierteln, die Zunahme von Kriminalität, Machtmissbrauch und Misswirtschaft. Was können wir tun, um Sinnerfahrungen bei uns und anderen zu fördern?

Sinnerfahrungen bewusster machen
Es ist wichtig, den Einzelnen und die Öffentlichkeit darüber zu informieren, dass Sinnerfahrungen für die Lebensqualität und seelisch-körperliche Gesundheit sehr bedeutsam sind. Sie kommen aber meist nicht von selbst oder von außen, sind kaum mit Geld zu erkaufen, und sie unterscheiden sich auch von „Spaß".

Sinnerfahrungen ergeben sich vielmehr bei einer engagierten Tätigkeit, die Hingabe erfordert, sei es für die Familie, die Kinder, für den Umweltschutz oder sterbende Menschen in einem Hospiz u. a.

Manche Menschen spüren wenig Sinn bei ihrer Arbeit, sie macht ihnen „keinen Spaß". Häufig ist dies stressbedingt. Doch nach einigem Nachdenken erkennen viele Menschen, dass ihre Arbeit wesentliche sinnvolle Bereiche hat – im Gegensatz zur Arbeitslosigkeit (Richter, 1994): Sie sichert die Existenz, sie eröffnet Kontakte zu Kolleginnen und Kollegen sowie die Möglichkeit, anderen zu helfen, sie bietet Zugehörigkeit zu einem Team, fördert die Selbstwirksamkeit und das Selbstwertgefühl u. a.

Stressbelastungen vermindern
Es ist wichtig, die Öffentlichkeit darüber zu informieren, dass Stressbelastungen im Beruf, im Haushalt, in der Partnerschaft und der Familie Sinnerfahrungen deutlich einschränken. So wurden Partnerschaften oder Elternschaft in schwierigen oder Stresssituationen des öfteren als wenig oder gar nicht sinnerfüllend eingeschätzt. In einem Stressseminar bat ich einmal die Teilnehmer aufzuschreiben, welche Alltagssituationen für sie mit Stress verbunden seien. Eine junge Frau gab daraufhin an: am Arbeitsplatz, der ihrer Existenzsicherung diene, im Haushalt mit ihren zwei Kindern und im Studium. Einige Stunden später bat ich die Teilnehmer, aufzuschreiben, in welchen Alltagssituationen sie Sinn erführen. Als ich auf die erwähnte Teilnehmerin zuging, lächelte sie mich an und sagte: „Sinn habe ich im Umgang mit meinen Kindern, auch wenn ich manchmal wenig Zeit habe; im Studium, wo ich auf meinen Beruf hinarbeiten kann, obwohl es manchmal schwierig und teilweise sinnlos ist, sowie bei meiner Erwerbstätigkeit am Arbeitsplatz, mit der ich meine Existenz sichere."

Stressbelastungen „verdunkeln" die Sinnerfahrungen vieler Menschen so, dass sie weniger oder gar nicht wahrgenommen werden können. Doch durch den Besuch von Seminaren zur Stressverminderung, z. B. an Volkshochschulen oder in Betrieben, verbessert sich nicht nur unsere seelische und körperliche Gesundheit, sondern wir spüren auch in vielen Situationen mehr Sinn. In guten Stresskursen werden keine Bewältigungs-„Techniken" oder -„Strategien" gelehrt, sondern vermittelt, wie sich die Einstellungen gegenüber der Umwelt und der eigenen Person sowie das eigene Verhalten in schwierigen Situationen ändern lassen. Der Lebensstil wird gelassener (Tausch, 2003). Hierfür sind auch tägliche Entspannung sowie Bewegungstraining sehr wichtig.

Die Förderung von Sinnerfahrungen in Schule und Hochschule
Sinnerfahrungen in der Schule sind wichtig und notwendig. Viele Schüler erleben den Unterrichtsstoff in etlichen Fächern als nicht sinnvoll. Sie sehen nicht

ein, wozu er ihnen später, in der Berufspraxis z. B., dienen soll. Vor allem aber werden Lerninhalte – durch Lehrende und durch Schulbücher – häufig nicht ausreichend verständlich vermittelt. Dies haben wir nachgewiesen und Verbesserungsmöglichkeiten aufgezeigt (Langer et al., 2002; Tausch & Tausch, 1998). Sodann wird der Unterrichtsstoff fast allen Schülern in gleicher Weise dargeboten, unabhängig davon, ob sie sehr begabt oder wenig begabt für ein Fach sind. Abhilfe lässt sich folgendermaßen schaffen:

▶ Der Unterrichtsstoff wird verständlich und gut strukturiert vermittelt. Er wird veranschaulicht durch Bilder, Videos oder Aufbereitungen am PC. Die Lehrenden können sich mündlich und schriftlich gut verständlich, kurz und klar ausdrücken. Dies ist durch ein entsprechendes Training zu erreichen (Langer et al., 2002).

▶ Die Unterrichtsinhalte werden deutlich zur Lebensumwelt und/oder zur späteren Berufstätigkeit in Beziehung gesetzt. Die Lernenden können einsehen, warum sie sich diese Inhalte aneignen sollen.

▶ Es besteht eine gute Beziehung zwischen Lernenden und Lehrenden. Die Lehrenden sind eher engagierte Förderer der Lernenden als „Stoffdarbieter". Die meisten Unterrichtsinhalte werden auf der Grundlage sehr guter Lehrbücher oder Skripten vermittelt.

▶ Der Unterricht wird durch häufige Kleingruppenarbeit interessant gestaltet. Kleingruppenarbeit fördert das Denken und den sprachlichen Austausch zwischen den Schülern. Diese Unterrichtsform ist effektiver als der Lehrervortrag und wird von den Schülern als sinnvoller erfahren.

▶ Im Unterricht und in den Prüfungen werden mehr Denk- als Gedächtnisaufgaben gestellt. Dies ermöglicht mehr Sinnerfahrungen.

▶ Viele Schüler empfinden es als nicht sinnvoll, dass sie alle Fächer bearbeiten müssen. Wir sollten Schülern und Studierenden ermöglichen, ihrer Begabung entsprechend Schwerpunkte zu setzen, in diesen Bereichen Spitzenleistungen zu erbringen und dabei Sinn zu erfahren. In anderen Fächern hingegen sollten ausreichende Leistungen genügen.

Derartige sinnvolle Unterrichtsformen (Tausch & Tausch, 1998) sind keine Utopie, sondern in skandinavischen Ländern oder manchen amerikanischen Schulen Realität.

Sinnvermittlung durch öffentliche Institutionen, Politiker und Parteien

Öffentliche Institutionen bzw. ihre Vertreter bemühen sich intensiv darum, den Bürgern ihre Auffassungen, Anordnungen und Maßnahmen verständlich zu machen. In vielen Bereichen gelingt ihnen das derzeit noch nicht. Die Gründe für die Reformen bei der Altersrente, Änderungen von Krankenkassenbeiträgen, Erläuterungen zur Steuergesetzgebung oder Gesetzestexte, die im Alltag gebraucht werden, z. B. das Mietrecht, sind für viele Menschen unverständlich – so das Ergebnis von Untersuchungen (Langer et al., 2003). Die Menschen entwickeln dadurch eine gewisse Verdrossenheit gegenüber Behörden und Politik und neigen zur Resignation. Deshalb ist es dringend notwendig, dass Vertreter der Verwaltung, Politik und Justiz sich in die Bürger einfühlen und sich folgende Frage stellen: Wie können die Bürger die jeweilige Maßnahme verstehen und ihren Sinn erfassen? Auch in der Arbeitswelt können die Verantwortlichen in Betrieben und Unternehmen den Arbeitenden mehr Sinnerfahrungen ermöglichen, indem sie sie gut verständlich über das betriebliche Geschehen informieren und ihnen mehr Selbstbestimmung zubilligen.

Förderung der körperlich-seelischen Gesundheit bei Sinnverlusten
Schwere Sinnverluste gehen oft mit Depressivität, Ängsten und geringem Selbstwertgefühl einher. Gelingt es, diese seelischen Beeinträchtigungen zu mindern, wird das alltägliche Leben häufig wieder als sinnerfüllter erlebt. Depressivität, Ängste u. a. können durch psychologische Beratung, praktische Stressverminderungskurse einschließlich Entspannungs- und Bewegungstraining sowie durch Gesprächs- und Verhaltenstherapie wesentlich vermindert werden. Als sehr förderlich für die seelische Gesundheit und Sinnerfahrung haben sich Gesprächspsychotherapiegruppen erwiesen – z. B. bei schweren Belastungsstörungen, etwa nach einer Trennung vom Partner, dem Verlust eines Angehörigen durch Tod oder dem Verlust der Gesundheit durch eine schwere Krebserkrankung (A. Tausch, 1981; Tausch & Tausch, 1990).

> **ÜBUNG**
>
> Seit einigen Jahren praktizieren wir in Gruppenpsychotherapien, psychoedukativen Gruppen und auch in Schulklassen folgende Übung:
> Der Leiter bittet nach einer kurzen Einführung in das Thema „Sinn und Sinnerfahrung" alle Teilnehmer, auf ein Blatt Papier zu schreiben, was sie in ihrem Alltag als sinnvoll erleben. Im Allgemeinen werden vier bis sechs Sinnerfahrungen genannt. Danach finden sich die Teilnehmer in Dreier- oder Vierergruppen zusammen und tauschen ihre Sinnerfahrungen aus. Anschließend fordert der Leiter die Teilnehmer auf, ihre Sinnerfahrungen zu nennen, und schreibt sie an die Tafel. Nach kurzer Zeit stehen etwa 50 verschiedene Sinnerfahrungen an der Tafel. Den Teilnehmern wird klar, dass viele ihrer Sinnerfahrungen ihnen gar nicht bewusst waren, dass sie manche Sinnerfahrungen für selbstverständlich gehalten oder aufgrund von Stressbelastungen einfach nicht wahrgenommen haben. Der Leiter weist sodann auf die große Bedeu-

> tung von Sinnerfahrungen für die Lebensqualität und die körperlich-seelische Gesundheit hin. Anschließend bittet er alle Teilnehmer, folgende Fragen schriftlich zu beantworten: „Welche meiner Sinnerfahrungen kann ich verstärken, fördern? Wie will ich das tun?" Die Antworten werden wieder in Kleingruppen besprochen. Zum Schluss findet ein Überblicksgespräch in der Gesamtgruppe statt.
>
> Eine solche psychologisch-therapeutische Arbeitsaufgabe wird von fast allen Gruppenteilnehmern als sehr anregend und sinnvoll erlebt. Die Durchführung dauert etwa 30 Minuten. Dass die Teilnehmer sich dabei über ihre Erfahrungen, Gedanken und Ziele austauschen und darüber diskutieren, fördert das Nachdenken und die Bewusstheit.

Das im Kasten geschilderte Verfahren kann auch für eine Übung zum Thema „Seelischer Halt" verwendet werden. Seelischer Halt hat sich in einer umfassenden Untersuchung als sehr bedeutsam für die Lebensqualität erwiesen (Tausch et al., 2004). Obwohl Sinn und seelischer Halt sich in zahlreichen Aspekten ähneln, ist für viele Menschen der Umgang mit dem Bereich „Seelischer Halt" einfacher.

Auch bei dieser Übung bittet der Leiter nach einer kurzen Einführung alle Teilnehmer, auf ein Blatt Papier zu schreiben, was ihnen im Alltag seelischen Halt gibt. Das weitere Vorgehen entspricht dem im Kasten geschilderten Verfahren. In den anschließenden Diskussionen wird den Teilnehmern klar, dass ihnen viele ihrer seelischen Halte gar nicht bewusst waren, in ihrem alltäglichen Leben aber von großer Bedeutung sind, besonders bei schwierigen Aufgaben oder Schicksalsschlägen. Wenn man dann die Teilnehmer bittet, aufzuschreiben, woran sie merken, dass ihnen im Alltag etwas seelischen Halt gibt, erhält man ein faszinierendes Ergebnis: Fast jeder Teilnehmer nennt einige gefühlsmäßige Empfindungen, z. B.: „Es stimmt mich positiver", „Meine Gedanken ordnen sich", „Ich werde ruhiger und ausgeglichener", „Ich habe auch bei negativen Erlebnissen noch Zuversicht". So ist seelischer Halt für viele Menschen konkret spürbar.

Was jeder Einzelne tun kann. Zum Abschluss ein letzter Gedanke: Jeder von uns kann durch Nachdenken, engagiertes Handeln und größere Bewusstheit mehr Sinn in seinem Lebensalltag erfahren. Und jede Institution, jeder Betrieb, jeder Lehrer, Professor, jeder Helfer in der Medizin oder im Sozialbereich, jeder Mitmensch kann durch sein eigenes Verhalten und Bemühen viel dazu beitragen, dass andere Menschen mehr Sinn und Lebensqualität und weniger Sinnlosigkeit erfahren. Durch dieses Bemühen wird zugleich das eigene Leben sinnvoller.

Zitierte Literatur

Auhagen, A. E. (2000). On the psychology of meaning of life. Swiss Journal of Psychology, 59 (1), 34–48.

Baumeister, R. (1991). Meanings of Life. New York: Guilford Press.

Becker, P. (1985). Sinnfindung als zentrale Komponente seelischer Gesundheit. In A. Längle (Hrsg.), Wege zum Sinn (S. 186–207). München: Piper.

Doll, M. (1994). Sinn-Erfahrungen und innere Bilder: Inhalte und Zusammenhänge. Eine empirische Untersuchung. Diplomarbeit. Universität Hamburg: Fachbereich Psychologie.

Frankl, V. (1982). Der Wille zum Sinn. Bern: Huber.

Frankl, V. (1989). Trotzdem Ja zum Leben sagen. Ein Psychologe erlebt das Konzentrationslager. Stuttgart: Kösel.

Klinger, E. (1977). Meaning and Void. Minneapolis: University of Minnesota Press.

Kurz, W. (1991). Suche nach Sinn. Tübingen: Logotherapie-Institut.

Langer, I., Schulz von Thun, F. & Tausch, R. (2002). Sich verständlich ausdrücken (7. Aufl.). München: Reinhardt.

Lukas, E. (1986). Logo-Test. Wien: Deuticke.

Luks, A. & Payne, P. (1998). Der Mehrwert des Guten. Wenn Helfen zur heilenden Kraft wird. Freiburg: Herder.

Richter, N. (1994). Bedeutung und Zusammenhänge von Sinn, Werten, innerem Halt und Zielen im Leben von Menschen. Eine empirische Untersuchung. Diplomarbeit. Universität Hamburg: Fachbereich Psychologie.

Schirmak, H. (1987). Wahrgenommener Lebenssinn im Zusammenhang mit Merkmalen der Selbst-Kommunikation. Diplomarbeit. Universität Hamburg: Fachbereich Psychologie.

Schweitzer, A. (1990). Unser Leben für andere. Freiburg: Herder.

Tausch, A. (1981). Personzentrierte Hilfe für Krebspatienten. Der Kassenarzt, 21, 4276–4294.

Tausch, A. (2001). Gespräche gegen die Angst (11. Aufl.). Reinbek: Rowohlt.

Tausch, R. (1995). Sinn-Erfahrungen, Wertauffassungen, Gewissensvorgänge und religiöse Vorstellungen. In K. Pawlik (Hrsg.), Bericht über den 39. Kongreß der Deutschen Gesellschaft für Psychologie in Hamburg, 1994 (S. 726–731). Göttingen: Hogrefe.

Tausch, R. (2003). Hilfen bei Stress und Belastung (12. Aufl.). Reinbek: Rowohlt.

Tausch, R. & Tausch, A. (1990). Gesprächspsychotherapie (9. Aufl.). Göttingen: Hogrefe.

Tausch, R. & Tausch, A. (1998). Erziehungs-Psychologie (11. Aufl.). Göttingen: Hogrefe.

Tausch, R., Konietzky, K. & Langer, I. (2004). Zur Bedeutung von „Seelischem Halt" (inner support). Unveröffentlichtes Manuskript. Univ. Hamburg.

Wong, P. T. P. & Fry, P. S. (Eds.). (1998). The human quest for meaning. A handbook of psychological research and clinical applications. Mahwah, NJ: Erlbaum.

7 Ethische Kommunikation
Michael Kastner

Jeder kennt Situationen, in denen Menschen versuchen, durch komplizierte, verschachtelte Sätze, garniert mit Fremdwörtern, den Eindruck von Kompetenz zu erwecken. Das Gegenüber erstarrt in Ehrfurcht, die Verwirrung ist perfekt, und eine ethisch saubere Kommunikation wird äußerst schwierig.

1 Begrifflichkeiten

Zur ethischen Kommunikation gehört also zweifellos als wichtiges Element die Begriffsklärung. Allein schon das zentrale Problem der Bedeutung von Bedeutung hat eine mindestens 2.300 Jahre alte Forschungstradition, die bei Aristoteles und Platon beginnt und über Leibniz bis zu Frege führt. Sie mag hier mit dem späten Wittgenstein abgekürzt werden: demnach ist Bedeutung Gebrauch.

Wie gebrauchen wir den Begriff Ethik? Auch hier ist es, möglicherweise für manchen Philosophen oder Kulturanthropologen unzulässig verkürzt, für den Praktiker jedoch nützlich, Ethik und Kultur dahingehend zu unterscheiden, dass Ethik sich auf die Inhalte des richtigen Verhaltens (Was) und Kultur sich auf die Art und Weise (Wie) bezieht.

Ethik
Ethik (von griechisch: „ethos") oder Moral (von lateinisch: „mos") gleich Sittlichkeit steht zum einen für Brauch, Gewohnheit, gewohnter Ort des Lebens, Sitte, was sich mit unserem Wort „Etikette" als Bezeichnung für Gepflogenheit deckt. Zum Zweiten bedeutet Ethik innere Gesinnung, Einstellung. Dabei summiert Ethik einerseits abstrakt Fälle, verallgemeinert sie und ordnet sie in einem System. Andererseits steht sie für praktische Umsetzbarkeit, die Verwirklichung von Werten wie z. B. Freiheit oder Gerechtigkeit. Nach Diemer und Frenzel (1967) sollte der Begriff „Ethik" die philosophische Disziplin mit dem Thema allgemein gültiger Aussagen über das gute und gerechte Handeln bezeichnen. Und der Begriff „Moral" würde im Sinne der „Vielheit der Moralen" für je nach Gesellschaft durchaus unterschiedliche Sittlichkeiten und Wertvorstellungen stehen. „Weisheit" bezeichnet das Wissen um Lebenszusammenhänge. Sie wird definiert als „Expertentum in der fundamentalen Pragmatik des Lebens, das sich

in höchstem Wissen und höchster Urteilsfähigkeit im Umgang mit schwierigen Problemen der Lebensplanung, Lebensgestaltung und Lebensdeutung zeigt" (Staudinger & Baltes, 1996, S. 57). Eine Weisheit der Kommunikation würde zweifellos die Ethik der Kommunikation sinnvoll ergänzen.

Ethik betrifft also Werte bzw. ein Wertesystem. Was ist uns im abstrakten Sinne wertvoll? Freiheit, Gleichheit, Brüderlichkeit, Ehrlichkeit, Menschlichkeit, Loyalität, Gerechtigkeit, Vertrauen, Hoffnung etc. Was ist gut und wünschenswert? Edel sei der Mensch, hilfreich und gut. Oder was ist schlecht und verabscheuungswürdig? Gesinnungsethik betrifft die Frage, ob die menschliche Handlung aus der Gesinnung hervorgeht, Erfolgsethik fokussiert auf die Wirkungen dieser Handlung.

Bei Aristoteles fragt die Ethik nach dem Guten, vor allem auf dem Weg zum höchsten Ziel, der Glückseligkeit. Bei Kants moralischem Imperativ (1788) hingegen gründet die Ethik allein auf der Vernunft. Der kategorische Imperativ fordert, der Einzelne solle jede Handlung an dem messen, was geschähe, wenn andere ebenso handeln würden. Auch für die ethische Kommunikation gilt: Wir sollten so „gut und richtig" kommunizieren – z. B. zuhören, unser Gegenüber nicht kränken oder uns klar ausdrücken –, dass dies als allgemein gültiges Kommunikationsprinzip gelten könnte („Was du nicht willst, dass man dir tu, das füg auch keinem anderen zu"). Wer kennt nicht die Frustrations-Aggressions-Spirale gegenseitiger Beleidigungen (s. S. 113f.), weil das eigene Selbstwertgefühl verletzt ist und man nun den anderen verletzen will, um zu „gewinnen"?

Globalisierung des Ethos. Ethische Fragen sind keineswegs altmodisch, sondern erfahren gerade im Kontext der Globalisierung besondere Zuwendung. Die Globalisierung der Ökonomie, der Medien und der Technologie bewirkt auch eine Globalisierung der Probleme, etwa von Arbeitsmärkten, Kriminalität und Ökologie (vgl. Küng, 1997), aber auch von Kommunikation. Insofern scheint die Forderung nach einer Globalisierung des Ethos nur allzu gerechtfertigt. In Ergänzung zum transkulturellen Management sollte ein transethisches Management entwickelt werden, das sich zuerst in einer weltweit gültigen ethischen Kommunikation äußern könnte. Ein Grundmuster der Ethik besteht in der Ergänzung und dem Wechselspiel von Rechten und Pflichten. Beispielsweise muss Kommunikation reversibel sein (Rechte: z. B. „Was du darfst, darf ich auch" oder das Recht der Presse auf freie Berichterstattung) und muss zwecks Funktionsfähigkeit auch umgesetzt werden (Pflichten: z. B. Rückkoppeln, Zuhören oder auch die Pflicht der Presse zur wahrheitsgemäßen Berichterstattung). Die Kommunikation in der Politik zeigt uns täglich, was an ethischer Aufrüstung noch möglich ist und wie stark die Macht der Unmoral ist (Lay, 1993). Hier wird täglich deutlich, dass Ethik kein geistig-verstaubtes Thema darstellt, sondern dass sie sich im täglichen Verhalten äußert und dass täglich um sie gekämpft werden muss.

Die ethische Bedeutung der Sprache. Ethik bietet Halt und Richtlinien für menschliches Verhalten, um eine funktionierende Sozialität zu gewährleisten. Ethik beschreibt, wie unser Verhalten im Idealfall aussehen sollte, damit wir optimal zusammenleben, indem wir ethisch kommunizieren. „Alles menschliche Tun findet in der Sprache statt. Jede Handlung in der Sprache bringt eine Welt hervor, die mit anderen im Vollzug der Koexistenz geschaffen wird und das hervorbringt, was das Menschliche ist. So hat alles menschliche Tun eine ethische Bedeutung, denn es ist ein Tun, das dazu beiträgt, die menschliche Welt zu erzeugen. Diese Verknüpfung der Menschen miteinander ist letztlich die Grundlage aller Ethik als eine Reflexion über die Berechtigung der Anwesenheit des anderen" (Maturana & Varela, 1992, S. 265).

Kultur und Kommunikation in einer sich verändernden Welt
Nachdem die Inhalte (Ethik) geklärt sind, stellt sich die Frage, wie (Kultur) diese in unserer sich stärker verändernden Welt zu verwirklichen sind. In ihr entwickeln sich neue Arbeits- und Organisationsformen wie Tele-, Leih- und Teilzeitarbeit, Jobsharing, Patchworkarbeit und -karrieren, Call Center, virtuelle Teams etc. Organisationen werden verschlankt und verkleinert (Downsizing), große Teile von ihnen werden verselbständigt (Outsourcing), andererseits werden sie fusioniert, um effizienter zu werden (Kastner, 2002b). Dadurch ändern sich auch in dramatischer Weise Kommunikationsprozesse, und dies hat Auswirkungen auf die Sicherheit und die Gesundheit der Beteiligten (Gerlmaier & Kastner, 2003; Kastner et al., 2001; Kastner & Vogt, 2001; Kastner, 2002 u. 2002a). Menschen arbeiten stärker in wechselnden Gruppierungen zusammen (Gruppen, Teams) und nutzen andere Kommunikationsformen als früher (virtuelle Teams, Mails), und der Trend zum Einzelkämpfertum, zu Mehrfachtätigkeiten, Freelancern und Intrapreneuren (Kastner, 2003) ist unübersehbar. Die soziale Unterstützung sinkt, weil Kollegen weniger stabil zusammenarbeiten und die Scheidungsrate weiter steigt. Generell steht die Kommunikation unter einem Effizienzdruck, weil wir immer schneller, preiswerter und qualitativ besser werden müssen, um konkurrenzfähig zu sein.

Kommunikationsethik. Konkurrenz- und Kooperationsformen ändern sich ebenfalls immer schneller. Früher in sich weitgehend abgeschottete Organisationen müssen jetzt zusammenarbeiten und damit auch gehütetes Wissen preisgeben. Es bilden sich Netze (networking) von Organisationen, in denen oft schwer auseinander zu halten ist, wer Kunde und wer Lieferant ist. Schließlich werden die innovativen Prozesse so komplex und dynamisch (dynaxisch) und damit teuer, dass bei ihrer Entwicklung sogar Konkurrenten kooperieren müssen. Damit wird die Vertrauensfrage noch bedeutsamer. Was kann ich dem Konkurrenten in der Hoffnung auf eine adäquate Gegenleistung preisgeben? Dies alles geht über nationale und Sprachgrenzen hinaus, so dass sich zwangsläufig Kommunikationsmuster ändern. Wie schwierig dies ist, wird deutlich, wenn man beobachtet, wie schwer es selbst in einer umgrenzten Organisation ist, eine Vertrauensfehlerlernkultur (man offenbart Fehler, damit aus ihnen gelernt werden kann) zu verwirklichen. Dies wird aber immer wichtiger, weil sie sowohl gesünder als auch schneller ist als eine Misstrauenskultur.

Kommunikationskultur. Neben einer Kommunikationsethik brauchen wir eine Kommunikationskultur. Kultur betrifft die Gesamtheit der typischen Lebensformen einer Gesellschaft, die meist räumlich abgegrenzt wird (Kulturlandschaft), die Verhaltensweisen, also die Frage des „Wie". Wie wollen wir leben? Wollen wir uns duzen, aus edlen Gläsern trinken, wie wollen wir feiern, heiraten, trauern, und welche Rituale helfen uns, unser Leben zu ordnen? Welche Kleidung, Geräte, Wohnformen bevorzugen wir, und mit welcher Technik sind wir vertraut (Zivilisation)? Natürlich sind uns kulturelle Errungenschaften wertvoll und sollen auch Werten Ausdruck verleihen, wie z. B. die Hochzeits- oder Trauerrede. Dennoch trägt die obige Trennung zwischen Ethik und Kultur zur Klarheit der Gedanken bei. Und diese vermissen wir in der Kommunikation allzu oft. Diese Trennung von Ethik und Kultur ist jedoch nicht unproblematisch, besonders angesichts des Begriffs der Moral. Die moralische Perspektive betrifft eine Mindestausstattung an Verhaltensnormen und Einstellungen, die unter dem Einfluss der Kultur als deren Ethos in einer Gesellschaft für längere Zeit als verbindlich angesehen wird.

Ein Vier-Felder-Schema verdeutlicht die möglichen Kombinationen von Ethik und Kultur (s. Abb. 7.1). Natürlich wünschen wir uns eine ethisch saubere

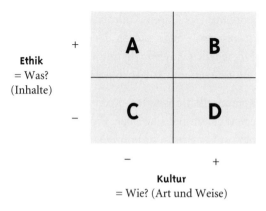

Abbildung 7.1. Das Vier-Felder-Schema zeigt mögliche Kombinationen von Ethik (Inhalt des „guten" oder „schlechten" Kommunizierens) und Kultur (Art und Weise des Kommunizierens). So kann der Inhalt eines Gesprächs z. B. ethisch einwandfrei, die Form aber durchaus unangebracht sein – und/oder umgekehrt

und kulturell angenehme Kommunikation (Feld B). Wir unterhalten uns gerne „anständig" in einem „wertvollen" (Ethik) und angenehmen, gepflegten Gespräch (Kultur). Natürlich verabscheuen wir eine unethische Kommunikation in einer Unkultur, in der etwa andere in unflätiger Sprache drangsaliert werden (Feld C). Interessant sind bei solchen Schemata immer die Plus-Minus-Kombinationen. In Feld A fällt die ethisch gute, aber kulturell misslungene Kommunikation. Hier fallen uns zahllose gut gemeinte Taktlosigkeiten ein. So manches ehrliche Wort wird in der falschen Situation gesprochen. Feld D beinhaltet die unethische, aber kulturell gelungene Kommunikation. Die scharfen Messer der Ironie, des Sarkasmus und des Zynismus können verletzen. Man kann andere auch in vollendeter Form und mit wohlgesetzten Worten vernichten.

Aber im Rahmen der Positiven Psychologie suchen wir ja bewusst nicht nach dem, was schlecht läuft, sondern fragen uns, wie wir in optimistischer Grundhaltung etwas gut machen können. Insofern interessiert hier vor allem der Quadrant B dieses Vier-Felder-Schemas.

Kommunikation
Nachdem geklärt ist, was wir unter Ethik und Kultur verstehen, bleibt zu klären, was denn Kommunikation überhaupt ist. Wenn ein Austausch von Information in der Weise erfolgt, dass ein System motiviert Signale an ein anderes motiviertes System übermittelt, dann sprechen wir im Unterschied zu Koppelung, Wahrnehmung und Steuerung von Kommunikation. Im Falle der physikalischen, chemischen oder mechanischen Koppelung übermittelt ein determinierter Sender Signale an einen determinierten Empfänger (wie z. B. bei der Regelung einer Heizung). Im Falle der Wahrnehmung wird von einem motivierten Empfänger ein Signal eines determinierten Systems aufgenommen (z. B. der Autofahrer, der bei Grün losfährt). Im Falle der Steuerung übergibt ein motivierter Sender Signale an einen determinierten Empfänger (z. B. der Gas gebende Autofahrer). Elemente eines technischen Systems kommunizieren nicht miteinander. Die Ampel kommuniziert nicht mit dem Autofahrer, der Autofahrer kommuniziert nicht mit dem Gaspedal. Aber motivierte (nicht determinierte) Menschen kommunizieren in ihren wechselnden Rollen als Sender und Empfänger miteinander (vgl. auch Norton, 1978, Sperka, 1996).

Warum wir eine ethische Kommunikation brauchen. Nun kann man sich fragen, warum eine ethische Kommunikation, abgesehen von Geschmacksfragen (Kultur und Ästhetik), überhaupt so wichtig ist. Cui bono? Es gibt zahllose Gründe, vor allem aber solche der Funktionalität. In der Welt der Globalisierung und der immer dynamischeren und komplexeren (dynaxischeren) Aufgaben und Prozesse brauchen wir eine ethische Kommunikation umso mehr, weil:

- einzelne Hirne die Probleme kaum lösen können, sondern Viel-Hirn-Probleme nach Zusammenarbeit und Synergien verlangen (Teamarbeit);
- Menschen aus fremden (Sprach-)Kulturen sich verstehen müssen (transkulturelles Management);
- Misstrauen (Ethik) und entsprechende Misstrauenskulturen (z. B. Wissen zurückhalten, Fehler vertuschen) aufgrund der Absicherungsprozeduren Problemlösungen verzögern und erschweren und im Übrigen krank machen. Wir brauchen eine Vertrauensfehlerlernkultur;
- unsere Gesundheit entscheidend von einer ethischen Kommunikation abhängt. Die steigenden psychischen Belastungen im 21. Jahrhundert der Depression hängen wesentlich damit zusammen, dass in der sich immer schneller verändernden Welt die alten Muster der Geborgenheit und Ordnung einer neuen Hektik und Turbulenz, sozialen Entbindung und Individualisierung weichen. Viel Arbeit macht im Prinzip nicht so krank wie die „daily hazzles" und kleinen „Nickeligkeiten", die menschlichen Ungerechtigkeiten bis hin zum Mobbing und generell mangelnde soziale Unterstützung.

Hier wird deutlich, dass eine ethische Kommunikation keine sozialromantische Schwärmerei darstellt, sondern eine nackte Notwendigkeit, wenn wir zukünftige Probleme adäquat lösen wollen. Sie betrifft Bereiche wie Führung und Organisation (Management), Team- und Gruppenarbeit bis hin zu virtuellen Teams, Lern- und Entwicklungsprozessen, Gesundheit und Wohlbefinden, Leistungsfähigkeit und Innovation. Schließlich hängt die konkrete und nachhaltige Umsetzung (Volition) des erwünschten Verhaltens von einer gelungenen ethischen Kommunikation ab – denn sonst gilt der Grundsatz: „Keiner macht, was er soll, jeder macht, was er will, und alle machen mit."

2 Zwanzig Grundsätze für ein ethisches Kommunikationsverhalten

Wie kann man nun die unendlich vielfältigen Aspekte des Themas „Ethik und Kommunikation" so ordnen, dass in einer Balance aus theoretischer Seriosität und praktischer Anwendbarkeit eine sinnvolle Reduktion auf das Wesentliche eines ethisch kommunikativen Handelns erfolgt? Dies wird im Folgenden versucht, indem der jeweilige Verhaltensgrundsatz vorangestellt und anschließend begründet wird.

(1) Kläre die Begriffe

Es gibt kaum etwas Dümmeres, als sich über die Wahrheit von Begriffen zu streiten. Entscheidend ist der übereinstimmende Gebrauch. Unklare Begriffe, denen jeder seine eigene Bedeutung unterlegt, ohne sich zu trauen, den anderen nach dessen Auslegung zu fragen, sind eine Qual für die Kommunikation. „Es gibt keine Gegenstände in der Welt an sich, sondern sie entstehen bzw. erhalten ihre Realität erst über die Bedeutungen, die ihnen von den Teilnehmern einer bestimmten Kultur zugewiesen werden, diese erschaffen sich interpretierend und sinnstiftend ihre eigene bedeutungsvolle Welt" (Stellrecht, 1993, S. 35f.).

Begriffsklärung ist eine entscheidende Basis für eine ethische Kommunikation. Es erscheint nicht sonderlich ethisch, nach verlorener Debatte zu argumentieren, man habe das ja ganz anders gemeint.

(2) Erkenne die Grenzen deiner Wahrnehmung

Kommunikation krankt vielfach an unterschiedlichen Wahrnehmungen. Jeder kennt die Situation „Ein Ehepaar erzählt eine Geschichte aus seinem Leben", bei der der Zuhörer oft den Eindruck gewinnt, die beiden hätten völlig unterschiedliche Dinge erlebt und jeder kämpfe jetzt darum, derjenige zu sein, der weiß, wie es „wirklich" war.

In der auf einer neurobiologischen, systemtheoretischen Sichtweise beruhenden Erkenntnistheorie von Maturana (Maturana & Varela, 1987; Maturana, 2002) wird Wert darauf gelegt, dass Erkennen eben nicht eine Art Abbildung der Wirklichkeit darstellt und dass das „Röhrenmodell" der Kommunikation (der Sender gibt am einen Ende einer Röhre etwas hinein, das am anderen Ende den Empfänger erreicht) wenig sinnvoll ist. Erkennen ist die Beobachtung eines angemessenen Verhaltens. Das in sich geschlossene Nervensystem kann die äußere Welt nicht wiedergeben. Es gilt, die Vorstellung aufzugeben, das Nervensystem verarbeite eine von außen kommende Information, um dann mit eigenem Verhalten zu reagieren.

Netzwerk Nervensystem. Wenn ein physikalischer Reiz auf ein Organ, z. B. das Ohr, trifft, dann entspricht diese Aktivierung nicht der Beschaffenheit des äußeren Objektes, sondern der Struktur des Ohrs bzw. des diesbezüglichen Nervensystems. Die Außenwelt löst in unserem Nervensystem lediglich Veränderungen aus, die durch seine eigene Struktur bedingt sind. Somit können wir nie die Welt jenseits unserer Körpergrenzen objektiv wahr und wirklich erkennen, sondern immer nur so, wie es unser Nervensystem erlaubt. Es ist schließlich kein Wiedergabemechanismus, sondern ein ständig konstruierendes Netzwerk mit eigener, unabhängiger Arbeitsweise. In diesem Netzwerk sich gegenseitig erregender Zellen ergeben sich ständig wechselnde neuronale Aktivitätsmuster, in denen das Nervensystem in einem „endlosen Tanz interner Wechselbeziehungen seine eigenen Übergänge von Zustand zu Zustand errechnet. Für dieses Nervensystem gibt es kein Innen und kein Außen. Diese Unterscheidung kann nur ein externer

Beobachter treffen. Dieser leugnet Erfahrungen einer äußeren Welt nicht. Aber das autonom arbeitende Nervensystem bezieht sich nicht auf die Merkmale der äußeren Welt, sondern lediglich auf seine eigenen inneren Zustände" (Maturana, 2002, S. 63). Maturana beschreibt das schöne Bild eines Piloten im Blindflug, der sein Flugzeug in der Dunkelheit ohne unmittelbaren Zugang zur Außenwelt steuert. Er kennt die Landschaft und das Wetter draußen nicht und handelt nur auf der Basis seiner Messgeräte. Wenn deren Werte sich ändern, verändert er die Bedienung. Die Beobachter außerhalb des Flugzeuges können zwischen innen und außen unterscheiden und gratulieren dem Piloten zur geglückten Landung. Dieser weiß eigentlich nicht, warum, weil er die Turbulenzen außerhalb des Flugzeuges nicht direkt mitbekommen hat. Er hat nur seine Instrumente bedient. Das äußere Geschehen, das die Beobachter wahrnehmen, ist für die Abläufe innerhalb des Flugzeuges bedeutungslos. Es gibt nach Maturana nur eine Bedingung, die es erlaubt, der eigenen Blindheit gewahr zu werden: Wir müssen die Grenzen unserer Wahrnehmung erkennen, dürfen also diesbezüglich nicht blind sein. Erst ein externer Beobachter, der sowohl zu seiner eigenen Welt als auch zum Inneren des Flugzeuges Zugang hat, kann überhaupt von einer Grenze sprechen. Er vergleicht die Zustände im Inneren des Flugzeuges mit denen der Außenwelt und bezieht sie aufeinander, dies mit einem doppelten Blick.

Konsequenzen für die Ethik. Bezugspunkt unserer Ethik ist „die Bewusstheit der biologischen und sozialen Struktur des Menschen. Es ist eine Ethik, die aus der menschlichen Reflexion entspringt und die Reflexion, die das Menschliche ausmacht, als ein konstitutives soziales Phänomen in den Mittelpunkt stellt. Wenn wir wissen, dass unsere Welt notwendig eine Welt ist, die wir zusammen mit anderen hervorbringen, dann können wir im Falle eines Konflikts mit einem anderen menschlichen Wesen, mit dem wir weiter koexistieren wollen, nicht auf dem beharren, was für uns gewiss ist (auf einer absoluten Wahrheit), weil das die andere Person negieren würde. Wir müssen sehen, dass ihre Gewissheit – so wenig wünschenswert sie uns auch erscheinen mag – genauso legitim und gültig ist wie unsere" (Maturana & Varela, 1992, S. 264).

(3) Die Nichtübereinstimmung ist wahrscheinlich, nicht die Übereinstimmung

Wenn man die Komplexität und Dynamik des Kommunikationsprozesses verfolgt, wird deutlich, dass Übereinstimmung zwischen zwei oder gar mehreren Personen äußerst unwahrscheinlich ist. Dies beginnt schon bei der Frage: „Was wird zwischen Sender und Empfänger transportiert?" Normalerweise lautet die Antwort: „Informationen, Bedeutungen, Nachrichten" etc. Hirnphysiologisch argumentiert, ergibt diese Antwort wenig Sinn. Es wird nämlich nichts anderes transportiert als Schallwellen und – wenn man die jeweils andere Person anschaut – auch Lichtwellen. In den mit je nach Forschungsansatz zwischen 10 und 100 Milliarden Hirnzellen, die billionenfach verknüpft sind (10 Billionen Synapsen), der Person A drücken sich ihre Gedanken in internen Relationen aus. In höchst komplexen Regelkreisen wird Luft an ihren Stimmbändern vorbeigeblasen, die die Luft in Schwingungen versetzen. Das Ohr der Person B ist nur ein Schallempfänger, der die Schallwellen in Nervenimpulse übersetzt. Im Hirn der Person B, das außen und innen nicht unterscheiden kann, werden wiederum interne Relationen erzeugt, die möglicherweise eine Nachrichtenerwartung ausdrücken. Die vom Ohr ausgehenden Nervenimpulse, die Einheitssprache des Gehirns, landen in einer Hirnregion der Person B. Der Ort im Hirn, an dem diese Impulse landen, bestimmt die Sinnesmodalität. Würden sie an einem anderen Ort landen, würde das Gehirn Sehen statt Hören errechnen. Die Frequenz, mit der die Impulse anlanden, bestimmt die Intensität: laut oder leise. Die Amplitudenmuster der Nervenimpulse bestimmen die Qualität.

Ständige Rückkopplungsprozesse. Außerhalb unserer Haut gibt es keine Musik, keine Sprache und kein Waldesrauschen, sondern nur Schallwellen. Die Konstruktionen aufgrund der von ihnen veranlassten Nervenimpulsmuster sind Eigenleistungen des Empfängers. Er errechnet in sich ständig wiederholenden Prozeduren in der Selbstbezüglichkeit seines Hirns die Zustandsveränderungen und misst ihnen aufgrund seiner Erfahrung Bedeutungen zu. Gegenseitiges Verstehen entsteht in einer Ko-Ontogenese zweier oder mehrerer Individuen, die ihre Hirne in permanenten Rückkopplungsprozeduren aufeinander einschwingen und irgendwann subjektiv den Eindruck von Verstehen konstruieren. Wenn sie Glück haben, können sie ihre Eindrücke durch andere Sinne validieren. Bei konkreten Begriffen kann man z. B. einen entsprechenden Gegenstand sehen und fühlen. Bei abstrakten Begriffen ist dies schwierig. Wie will man dem Mann im Mond erklären, wo rechts ist, oder einem Kind, was Ambiguitätstoleranz bedeutet? Wir können schließlich nicht in den Kopf des anderen hineinsehen.

(4) Kämpfe kontinuierlich und optimistisch um Übereinstimmung

Ein wesentliches Problem der Kommunikation besteht in der mangelnden Nachhaltigkeit der Bemühungen. Wer sich nicht recht bald verstanden glaubt, gibt auf und hält den anderen für unverständig. Wer eigentlich ein unerwünschtes Verhalten beim anderen korrigieren möchte, unterlässt es doch lieber, weil er sich nicht unbeliebt machen möchte. Der andere denkt natürlich, sein Verhalten sei akzeptiert. Wer sich aufgrund seines dominanten Kommunikationsverhaltens erfolgreich glaubt, wird sich wenig um Übereinstimmung mit den anderen bemühen. Doch selbst der ausdrückliche Vorsatz, inhaltlich ethischer und auch instrumentell besser zu kommunizieren, wird schnell dem Versandungsphänomen unterliegen. Der Weg zur Hölle ist mit guten Vorsätzen gepflastert.

Die durchschnittliche Korrelation zwischen Einstellung und Verhalten, zwischen Wollen und Tun liegt unter 0,5. Mit anderen Worten: Wir kommunizieren nicht nur vielfach unethisch und instrumentell unzureichend aufgrund „normaler" menschlicher Unzulänglichkeiten wie Bequemlichkeit, Unwissenheit, Vergesslichkeit, Unbedachtheit etc., sondern selbst wenn wir das „Richtige" wirklich wollen, scheitern wir langfristig häufig. Im Sinne der Positiven Psychologie sollte man dies für normal halten, sich nicht weiter grämen und das Umsetzungs- bzw. „Volitionsproblem" (Kuhl, 1998) konkret und optimistisch als Herausforderung begreifen. Dies geschieht in entsprechenden Organisations- und Personalentwicklungsmaßnahmen, in denen Mitarbeiter und vor allem Führungskräfte zunächst lernen, besser zuzuhören, rückzukoppeln, ihre Erwartungen zu äußern etc. und anschließend mittels Prozessbegleitung daran gehindert werden, diese Maßnahmen versanden zu lassen. Dies geschieht u. a., indem die Übergänge von der Absicht zum konkreten Vorsatz und anschließend zum Sprung über den „Rubikon zum Tun" systematisch bearbeitet werden. Beispielsweise werden die qualitativen und quantitativen Erfolgskriterien des erwünschten Verhaltens definiert und konkurrierende Handlungstendenzen abgeschirmt. Durch einen langen Rückkopplungsprozess und mit viel Geduld werden die Abstände zwischen den Rückfällen in die alten Fehler größer, bis sich eines Tages das erwünschte (Kommunikations-)Verhalten eingeschliffen hat, automatisiert und selbstverständlich geworden ist (Kastner, 1998). Eines der Erfolgskriterien dauerhafter Ehen dürfte darin liegen, dass beide Partner ständig um Übereinstimmung kämpfen und bei Konflikten immer wieder aufeinander zugehen.

(5) Die Absichten sind wichtiger als die reale Signalübermittlung

Im Allgemeinen nehmen sich Kommunikationspartner vor, möglichst prägnant, deutlich, eindringlich und hörbar zu senden. Wenn der empfangende Partner den sendenden nicht versteht, ist das in erster Linie das Problem des empfangenden Partners, so glauben wir. Oder könnte es sich auch um ein Problem des Senders handeln?

Es gibt eine Fülle von Kommunikationsmodellen, die im Wesentlichen in der Watzlawick-Tradition (z. B. Watzlawick et al., 1969; Watzlawick et al., 1974) zwischen Inhalts- und Beziehungsaspekt der Kommunikation unterscheiden. Darüber hinaus werden im Sinne des TALK-Modells (Neuberger, 1992; Schulz von Thun, 1992) die Dimensionen eines Gespräches in Tatsache, Ausdruck, Lenkung und Kontakt differenziert. Dieses Modell wurde von Kastner (2000) erweitert, indem sowohl beim Sender als auch beim Empfänger zwischen Intention (I) und realem Ergebnis (R) unterschieden wird. Damit ergeben sich vier Stationen des Kommunikationsaktes:

(1) Intention des Senders (IS): Was beabsichtigt der Sender zu senden?
(2) reale Sendung des Senders (RS): Wie sieht seine Sendung in den Augen unabhängiger Beobachter aus?
(3) Intention des Empfängers (IE): Was beabsichtigt der Empfänger aufgrund seiner Vorerfahrungen und Erwartungen zu hören?
(4) realer Empfang beim Empfänger (RE): Was ist „wirklich" wie angekommen?

Wenn man nun die vier inhaltlichen TALK-Facetten (T für Tatsache, A für Ausdruck, L für Lenkung und K für Kontakt) mit diesen vier Facetten des Kommunikationsprozesses kombiniert, ergeben sich 256 (4^4) Kommunikationspfade. Stillschweigend setzen wir meist folgenden Pfad voraus:

IS	RS	IE	RE
T	T	T	T

Wir gehen davon aus, dass der Sender eine Tatsache übermitteln will (IS), dies auch real tut (RS), und dass der Empfänger die Tatsache (T) empfangen will (IE) und dies auch wirklich tut (RE). Schon die Lebenserfahrung zeigt, dass dieser Kommunikationspfad keineswegs eine Wahrscheinlichkeit von 100 Prozent hat, sondern möglicherweise nur die von einem 256stel. Doch selbst diese 256 Kombinationen sind nicht ganz realistisch, weil wir selten eindeutig auf Tatsachen-, Ausdrucks-, Lenkungs- oder Kontaktspuren wandeln, sondern in Mischformen kommunizieren. Wir wollen eine Botschaft senden, uns aber gleichzeitig auch ein wenig darstellen und den Empfänger manipulieren.

Ein häufiger Kommunikationspfad ist beispielsweise der folgende:

IS	RS	IE	RE
A	T	T	L

Der Sender möchte sich darstellen, trägt seine Aussage aber so sachlogisch und nüchtern vor, dass unabhängige Beurteiler sie als Tatsachensendung interpretieren. Der ahnungslose Empfänger will sachlich aufnehmen, fühlt sich aber durch die Aussage manipuliert – wie in folgendem Beispiel: Ein Professor stellt sich anlässlich eines Vortrages mit seinen vielen Aktivitäten vor (IS/A), was sachlich durchaus gerechtfertigt ist (RS/T). Der Vortragende, der nach ihm an die Reihe kommen soll, erwartete von seinem Vorgänger einen sachlichen Vortrag (IE/T) und fühlt sich nun genötigt (RE/L), sich seinerseits mit seinen Aktivitäten vorzustellen.

Nun kann man alle möglichen Pfade auf ihren gesunden oder pathologischen Charakter hin überprüfen und Empfehlungen daraus ableiten. Richtig interessant werden allerdings Ketten von Kommunikationsakten, in denen Auf- und

Abschaukelungsprozesse (z. B. Frustrations-Aggressions-Spiralen) identifizierbar sind. Unter dem Gesichtspunkt der ethischen Kommunikation ist eine der wesentlichsten Konsequenzen aus der Analyse solcher Ketten die Erkenntnis, dass letztlich der reale Empfang das Entscheidende ist und dass die Verantwortung dafür nicht nur beim Empfänger, der den Empfang ja schließlich konstruiert, sondern auch beim Sender liegt, der ihn provoziert. Anhand dieser Kommunikationspfade können etliche ethische Implikationen aufgezeigt werden, z. B. die folgende.

(6) Erziehen statt manipulieren

Erziehung heißt, andere durch Kommunikation zu ihrem Nutzen zu beeinflussen, Manipulation heißt, andere durch Kommunikation zum eigenen Nutzen zu beeinflussen. Wer erziehen will, geht davon aus, dass menschliches Verhalten form- und veränderbar ist, im idealen Fall in der Kette: Überzeugung–Kompromiss–fairer Deal–Macht, wobei letztere natürlich meist unethisch ist. Überzeugung, also die Erzeugung einer Einsicht ohne Ausübung von Zwang, ist der ethisch sauberste, aber oft nicht erreichbare Fall. Schließlich existieren vielfach unterschiedliche Systemsichten, wobei jeder aus seiner Perspektive Recht hat.

> **BEISPIEL**
>
> Sind die Ziele unterschiedlich, ist es oft nicht möglich, den anderen zu überzeugen. In der Shareholder-Value-Debatte zwischen Eignern, Mitarbeitern und Kunden lassen sich die Eigner kaum davon überzeugen, auf Gewinn zu verzichten, damit die Mitarbeiter mehr Urlaub und die Kunden die Ware preiswerter bekommen. Die Mitarbeiter verfolgen aus ihrer Sicht völlig zu Recht die Ziele Geld, Karriere, Sicherheit etc. und sind kaum davon zu überzeugen, dass sie mehr und härter arbeiten sollen, damit der Eigner mehr Gewinn und der Kunde die Ware fast geschenkt erhält. Und der Kunde kann nicht überzeugt werden, mehr zu zahlen, damit die Mitarbeiter mehr Urlaub machen können.

Wenn jeder seine eigenen Zielvorstellungen für richtig hält, bleibt nur, die Balance zwischen kontradiktorischen Zielen anzustreben – entweder durch einen Kompromiss (dazu müssen die Inhalte, in denen man sich entgegenkommt, teilbar sein) oder in Form eines fairen Deals, bei dem unterschiedliche Qualitäten getauscht werden. Macht stellt die Ultima Ratio dar und ist – wenn überhaupt – allenfalls legitimierbar, wenn die ersten drei Stufen versucht wurden.

Determinismus oder Plastizität? Die Frage der Form- und Veränderbarkeit menschlichen Verhaltens mittels Kommunikation stellt ein fundamentales Forschungs- und ethisches Problem dar. Ist menschliches Verhalten in einem solchen Maße determiniert, dass individuelle Verantwortung letztlich nicht existiert? Humangenetik und Neurowissenschaften jedenfalls legen die Vermutung nahe, wir Menschen seien deutlich weniger „frei" in unseren Wahrnehmungs-, Denk- und emotionalen Prozessen und damit auch in unserer Kommunikation, als uns Philosophie, Psychologie und Pädagogik bislang suggeriert haben (z. B. Singer, 2002 u. 2003; Roth, 1997, 1999 u. 2001):

▶ Im genetischen Determinismus schränken genetische Eigenschaften unsere Verhaltensfreiheit ein. Wie ethisch ist die Kommunikation, wenn ein Begabter einen sprachlich Unbegabten rhetorisch „vorführt"?
▶ Im evolutionsbiologischen Determinismus werden unsere Eigenschaften als Produkt unserer Anpassungsgeschichte gesehen. Wie ethisch ist die Verständigung zwischen einem gebildeten Mitteleuropäer und einem Einwohner Zentralafrikas?
▶ Im psychohistorischen Determinismus werden Eigenschaften durch frühkindliche Erfahrungen geprägt. Wie ethisch ist es, jemanden auf seine kindlichen Erfahrungen anzusprechen, um sein Selbstwertgefühl zu verletzen?
▶ Im neurobiologischen Determinismus wird unser Verhalten als Produkt biochemischer Vorgänge gesehen. Kann man mit einem Depressiven genauso reden wie mit einem Gesunden?

Der Manipulation ist im eher pessimistisch getönten Determinismus natürlich Tür und Tor geöffnet. Die eher optimistische Plastizitätsannahme, die die Form- und Gestaltbarkeit von Verhalten voraussetzt, geht davon aus, dass Kommunikation in den verschiedensten sozialen Interaktionen an der Hirnentwicklung beteiligt ist (Hüther et al., 1999). Verschiedene Lernkonzepte, die u. a. bei Depressionen angewendet werden, zeigen, dass etliche Bewältigungsstrategien und Arten des emotionalen (Re-)Agierens nicht durch die frühkindliche Entwicklung festgelegt werden, sondern über ein langes Leben hinweg plastisch bleiben können (z. B. Hautzinger, 2000).

Eine positive ethische Grundhaltung besteht also schon darin, Verhalten überhaupt für veränderbar zu halten, auch dann, wenn auf Manipulationen verzichtet wird.

(7) Verkneife dir Manipulationen

Es ist menschlich verständlich, aber unethisch, sich mittels diverser Manipulationstechniken Vorteile verschaffen zu wollen. Wir können positiv auf die Persönlichkeit des anderen einwirken, indem wir sein Selbstwertgefühl steigern („schleimen"), etwa indem wir ihn loben, ihm schmeicheln, Vorteile verheißen und Kritik ausschalten. Wir können auch emotionalisieren, z. B. indem wir an Ängste appellieren, oder magische Wörter wie „Effizienz" und „Leistung" oder Euphemismen („ethnische Säuberungen") gebrauchen. Wir können aber auch negativ auf den Gesprächspartner Einfluss nehmen, indem wir uns aufplustern (Imponiergehabe), Zeitdruck einbauen, ihn provozieren und beleidigen, seine Schwächen ausnutzen, ihn vor anderen schlecht aussehen lassen oder persönlich werden. Wir können aneinander vorbeireden, indem wir Monologe halten, Dinge einseitig darstellen, schwarzweiß argumentieren, durch sprunghafte Argumentation und Fremdwörter desorientieren, ablenken und ausweichen etc. Und wir können verkomplizieren durch sinnlosen Wortschwall, Haarspalterei und unzulässige Verallgemeinerungen. Wir können den Handlungsspielraum verringern, keinen Widerspruch dulden, durch geschickte Fragen lenken oder nach der „Teppichhändlermethode" anfänglich zu hohe Forderungen stellen. Schließlich können wir andere in schlechte Nachbarschaft bringen, auf falsche Fährten locken, unzulässig Autoritäten zitieren oder Theorie und Praxis gegeneinander ausspielen (vgl. Neuberger, 1992).

Natürlich ist kaum jemand so ethisch in seiner Kommunikation, dass er gänzlich auf solche Manipulationstaktiken verzichtet, zumal in manchen Berufen Manipulation geradezu verlangt wird, z. B. im Vertriebswesen. Aber es wäre schon ein Erfolg, zumindest die schlimmsten diesbezüglichen Taktiken zu vermeiden.

(8) Nichtkommunizieren kann sowohl ethisch als auch unethisch sein

Nichtkommunizieren kann – im Sinne von Takt – ethisch wertvoll sein. Manchmal ist es besser, zusammen zu schweigen. Nichtkommunizieren kann aber auch ethisch weniger sinnvoll sein, etwa wenn Eltern mit ihren „ungehorsamen" Kindern tagelang nicht reden. Gerade gegenüber uns ausgelieferten Mitmenschen, für die wir verantwortlich sind, weil sie die Verantwortung für sich selbst nicht übernehmen können, ist es wichtig, laufend ansprechbar zu sein. Kommunikative Abweisung verstärkt ihr Gefühl, ausgeliefert und hilflos zu sein.

(9) Bemühe dich unablässig darum, den anderen zu verstehen

Dazu gehört, dem anderen aktiv zuzuhören, ihn ausreden zu lassen und versuchsweise in seine Haut zu schlüpfen, sich in seine Perspektive einzufühlen und zu einer konstruktiven Konfrontation bereit zu sein.

(10) Unterbrich Spiralen und mache dein Verhalten vorhersagbar

Destruktive Konfrontation führt häufig innerhalb kurzer Zeit in eine Frustrations-Aggressions-Spirale. A frustriert B, der dadurch aggressiv wird. Seine Aggression frustriert A, der seinerseits aggressiv wird usw. Solche Spiralen sollten schnellstmöglich unterbrochen werden, indem ein Partner das Feld räumt. Er kann beispielsweise ankündigen, eine Stunde spazieren zu gehen, um in Ruhe über den Grund der Konfrontation nachzudenken. Die möglichst präzise Angabe des Verhaltens ist für den zurückbleibenden Partner außerordentlich wichtig. Er braucht diese Vorhersagbarkeit, um sich nicht in sinnlosen, Angst erzeugenden Gedanken zu ergehen. Anschließend kann versucht werden, etwa mit Hilfe des kontrollierten Dialogs, das gegenseitige Verständnis zu fördern.

Kontrollierter Dialog. A beschreibt sein Problem in einer Weise, die es dem zunächst nur zuhörenden B erlaubt, dieses Problem anschließend in seinen eigenen Worten zu beschreiben. Erst wenn A zum Zeichen dessen, dass er sich richtig verstanden fühlt, mit dem Kopf nickt, kann B dazu Stellung nehmen. Nun muss A aktiv zuhören und anschließend B's Problembeschreibung in eigenen Worten wiederholen. Erst wenn B nickt, weil er sich richtig verstanden fühlt, kann A seinen Standpunkt weiter vertreten (nach Antons, 2000). Dieses zunächst etwas künstlich erscheinende Vorgehen verlangt von den Gesprächspartnern:
▶ eine kurze und prägnante Schilderung des jeweiligen Standpunktes, die eine hinreichende Wiederholung durch den jeweils anderen gestattet,
▶ gutes Zuhören, um die Wiederholung in eigenen Worten zu leisten,
▶ auch nonverbales Zeigen der Bereitschaft, sich auf den Standpunkt des anderen einzulassen.

Das Verfahren erzieht zu einem ethisch wertvollen kommunikativen Verhalten, weil:
▶ jeder zuhören muss,
▶ die oft erstaunliche Erfahrung gedeiht, dass der andere überhaupt zuhören *kann*,
▶ die Wiederholung des eigenen Standpunktes durch den anderen den Eindruck von dessen Verständnis vermittelt,
▶ die Konzentration auf das vom anderen Gesagte (zwecks späterer Wiederholung) die Emotionen automatisch abkühlt und so die Erfahrung gedeiht, dass man doch miteinander kommunizieren kann.

(11) Wähle den richtigen Kommunikationskanal

Das gegenseitige Verständnis steigt mit der Anzahl der Kommunikationskanäle. Beispielsweise werden im Schnitt bei ausschließlichem Zuhören etwa 30 Prozent eines Vortrages verstanden, bei gleichzeitigem Sehen („ein Bild sagt mehr als tausend Worte") weitere 20 Prozent.

Prinzipiell können wir auf allen Kanälen unserer Wahrnehmung kommunizieren (hören, sehen, riechen, schmecken, berühren). Eine Kommunikation über alle fünf Kanäle zugleich mag den Eindruck eines Höchstmaßes an Übereinstimmung vermitteln – wenn es sich um ein Liebespaar handelt. Meist ist die Wahl der richtigen Kombination von Kanälen allerdings eine Frage des Verstehens, Vertrauens, Respekts und eines adäquaten Distanzverhaltens.

(12) Die richtige Sprache zur richtigen Zeit
Menschen stellen sich in verschiedenen kommunikativen Situationen auf den anderen, seine Botschaften und die gesamte soziale Situation ein. Das gehört zur Sozialkompetenz (Kastner, 2001a). Das Erzählen heikler Witze während eines wissenschaftlichen Vortrages würde als inadäquat erlebt, wäre aber an einem weinseligen Abend vielleicht genau das Richtige. Umgekehrt werden beim abendlichen geselligen Beisammensein Vorträge als inadäquat empfunden.

(13) Schaffe eine Vertrauensfehlerlernkultur
Eine Vertrauenskultur ist aus vielen Gründen wünschenswert und aus zwei wesentlichen Gründen unverzichtbar (Kastner, 1998). Zum Ersten ist sie gesünder als eine Misstrauenskultur. Ein Zuviel an Arbeit macht weniger krank als die „menschelnden" Prozesse. Die vielen kleinen Gehässigkeiten, Ungerechtigkeiten, Neid und Tratschereien bis hin zum Mobbing stellen psychische Belastungen dar, die langfristig äußerst ungesund sind. Zum Zweiten sind Vertrauenskulturen schneller als Misstrauenskulturen. Deren Absicherungsprozeduren, etwa das Erstellen von „Beweismaterial" in Form von Listen, sicherheitshalber ausgedruckten und aufbewahrten Mails, kosten Zeit. In einer Vertrauenskultur muss gelten: „Ich rufe dir etwas zu, du wiederholst es kurz zum Zeichen des (Ein-)Verständnisses, und ich kann mich hundertprozentig darauf verlassen, dass das Gewünschte nachhaltig umgesetzt wird."

Fehler sind unangenehm, bergen aber den Vorteil, dass man daraus lernen kann. Der Mensch neigt allerdings dazu, aus Selbstdarstellungsgründen eigene Fehler zu vertuschen. Damit können andere nichts aus diesen Fehlern lernen. Zu einer ethisch sauberen Kommunikationskultur gehört, dass möglichst jeder seine Fehler offenbart, andere dazu einlädt, auch daraus zu lernen und gemeinsam bessere Handlungsalternativen zu entwickeln. Im Idealfall werden Mitarbeiter, die ihre Fehler outen und entsprechende Lernprozesse initiieren, behandelt, als hätten sie Verbesserungsvorschläge gemacht.

Beide Teile der Vertrauensfehlerlernkultur, die Vertrauens- und die Fehlerlernkultur, schaukeln sich gegenseitig auf. Je mehr Vertrauen herrscht, umso eher gesteht man Fehler ein. In einer Kultur, in der man Fehler offenbart und gemeinsam daraus lernt, entwickelt sich Vertrauen. Im negativen Fall schaukeln sich die beiden gegenseitig ab. Vertrauen kann allerdings nicht verordnet werden. Wir sind grundsätzlich erst dann dazu bereit, anderen Vertrauen zu gewähren, wenn diese sich unseres Vertrauens als würdig erwiesen haben. So entstehen Blockaden. Da bleibt nur die Bereitschaft, Vertrauen vorzuschießen.

(14) Meinungen sollten respektvoll ausgetauscht und toleriert werden

Es ist kommunikativ unethisch, erst die eigene Meinung zu verkünden und dann andere nach ihrer Meinung zu fragen. Ethische Kommunikation verlangt einen sensiblen Austausch, um eine möglichst hohe Offenheit und Ehrlichkeit zu erreichen. Wer selbst eine (beispielsweise politische) Meinung stramm verkündet, löst in dem anderen einen Höflichkeitsreflex aus, die eigene Ansicht zurückzuhalten. Erwünscht ist, sich in fragender Weise vorsichtig an die Meinung des anderen heranzutasten und in einem respektvollen Austausch zur gegenseitigen Tolerierung der verschiedenen Meinungen zu kommen. Die in der Politik häufig anzutreffende Art, Gespräche erst nach Erfüllen von Vorbedingungen zuzulassen, ist eine aus der Perspektive der ethischen Kommunikation weniger erfreuliche Variante.

(15) Kommunikation muss umkehrbar sein

Was A darf und kann, muss B auch dürfen und können. Irreversibilitäten in der Kommunikation behindern – ähnlich den viel beschworenen ungeschriebenen Gesetzen – zwangsläufig die erwünschte Offenheit und Klarheit. Sie machen Angst und blockieren die Kommunikation. Dies beginnt bereits bei der Art, in der Erwachsene oft mit kleinen Kindern reden. Sie machen sich nicht klar, wie bedrohlich sie für Letztere schon aufgrund des Höhenunterschiedes wirken. Insofern kann es durchaus zur ethischen Kommunikation gehören, in die Hocke zu gehen, wenn man als Erwachsener mit kleinen Kindern redet, oder sich zu setzen, wenn man mit einem Gesprächspartner im Rollstuhl spricht.

Distanzlosigkeit äußert sich u. a. auch im fehlgeleiteten Gebrauch des „Du". Wenn beispielsweise 50-jährige Professoren scheinbar sozialkompetent auch 20-jährige Studentinnen duzen, nehmen sie diesen die Möglichkeit der Distanzwahrung. Würden die Studentinnen ihre Professoren siezen, käme das einem Affront gleich. Zu private Fragen bei zu geringer Kenntnis der anderen Person oder zu kühle Distanz bei „eigentlich" vom anderen erwarteter sozialer Nähe sind ebenfalls Ausdruck von mangelndem Respekt.

(16) Der Sender ist für den Empfang mitverantwortlich

Es ist unethisch, etwas zu sagen und selbstverständlich von der gewünschten Umsetzung auszugehen. Hier gilt in Anlehnung an den berühmten Satz von Konrad Lorenz, dass gedacht noch nicht gesagt, gesagt noch nicht gehört, gehört noch nicht verstanden, verstanden noch nicht einverstanden, einverstanden noch nicht behalten, behalten noch nicht angewandt und angewandt noch nicht beibehalten ist. Ethische Kommunikation verlangt von jedem Sender, dass er diese Schritte so weit als möglich begleitet. Der Sender ist für den Empfang mitverantwortlich und kann sich nicht auf die Position zurückziehen: „Ich habe es dir doch gesagt."

(17) Äußere deine Erwartungen

Oft sind wir enttäuscht, weil unsere impliziten Erwartungen nicht erfüllt wurden. Wir haben unsere Erwartungen nicht explizit geäußert, weil es unbequem war und weil wir das erwünschte Verhalten beim anderen als selbstverständlich vorausgesetzt haben. Unser Gegenüber kannte aber diese Erwartungen nicht, ist überrascht von einer entsprechenden Rückkopplung, und die Frustrations-Aggressions-Spirale kommt in Gang. Also gilt der Grundsatz: Äußere deine Erwartungen!

(18) Ironie, Sarkasmus, Zynismus und Doppelbindungen sind problematisch

Ironie – man meint das Gegenteil des Gesagten – kann zu herrlichen geistigen Höhenflügen führen, wenn beide Gesprächspartner diese Ironie verstehen und damit umgehen können. Wenn ein Partner der Ironie des anderen hilflos ausgeliefert ist, entsteht eine aus der Perspektive der ethischen Kommunikation problematische Situation. Sarkasmus – hier sagt man, was man meint – geht immer zu Lasten des Verhöhnten, führt aber zu Lacherfolgen und Solidaritätsgefühlen bei anderen, die dem Opfer ebenfalls den Spott „gönnen". Beim Zynismus sagt man auch, was man meint, dies allerdings in einer Haltung scheinbarer Überlegenheit ohne Rücksicht auf die Werte und Wahrheiten anderer. Dies kann bis hin zu einem kommunikativen Sadismus gehen, in dem man Befriedigung aus der Verletzung der Gefühle anderer gewinnt.

Man sollte also Ironie nur dann einsetzen, wenn man sicher ist, dass der Gesprächspartner gut und gerne damit umgeht. Sowohl sarkastische als auch zynische Bemerkungen sollte man sich verkneifen. Dies gilt auch für Doppelbindungen, die das Gegenüber verunsichern und die u. a. in Verdacht geraten sind, für die Entwicklung von Schizophrenien wesentlich zu sein. Ein Beispiel wäre der Chef, der seinem Mitarbeiter mit undurchsichtiger Miene sagt: „Das haben Sie ja wieder mal gut gemacht!", so dass der Mitarbeiter nicht weiß, ob diese Aussage ehrlich gemeint ist oder ob er gerade getadelt wird.

(19) Optimiere die kommunikativen Schnittstellen

Ethische Kommunikation kann man als Schnittstellenproblem begreifen, obwohl es eigentlich um Verbindungsstellen geht. Eine bewährte Methode der Optimierung erfolgt nach dem Prozessoptimierungsmodell (Kastner, 1998). Die Personen A und B bearbeiten ihre Schnittstelle nach folgendem Muster:

- A äußert seine Erwartungen im Ideal (unter gegebenen, von keinem von beiden veränderbaren Rahmenbedingungen) gegenüber B, z. B.: „Ich erwarte, dass ich jeden Abend ein warmes Essen bekomme."
- B äußert seine Erwartungen im Ideal gegenüber A, z. B.: „Ich erwarte, dass du dir dein Abendessen grundsätzlich selbst zubereitest."
- Meist stimmen diese Idealerwartungen nicht überein, so dass ein syn-egoistisches Ideal gefunden werden muss. Syn-egoismus (Kastner, 2001b) bedeutet, dass in fairen Austauschbeziehungen Win-win-Situationen erzeugt werden. Dieses gemeinsame syn-egoistische Ideal ist nun das Ziel, an dem es sich zu orientieren gilt. Im Beispiel: „Wir sorgen dafür, dass du dreimal die Woche ein warmes Abendessen bekommst."
- A äußert, was B in der Vergangenheit real geliefert hat, z. B.: „Ich habe von dir extrem selten ein warmes Abendessen bekommen und musste mir meistens selbst etwas zubereiten."
- B beschreibt, was A in der Vergangenheit real geliefert hat, z. B.: „Ich habe dir meistens ein Abendessen gekocht, und du hast extrem selten für dich selbst sorgen müssen."
- Meist ergeben sich deutliche Unterschiede beim Blick auf das, was sich „wirklich" abgespielt hat. Dann wird anhand nachprüfbarer Tatsachen operationalisiert, z.B. könnte man im Kalender nachsehen, die Kinder befragen etc.
- Beide bestimmen die Diskrepanzen zwischen syn-egoistischem gemeinsamem Ideal und Realität.
- Diese werden nach Wichtigkeit und Dringlichkeit geordnet.
- In einem Maßnahmenplan wird wie im Projektmanagement festgelegt, was konkret zur Verbesserung der Schnittstelle zu tun ist.

Jeder Partner muss zuhören, wenn der andere seine Erwartungen im Ideal und die Lieferungen im Real beschreibt. Meist äußert der eine zum ersten Mal seine „wirklichen" Erwartungen, und der andere lernt sie kennen. Die Operationalisierung führt dazu, dass die eigenen Wirklichkeitsverzerrungen deutlich werden. Die gemeinsame Maßnahmenplanung fördert sowohl den Eindruck von Gemeinsamkeit und konstruktivem, pro-aktivem Vorgehen als auch deren Verwirklichung statt Nörgelei über die unbefriedigende Vergangenheit und Gegenwart.

(20) Rückkoppele und wähle das adäquate Medium

Die Wichtigkeit der Rückkopplung wird in allen Motivationsmodellen (z. B. Hackman & Oldham, 1980) und Lernmodellen deutlich. Vielfach rückkoppeln wir unangenehme Dinge nicht, weil wir Liebesverlust befürchten. Dies raubt dem anderen natürlich die Chance, sein Verhalten zu ändern. Wer dem Kellner auf die Frage: „Hat es geschmeckt?" trotz Würgereiz mit „Ja!" antwortet, muss sich nicht wundern, wenn das Essen nicht besser wird. Besonders problematisch wird es bei Ärzten, deren Behandlungsfehler nicht rückgekoppelt werden. Statt ihre Kritik zu äußern, suchen die Patienten lieber einen anderen Arzt auf. Der erste denkt, die Patienten wären gesund, und behandelt weiter so unerfreulich wie bisher.

Inhalt sowie Art und Weise der Rückkopplung sind natürlich wichtig und werden in allen möglichen Kommunikationstrainings geübt. Aber auch die Form birgt Implikationen für die ethische Kommunikation. Eine Form scheint mittlerweile fast banal: die Rückkopplung unangenehmer Dinge unter vier Augen. Andere Formen werden hingegen kaum bedacht. So bewirken die Beschleunigung der Kommunikation durch moderne Techniken wie Fax- und E-Mail-Kommunikation und der steigende Zeitdruck beispielsweise, dass Emotionen zu wenig relativiert werden. Früher schrieb man Briefe, schlief eine Nacht darüber und formulierte am nächsten Tag neu, weil nach einer Phase der Abkühlung der eigene Ausdruck überzogen erschien. Wer sich heute über etwas ärgert und per E-Mail oder Fax rückkoppelt, bringt natürlich durch seine Formulierung seinen Ärger zum Ausdruck. Der Empfänger, der nur diesen einen Informationskanal hat, wird frustriert, soll schnell antworten und macht dabei seinem Ärger Luft. So entwickeln sich schnell regelrechte E-Mail-Kriege, die eine Face-to-face-Kommunikation hätte verhindern können. Nonverbale Kommunikation, Stimmlage und die direkten Wechselwirkungen in der persönlichen Begegnung lassen viel mehr Nuancierungen zu, die ein „Hochkochen" unwahrscheinlicher werden lassen. Für die ethische Kommunikation bedeutet dies, dass die Wahl des Mediums immer auf den Inhalt der Botschaft abgestimmt werden sollte.

Die genannten 20 Empfehlungen aus der Perspektive der ethischen Kommunikation sind keineswegs erschöpfend und ließen sich ausgiebig fortsetzen. Es geht jedoch nicht darum, im täglichen Leben ein „Experte" der ethischen Kommunikation zu werden. Es ist schon viel gewonnen, wenn man die schlimmsten Fehler zu vermeiden weiß und damit eine im Sinne der Positiven Psychologie „gesunde" Kommunikation entwickelt.

Zitierte Literatur

Antons, K. (2000). Praxis der Gruppendynamik. Übungen und Techniken (8., durchgesehene u. erg. Aufl.). Göttingen: Hogrefe.

Diemer, A. & Frenzel, I. (1967). Lexikon der Philosophie. Frankfurt a.M.: Suhrkamp.

Gerlmaier, A. & Kastner, M. (2003). Der Übergang von der Industrie- zur Informationsarbeit: Neue Herausforderungen für eine menschengerechte Gestaltung von Arbeit. In M. Kastner (Hrsg.), Neue Selbstständigkeit in Organisationen (S. 15–36). München, Mering: Hampp.

Hackman, J. R. & Oldham, G. R. (1980). Work redesign. Reading, Mass.: Addison Wesley.

Hautzinger, M. (2000). Kognitive Verhaltenstherapie bei Depressionen. Weinheim: Beltz PVU.

Hüther, G., Doering, S., Rüger, U., Rüther, E. & Schüssler, G. (1999). The stress-reaction process and the adaptive modification and reorganization of neuronal networks. Psychiatry Research, 87, 83–95.

Kant, I. (1788). Kritik der praktischen Vernunft. In J. Kopper (Hrsg.), (1980), Kritik der praktischen Vernunft von Immanuel Kant. Frankfurt a.M.: Suhrkamp.

Kastner, B. (2000). Optimierung der organisationsinternen Kommunikation. Phil. Dissertation. Dortmund: Universität Dortmund.

Kastner, M. (1998). Der Prozess der Prozessoptimierung. In M. Kastner (Hrsg.), Verhaltensorientierte Prozessoptimierung (S. 173–194). Herdecke: Maori.

Kastner, M. (2001a). Sozialkompetenz – Keine Zeit für hierarchische Spielereien. In P. Horvath (Hrsg.), Strategien erfolgreich umsetzen (S. 287–300). Stuttgart: Schäffer Poeschel.

Kastner, M. (2001b). Erfolgreich mit sozialer Kompetenz. Freiburg: Herder.

Kastner, M. (2002). Human Resources: Bewältigung zukünftiger Anforderungen durch „weiche" Faktoren. Der Controlling-Berater, 3, 111–134.

Kastner, M. (2002a). Verhaltensorientierte (Re)Organisationsmaßnahmen bei der Einführung von Call Centern in Unternehmen und Verwaltungen mit Blick auf Krisen- und Notsituationen. In M. Kastner (Hrsg.), Call Center – Nützliche Dienstleistung oder Sklavengaleere? (S. 75–90). Lengerich: Pabst.

Kastner, M. (2002b). Globalisierung, Auswirkungen auf Organisationen und Mitarbeiter. In M. Kastner (Hrsg.), Gesundheit und Sicherheit in neuen Arbeits- und Organisationsformen (2. Aufl., S. 29–52). Herdecke: Maori.

Kastner, M. (2003). Anforderungen autonomer und flexibler Arbeit an Führung und Organisation. In M. Kastner (Hrsg.), Neue Selbstständigkeit in Unternehmen (S. 37–48). Mering: Hampp.

Kastner, M., Gerlmaier, A., Kastner, B. & Vogt, J. (2001). Paradigmen in der Organisation von Sicherheit und Gesundheit für zukünftige Arbeits- und Organisationsformen. In M. Kastner (Hrsg.), Gesundheits- und Sicherheitsnetzwerk der Zukunft (GESINET) (S. 107–118). Herdecke: Maori.

Kastner, M. & Vogt, J. (Hrsg.). (2001). Strukturwandel in der Arbeitswelt und individuelle Bewältigung. Lengerich: Pabst.

Kuhl, J. (1998). Wille und Persönlichkeit: Funktionsanalyse der Selbststeuerung. Psychologische Rundschau, 49 (2), 61–77.

Küng, H. (1997). Fürchtet euch nicht vor dem Ethos. Die Zeit, 45, 15.

Lay, R. (1993). Die Macht der Unmoral. Düsseldorf: Econ.

Maturana, H. R. (2002). Piloten im Blindflug. Interview. Gehirn & Geist, 04, 62–63.

Maturana, H. R. & Varela, F. J. (1987). Der Baum der Erkenntnis. Die biologischen Wurzeln des menschlichen Erkennens. München: Scherz.

Neuberger, O. (1992). Miteinander reden – miteinander arbeiten (14. Aufl.). München: Schriftenreihe des Bayerischen Staatsministeriums für Arbeit, Familie und Sozialordnung.

Norton, R. (1978). Foundation of a communicator style construct. Human Communication Research, 4, 99–112.

Roth, G. (1997). Das Gehirn und seine Wirklichkeit. Frankfurt a.M.: Suhrkamp.

Roth, G. (1999). Bewusste und unbewusste Handlungssteuerung aus neuro-biologischer Sicht. In F. Meyer-Krahmer & S. Lange (Hrsg.), Geisteswissenschaften und Innovation (S. 77–111). Heidelberg: Springer.

Roth, G. (2001). Fühlen, Denken, Handeln. Frankfurt a.M.: Suhrkamp.

Schulz von Thun, F. (1992). Miteinander reden. Bd. 1 & 2. Reinbek: Rowohlt.

Schulz von Thun, F. (1999). Miteinander reden. Bd. 3. Reinbek: Rowohlt.

Singer, W. (2002). Der Beobachter im Gehirn. Frankfurt a.M.: Suhrkamp.

Singer, W. (2003). Ein neues Menschenbild? Frankfurt a.M.: Suhrkamp.

Sperka, M. (1996). Psychologie der Kommunikation in Organisationen. Essen: Die blaue Eule.

Staudinger, U. M. & Baltes, P. B. (1996). Weisheit als Gegenstand psychologischer Forschung. Psychologische Rundschau, 47, 57–77.

Stellrecht, I. (1993). Interpretative Ethnologie – Eine Orientierung. In T. Schweizer, M. Schweizer & W. Kokot (Hrsg.), Handbuch der Ethnologie – Eine Festschrift für Ulla Johansen (S. 29–78). Berlin: Reimer.

Watzlawick, P., Beavin, J. H. & Jackson, D. D. (1969). Menschliche Kommunikation. Bern: Huber.

Watzlawick, P., Weakland, J. & Fisch, R. (1974). Change. Principles of problem formation and problem resolution. New York: W. W. Norton & Company, Inc.

8 Vertrauen

Martin K. W. Schweer • Barbara Thies

Angefangen im sozialen Nahraum, also in der Familie und im Freundeskreis, bis hin zu Institutionen oder gar der Gesellschaft als ganzer – Vertrauen ist ein zentrales Charakteristikum menschlichen Lebens, ganz ohne Vertrauen ist soziales Miteinander nicht vorstellbar. Das Phänomen „Vertrauen" hat sich in den letzten Jahren auch als wichtiges Forschungsfeld etabliert: Diesbezügliche empirische Untersuchungen zeigen übereinstimmend, dass Vertrauen die zwischenmenschliche Interaktion, aber auch die Beziehungen zu größeren sozialen Systemen wie der Politik (zusammenfassend Schweer, 2000) erleichtert; so vereinfacht erlebtes Vertrauen die eigene Handlungsplanung und verbessert die zwischenmenschliche Kommunikation. Luhmann spricht in seiner soziologisch-funktionalen Analyse des Vertrauens von einem Mechanismus zur Komplexitätsreduktion (1968): Erst Vertrauen ermöglicht das Funktionieren einer hoch komplexen Gesellschaft. Vertrauen reduziert die Vielzahl potentiell denkbarer Handlungsausgänge bzw. -alternativen auf einige wenige; dadurch wird das Individuum bzw. ein soziales System überhaupt erst handlungsfähig.

1 Vertrauen – ein vielschichtiges Konstrukt

Vertrauen aus der Perspektive der Einstellungsforschung

Vertrauen lässt sich als soziale Einstellung (Rosenberg & Hovland, 1960) begreifen, besteht also aus einer gedanklichen, einer gefühlsmäßigen und einer Verhaltenskomponente. Vertrauen ermöglicht es uns, unsere Handlungen zu planen, denn wenn man jemandem vertraut, glaubt man zu wissen, wie sich dieser Interaktionspartner verhält, bzw. man erwartet zumindest, dass dieser Interaktionspartner sich wohlwollend verhalten wird (Petermann, 1996). Diese Erwartung führt dann zu einer spezifischen Verhaltensweise und ist gleichzeitig mit einer positiven emotionalen Bewertung verknüpft. Fragt man nach dem Wesen des Vertrauens, so stößt man im interdisziplinären Forschungsfeld auf eine Vielzahl von Erhebungsverfahren und theoretischen Entwürfen mit unterschiedlichem Geltungsgrad; dies gilt insbesondere für sozial- und politikwissenschaftliche Zugänge zum Vertrauen (u. a. Citrin & Muste, 1999; für die interdisziplinäre Diskussion s. exemplarisch EWE, 2003). Auch für die Psychologie lassen sich je nach Forschungsgegenstand (z. B. die Vorgesetzten-Mitarbeiter-Beziehung) sehr unterschiedliche Ansätze finden. Als Rahmentheorie lässt sich die differentielle Vertrauenstheorie heranziehen.

Die differentielle Vertrauenstheorie
Die differentielle Vertrauenstheorie (Schweer, 1997a) beschreibt den Prozess der Vertrauensentwicklung auf der Basis individueller sozialer Wahrnehmungs- und Informationsverarbeitungsprozesse (s. Abb. 8.1). Vertrauen ist folglich lebensbereichsspezifisch, d. h., erlebtes Vertrauen kann in einem Lebensbereich sehr stark und in einem anderen sehr schwach ausgeprägt sein; gleichzeitig unterscheiden sich Individuen innerhalb ein und desselben Lebensbereiches deutlich in der jeweils erlebten Intensität des Vertrauens.

Nach dieser Theorie ist Vertrauen gleichermaßen durch personale und situative Faktoren determiniert; es handelt sich um eine so genannte transaktionale Theorie (zu früheren Theorien, die Vertrauen entweder personal oder aber situativ konzipiert haben, s. vor allem Rotter, u. a. 1981, und Deutsch, u. a. 1962). Auf der personalen Seite wird Vertrauen durch soziale Informationsverarbeitungsprozesse hervorgerufen, zentrale Bestandteile sind hierbei die Vertrauenstendenz und die implizite Vertrauenstheorie. Die Vertrauenstendenz umschreibt die individuelle Einschätzung, ob Vertrauen in einem bestimmten Lebensbereich überhaupt möglich ist – unabhängig davon, ob Vertrauen in diesem Lebensbereich jemals erlebt wurde. Empirische Befunde zeigen, dass die Vertrauenstendenz mit zunehmender Entfernung vom sozialen Nahraum (Familie, Freundeskreis) abnimmt (Schweer, 1996). Die implizite Vertrauenstheorie umfasst die normativen Erwartungen, die ein Individuum an ein anderes stellt, um dieses als vertrauenswürdig beurteilen zu können; sie beinhaltet also die subjektiven Vorstellungen darüber, wie ein Individuum oder ein soziales System sein sollte, damit man ihm vertrauen kann. Analog zur Vertrauenstendenz sind auch die impliziten Vertrauenstheorien bereichsspezifisch. Die Bereichsspezifität steht hierbei in engem Zusammenhang zu den jeweiligen konkreten situativen Variablen: Für die Lehrer-Schüler-Beziehung beispielsweise (sofern geschlechtsneutrale Formulierungen sprachlich nicht möglich sind, wird aus Gründen der Lesbarkeit im Folgenden jeweils die männliche Form verwendet) sind diese Variablen die asymmetrische Beziehungsstruktur – also die ungleiche Verteilung formaler Macht –, die relative Beziehungsdauer, die mangelnde Freiwilligkeit und die eingeschränkte Möglichkeit zur offenen Kommunikation (Schweer, 1997a). Wird nun vor dem Hintergrund spezifischer situativer Variablen ein Interaktionspartner im Hinblick auf seine Vertrauenswürdigkeit beurteilt, wird er anhand der impliziten Vertrauenstheorie des Beurteilenden „bewertet". Fällt der Vergleich positiv aus (Vertrauenskonkordanz), kann Vertrauen gedeihen,

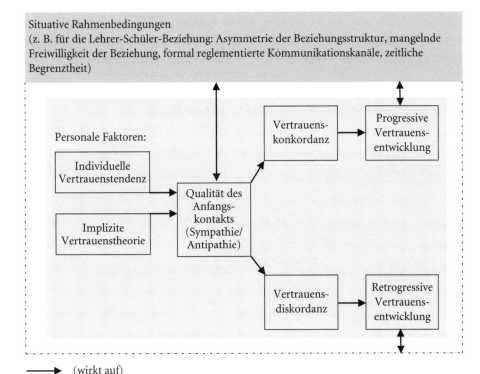

→ (wirkt auf)
↔ (positive bzw. negative Wahrnehmungsverschiebungen durch subjektive Informationsverarbeitungsprozesse)

Abbildung 8.1. Die differentielle Vertrauenstheorie umfasst personale und situative Variablen. Bei den personalen Faktoren handelt es sich um die individuelle Vertrauenstendenz (die Einschätzung, ob Vertrauen in einem bestimmten Lebensbereich überhaupt möglich ist) und die implizite Vertrauenstheorie (die individuellen normativen Erwartungen, wie ein Interaktionspartner sein sollte, damit man ihm Vertrauen entgegenbringen kann). Zu den situativen Faktoren beispielsweise in der Lehrer-Schüler-Beziehung zählt die Asymmetrie der Beziehungsstruktur (Machtgefälle), die mangelnde Freiwilligkeit der Beziehung, die formalen Kommunikationsstrukturen und die von außen vorgegebene zeitliche Begrenztheit der Beziehung. Treffen nun Lehrer und Schüler aufeinander, resultiert ein erster Eindruck des jeweils anderen. Ist dieser günstig, werden auch die situativen Rahmenbedingungen positiver wahrgenommen. Der Interaktionspartner wird nun mit den Bestandteilen der impliziten Vertrauenstheorie verglichen. Fällt der Vergleich positiv aus, resultiert Vertrauenskonkordanz; eine progressive Vertrauensentwicklung entsteht, was wiederum die positivere Wahrnehmung der situativen Rahmenbedingungen festigt

fällt er negativ aus (Vertrauensdiskordanz), entsteht kein Vertrauen. Die weiteren Interaktionssequenzen gestalten sich dann in Abhängigkeit von der ersten Interaktionssequenz, nehmen also einen pro- oder retrogressiven Verlauf, welcher auch mit einer positiven bzw. negativen emotionalen Bewertung des Interaktionspartners verbunden ist. Der Anfangskontakt ist also entscheidend für die

Geschichte einer sozialen Beziehung, da die weiteren Wahrnehmungs- und Informationsverarbeitungsprozesse meist der Bestätigung des ersten Eindrucks dienen (zu allgemeinen Aspekten sozialer Wahrnehmung s. Rosemann & Kerres, 1986).

Implizite Vertrauenstheorien in verschiedenen Lebensbereichen

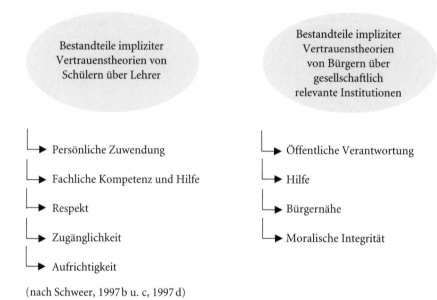

(nach Schweer, 1997b u. c, 1997d)

Abbildung 8.2. Die impliziten Vertrauenstheorien variieren interindividuell erheblich, allerdings lassen sich für verschiedene Lebensbereiche Urteilsdimensionen empirisch ermitteln, anhand derer die Vertrauenswürdigkeit eingeschätzt wird. Diese Erwartungen finden sich in allen impliziten Vertrauenstheorien wieder, können allerdings interindividuell unterschiedlich wichtig sein. Gleichzeitig lassen die vorliegenden Befunde zu den impliziten Vertrauenstheorien aber auch erkennen, dass Vertrauensbeziehungen in den wenigsten Lebensbereichen hochemotional sind

Merkmale des Vertrauens

Ungeachtet der divergierenden Konnotationen, welche dem Konstrukt „Vertrauen" zugeschrieben werden, herrscht weitestgehender Konsens über drei dem Vertrauen zugeschriebene Merkmale: Zeit, Risiko, Reziprozität (Schweer, 1996; s. a. Petermann, 1996).

Zeit. Das Entstehen von Vertrauen bedarf einer gewissen Beziehungsdauer. So ist es zwar möglich, bereits zu Beziehungsbeginn einen Vertrauensvorschuss zu gewähren, tatsächlich erlebtes Vertrauen entsteht aber „nach dem Prinzip der kleinen Schritte" (Neidhardt, 1979): Die Interaktionspartner testen gegenseitig ihre Vertrauenswürdigkeit. Dies geschieht beispielsweise bei der Entstehung von

Freundschaften oder intimen Partnerschaften, deren Intensität sich im Zuge einer allmählichen gegenseitigen Annäherung und Selbstöffnung steigert. Unter besonderer Berücksichtigung der Interaktionsgeschichte sind einige Autoren der Frage nachgegangen, ob Vertrauensbeziehungen über die Zeit hinweg qualitativ voneinander unterscheidbare Stufen durchlaufen. So legen etwa Boon und Holmes (1991) ein Stufenmodell für partnerschaftliche Beziehungen vor: Nach einer ersten romantischen bzw. stark emotional getönten Phase erreicht die Partnerschaft ein Stadium, das sich vor allem durch gegenseitige Bewertungen auszeichnet. Erst auf dieser Stufe sprechen die Autoren von Vertrauen als einem zentralen Beziehungsfaktor. Es stabilisiert sich im folgenden Stadium der gegenseitigen Anpassung; die Beziehung ist stabil und hält einer Vielzahl von Bedrohungen stand. Ähnlich ist das Modell von Shapiro, Sheppard und Charaskin (1992) für Geschäftsbeziehungen konzipiert; denn auch hier werden drei Stufen voneinander unterschieden: Zunächst befinden sich geschäftliche Beziehungen im Stadium des kalkulatorischen Vertrauens („stable calculus-based trust") und basieren primär auf Kosten-Nutzen-Überzeugungen. Nach einer gewissen Beziehungsdauer entsteht dann das Stadium des wissensbasierten Vertrauens („stable knowledge-based trust"): Aufgrund vorangegangener positiver Erfahrungen mit dem Geschäftspartner lässt sich dessen Verhalten entsprechend günstig vorhersagen. Schließlich ist noch das Erreichen einer dritten Stufe möglich, das Stadium des identifikatorischen Vertrauens („stable identification-based trust"). Diese Stufe wird nur in wenigen Geschäftsbeziehungen erreicht. Sie zeichnet sich dadurch aus, dass Werte und Normen übereinstimmen und dass gemeinsam und für den anderen agiert wird, z. B., indem gemeinsame Produkte entwickelt oder Produkte gemeinsam beworben und vertrieben werden.

Allen Stufenmodellen gemeinsam ist der Versuch, allgemein gültige Aussagen über den zeitlichen Verlauf von Vertrauensbeziehungen zu treffen. Hierbei ist allerdings zu beachten, dass die Bedeutung von Vertrauen und dessen Ausgestaltung in verschiedenen Beziehungsformen auch kulturell geprägt, d. h. durch gesellschaftliche Werte, Normen und Rituale kanalisiert wird. Für Geschäftsbeziehungen bringen Lewicki und Bunker (1995) dieses Phänomen wie folgt auf den Punkt: „Amerikaner tendieren dazu, Geschäftsbeziehungen als eine Reihe von kurzen Verabredungen zu konstruieren, während Geschäftsbeziehungen für Japaner einer Heirat gleichkommen" (S. 151, Übers. Schweer & Thies).

Risiko. Vertrauen zu entwickeln kostet nicht nur Zeit, es ist stets auch mit dem Risiko verbunden, enttäuscht zu werden (s. a. Boon & Holmes, 1991). Das Risiko ist hierbei in der Regel größer als der Nutzen, den der Vertrauende hat, wenn sein Vertrauen nicht enttäuscht wird; von daher spricht etwa McGregor auch vom Wunschdenken (1938). Formal betrachtet, ist das Gewähren von Vertrauen

1 Vertrauen – ein vielschichtiges Konstrukt

irrational: Nach sachlicher Abwägung müsste man sich in den meisten Fällen gegen das Gewähren von Vertrauen entscheiden. Vertrauen geht also immer auch mit einer psychologischen Risikominimierung einher; objektiv betrachtet, steigt das Risiko. Unter dieser Perspektive sind die aus dem Alltagsleben bekannten Phänomene, dass z. B. zwei Fremde auf einer Reise sehr offen über ihr Privatleben sprechen, keine Vertrauenshandlungen, da die Risikokomponente fehlt: Die Wahrscheinlichkeit, einander erneut zu begegnen und im Alltag miteinander interagieren zu müssen, ist äußerst gering.

Reziprozität. Ein weiteres zentrales Merkmal des Vertrauens ist die Reziprozität: Der Vertrauende erwartet, dass sein Interaktionspartner ebenfalls Vertrauen investiert (Norm der Reziprozität, s. a. Gouldner, 1984). Die entsprechende Dekodierung bzw. Entschlüsselung von Vertrauen, also das Erkennen, dass der Interaktionspartner ebenfalls Vertrauen investiert, kann auf der interaktionalen Ebene letztendlich nur über realisierte Vertrauenshandlungen erfolgen: Wenn der Interaktionspartner beispielsweise persönliche Dinge preisgibt, die ihm zum Schaden gereichen könnten, lässt sich dies als Vertrauenshandlung auffassen, weil er damit sein Vertrauen zeigt. In so genannten symmetrischen Beziehungen wie etwa Partnerschaften oder Freundschaften wird Vertrauen vielfach über Vertrauenshandlungen realisiert und gefestigt, auf professionelle Beziehungen lässt sich dies allerdings nicht direkt übertragen. So zeigen empirische Befunde zur asymmetrischen Lehrer-Schüler-Beziehung, dass hier vielfach insofern Dekodierungsprobleme entstehen, als ein großer Teil der Schüler nicht erkennt, ob der Lehrer Vertrauen investiert. Auch Lehrer verkennen oftmals das Vertrauen, das ihre Schüler ihnen entgegenbringen: Zum einen unterliegt ein Schüler, der aufgrund des erlebten Vertrauens eine Vertrauenshandlung realisiert, oftmals dem Strategieverdacht (s. a. Schweer, 1996), zum anderen realisieren auch vertrauende Interaktionspartner nur dann eine Vertrauenshandlung, wenn hierzu ein konkreter Anlass besteht (etwa das Bedürfnis, sich jemandem anzuvertrauen, die Notwendigkeit, jemanden um Hilfe zu bitten usw.). Das beim anderen wahrgenommene Vertrauen hängt also von der Intensität des eigenen Vertrauenserlebens ab. Die tatsächliche Vertrauensintensität beider Personen divergiert allerdings oftmals erheblich (u. a. Thies, 2002a). Eine nähere Betrachtung der Reziprozität rückt ferner die Bedeutung eines weiteren terminologischen Unterschiedes in den Blick, nämlich die Abgrenzung des personalen vom systemischen Vertrauen (s. a. Schweer & Thies, 2003). Anders als beim personalen Vertrauen, also dem Vertrauen in einen konkreten Interaktionspartner, ist es im Falle des systemischen Vertrauens, also des Vertrauens in eine Organisation oder Institution (z. B. eine Partei, die Gesellschaft, die Kirche), schwieriger, Reziprozität zu erreichen, da eine Organisation oder Institution eine Vertrauenshandlung gegenüber einer einzelnen Person nur schwer realisieren kann (in der Regel gelingt dies nur über vertrauenswürdige Repräsentanten).

2 Die Relevanz von Vertrauen in verschiedenen Lebensbereichen

Wie Vertrauen bzw. einzelne Facetten des Vertrauens sich auswirken, ist inzwischen für eine Vielzahl von Lebensbereichen empirisch untersucht worden. Den entsprechenden Befunden zufolge geht erlebtes Vertrauen mit einer Reihe weiterer positiver Effekte einher. So weisen entwicklungs- und differentialpsychologisch orientierte Arbeiten unterschiedlichster wissenschaftstheoretischer Couleur auf enge Zusammenhänge zwischen erlebtem Vertrauen und der Persönlichkeitsentwicklung hin (v. a. Erikson, 1977). Die Fähigkeit zu vertrauen hängt mit der Ausprägung des Selbstvertrauens und damit auch mit der Identitätsentwicklung zusammen (u. a. Amagai, 1997). Vertrauen korreliert mit einer optimistischen Lebenseinstellung, was wiederum zu physischem und psychischem Wohlbefinden führt (Eisner, 1995). Diese exemplarisch herausgegriffenen Arbeiten beschäftigen sich vor allem mit der individuellen Entwicklung und der psychologischen Konstitution. Im Folgenden soll es nun um zwei Lebensbereiche gehen, zu denen bereits intensiv geforscht worden ist, nämlich die Schule und das Berufsleben.

Vertrauen im Kontext Schule

Bereits seit der Antike gilt das Vertrauen zwischen Erzieher und Zögling als zentrales Fundament von Erziehung und Bildung (für einen Überblick über pädagogische Zugänge zur Lehrer-Schüler-Beziehung s. Giesecke, 1997). Dies gilt vor allem für normative Pädagogiken, wie sie etwa bei Pestalozzi oder auch in der Reformpädagogik, insbesondere bei Nohl, zu finden sind. Im Rahmen der Pädagogik gab und gibt es aber auch immer Stimmen, die sich kritisch über das Vertrauen äußern: Vertrauen habe einen stark affektiven Charakter. Es lasse deshalb professionelles Handeln des Lehrers nicht zu und ersticke die Autonomiebestrebungen der zu Erziehenden im Keim. Gerade im Rahmen der Professionalisierungsdebatte innerhalb der Pädagogik standen viele Pädagogen dem Vertrauen äußerst skeptisch gegenüber (s. zusammenfassend Uhle, 1997). Erst in jüngerer Zeit betonen Pädagogen, vor allem solche, die in humanistischer Tradition stehen, wieder vermehrt die Relevanz von Vertrauen für Erziehung und Bildung (u. a. Potschka, 1988 u. 1996; Weinhold, 1988).

Leistungsklima. Empirische Befunde zum Vertrauen zwischen Lehrern und Schülern verweisen einhellig auf die positiven Konsequenzen erlebten Schülervertrauens, vor allem aber verdeutlichen sie, dass Vertrauen keine rein klimatische Variable darstellt, sondern auch das Leistungsverhalten der Schüler beeinflusst: Vertrauen geht mit einer insgesamt positiveren Wahrnehmung der Unterrichtssituation einher, die Schüler sind zufriedener mit dem Unterricht, dem Lehrer und der Schule, sie sind davon überzeugt, sich mehr anzustrengen, und halten sich für besonders motiviert (Schweer, 1997b u. c). Darüber hinaus kann erlebtes Vertrauen zu einer Steigerung des Interesses führen und ist mit höherer Angstfreiheit der Schüler verbunden (Thies, 2002b). Da Leistung komplex determiniert ist, führt Vertrauen natürlich nicht zwangsläufig zu Bestleistungen (dies hieße die Fähigkeitskomponente in der Persönlichkeitsstruktur zu vernachlässigen). Die bisher vorliegenden Befunde deuten aber darauf hin, dass Vertrauen zu einem optimalen Leistungsklima und somit zumindest zu individuellen Leistungssteigerungen im Rahmen des jeweils vorhandenen Leistungspotentials führen kann. Bisher liegt im Übrigen keine Untersuchung vor, die nachweist, dass vertrauende Schüler weniger Leistung erbringen, da sie z. B. auf die Milde des Lehrers setzen – gleichwohl sind einzelne Lehrer von diesem pädagogisch ungünstigen Zusammenhang überzeugt (Thies, 2002b). Die Betrachtung vertrauensvoller Beziehungen zwischen je einem Lehrer und einem Schüler zeigt, dass sich die Schüler in wechselseitig gelungenen Vertrauensbeziehungen (in denen also sowohl der Lehrer als auch der Schüler ein hohes Maß an Vertrauen in den jeweils anderen investiert) selbst für leistungsstark und engagiert halten und auch eine entsprechend günstige Lehrerbeurteilung erhalten. In wechselseitig misslungenen Vertrauensbeziehungen hingegen werden die Schüler von den Lehrern als schlecht und häufig den Unterricht störend beschrieben – die Schüler teilen diese Einschätzungen nicht. Möglicherweise hängt das Vertrauenserleben der Lehrer also auch von der Leistungsfähigkeit und Anstrengungsbereitschaft ab, die sie bei ihren Schülern wahrnehmen.

Arbeitszufriedenheit der Lehrer. Betrachtet man nun die Lehrerperspektive, zeigt sich, dass eine zufrieden stellende Beziehung zwischen Lehrern und Schülern auch positive Effekte auf die Lehrer hat. Darüber hinaus lassen die im Folgenden skizzierten Befunde indirekt auf die Relevanz des Vertrauens für die Lehrer schließen: So zeigten Studien zur Arbeitszufriedenheit von Lehrern wiederholt, dass die Qualität der Lehrer-Schüler-Beziehung über die Arbeitszufriedenheit von Lehrern entscheidet (u. a. Rudow, 1994). Ein direkter negativer Zusammenhang ergibt sich aus der Betrachtung wissenschaftlicher Erkenntnisse zum Burn-out bei Lehrern. Das Burn-out-Syndrom manifestiert sich im Laufe mehrerer Jahre und umschreibt die primär beruflich bedingte psychische Verfassung des

„Ausgebranntseins". Als Hauptaspekte des Burn-out-Syndroms werden beschrieben: Dehumanisierung (Schüler werden zunehmend als Objekte wahrgenommen und behandelt), subjektiv reduzierte Leistungsfähigkeit und emotionale Erschöpfung (Barth, 1997). Eine negative Beziehung zu den eigenen Schülern gilt als wichtigster Faktor bei der Entstehung des Burn-out-Syndroms; in dieser Hinsicht resümiert Barth (1997, S. 232): „Die Belastung durch die Schüler trägt eindeutig am meisten zum Ausbrennen von Lehrern bei."

Vertrauen im Berufsleben
Auch für den Alltag in anderen Berufen ist Vertrauen eine entscheidende strukturierende Variable. Im Rahmen organisationspsychologischer Analysen ist vor allem das Vertrauen zwischen Vorgesetzten und Mitarbeitern untersucht worden (u. a. Bierhoff, 1995; Neubauer, 1990; s. a. Schweer, 1998). Eher betriebswirtschaftliche Analysen konzentrieren sich auf die durch Vertrauen eingesparten Kosten in einem Unternehmen (u. a. Beckert, Metzner & Roehl, 1998; Ripperger, 1998). Graeff (1998) sieht organisationales Vertrauen als globale Überzeugung („global belief") im Sinne eines wechselseitigen Austauschprozesses zwischen der Organisation und dem Mitarbeiter (wobei die Organisation in der Regel durch den Vorgesetzten repräsentiert wird). Vertrauen führt nach Graeff und einer Reihe weiterer Autoren (u. a. Butler & Cantrell, 1994; Kramer, 1999; s. a. die viel beachtete Untersuchung von Zand, 1977) zu einer Reihe von positiven Effekten: Die Autoren stellen fest, dass sich Arbeitsmotivation und -zufriedenheit erhöhen, dass die Arbeitsabläufe effizienter werden, dass sich die Mitarbeiter stärker mit dem Unternehmen identifizieren und dass sich die Kommunikationsabläufe verbessern, vor allem dadurch, dass Informationen offener und ungefilterter weitergegeben werden. Ergänzend ermitteln Ryan und Oestreich (1998) in einer empirischen Studie, dass 70 Prozent der Befragten (Mitarbeiter verschiedener Hierarchieebenen) die Dinge, von denen sie glauben, dass sie eigentlich angesprochen werden müssten, nicht ansprechen – aus Angst vor negativen Konsequenzen. Vertrauen stellt von daher gerade in Zeiten gesellschaftlichen und organisationalen Wandels einen immensen Innovationsvorteil dar (u. a. Auhagen, 2002; Schweer & Thies, 1999 u. 2003). Die anstehenden Veränderungen gehen zunächst mit einer doppelten psychologischen Unsicherheit einher: Ein Ende des Wandlungsprozesses ist weder abzusehen, noch ist ein endgültiger Zustand (im Sinne eines Zielzustands) überhaupt vorstellbar. Graeff (1998) sieht im Vertrauen der Mitarbeiter in ihr Unternehmen einen entscheidenden Faktor, welcher das Unternehmen davor bewahrt, unter der Last der Veränderungen zusammenzubrechen.

3 Möglichkeiten der Vertrauensförderung

Zunächst einmal muss in aller Deutlichkeit festgehalten werden, dass es kein Patentrezept zum Aufbau vertrauensvoller Beziehungen gibt. Vertrauen bedarf zunächst der Selbstreflexion: Was versteht der Einzelne unter Vertrauen, welche Erwartungen hat er an eine vertrauensvolle Beziehung, und bis zu welchem Grad ist er überhaupt bereit zu vertrauen bzw. welche Vertrauenshandlungen ist er prinzipiell bereit vorzunehmen? Bei der Interaktion als solcher geht es als Erstes einmal darum, die eigene Vertrauenswürdigkeit sicherzustellen.

Förderung interpersonalen Vertrauens
Für die Lehrer-Schüler-Beziehung bietet sich die Orientierung an den oben beschriebenen Dimensionen vertrauensfördernden Lehrerverhaltens an (persönliche Zuwendung, fachliche Kompetenz und Hilfe, Respekt, Zugänglichkeit und Aufrichtigkeit). Wenngleich natürlich nicht für jeden Schüler alle Dimensionen gleich wichtig sind, stellen sie doch eine Basis dar, die zumindest die Wahrscheinlichkeit einer positiven Vertrauensentwicklung erhöht. In einer bereits angesprochenen empirischen Untersuchung (Thies, 2002b) werden Lehrer, denen die Schüler ein hohes Maß an Vertrauen entgegenbringen, durch die folgenden vier Dimensionen beschrieben:
(1) vertrauensförderndes Interaktionsverhalten (der Lehrer hält Versprechen ein, nimmt die Schüler ernst etc.),
(2) vertrauensförderndes Lehrverhalten (der Lehrer gibt Fehler zu, benotet gerecht etc.),
(3) Signalisieren von Sicherheit (z. B., dass der Lehrer einen Schüler niemals bloßstellen würde),
(4) konkrete Vertrauensvorleistungen.
Gerade der letzte Punkt ist entscheidend für den Aufbau von Vertrauen in asymmetrischen Beziehungen: Der Ranghöhere, also der Lehrer oder der Vorgesetzte, muss aufgrund seiner größeren Machtressourcen den ersten Schritt zum Aufbau einer vertrauensvollen Beziehung machen (Schweer, 1998; Whitener et al., 1998) und kann dann gleichzeitig als vertrauenswürdiges Modell fungieren (s. bereits Bandura, 1979). Selbstverständlich kann die Orientierung an den eben aufgezeigten empirisch fundierten vertrauensfördernden Dimensionen auch in anderen Lebensbereichen zu zufrieden stellenden Interaktionsbeziehungen führen.

Vertrauen als Organisationsprinzip
Von zentraler Bedeutung ist, dass sich nur derjenige um Vertrauensbeziehungen bemühen sollte, der von deren Sinnhaftigkeit auch ehrlich überzeugt ist. Der

Einsatz von Vertrauen als strategisches Mittel kann langfristig nicht funktionieren – weder im zwischenmenschlichen Bereich noch bei der Gestaltung komplexer sozialer Systeme. Will man Vertrauen als Organisationsprinzip nutzen, muss Vertrauen auf allen Systemebenen aufgebaut werden; die Organisation insgesamt muss auf der Basis von Vertrauen funktionieren. Um die Beurteilung der Vertrauenswürdigkeit überhaupt erst zu ermöglichen (s. a. Schweer & Thies, 2003), sind Kommunikation und Transparenz nach innen und außen wichtig. Eine Organisation, die sich auf der Grundlage inhaltlicher Kriterien als vertrauenswürdig erweisen möchte, kann sich an den von Nieder (1997) aufgestellten Merkmalen einer Vertrauensorganisation orientieren: Eine Vertrauensorganisation ist ein offenes, dynamisches System, welches den einzelnen Mitarbeitern ein vergleichsweise hohes Maß an Autonomie, Handlungsfreiheit und Partizipation einräumt. Kurze, informelle Kommunikationswege sind ausdrücklich erwünscht, das Menschenbild ist gleichermaßen positiv und handlungsorientiert, den Mitarbeitern werden Motivation, Kompetenz und Eigenverantwortung zugebilligt.

Kriterien für Vertrauenswürdigkeit. Es ist prinzipiell unmöglich, die Vertrauenswürdigkeit einer Organisation von außen umfassend zu beurteilen. Dennoch gibt es bestimmte Beurteilungskriterien. Empirische Studien zeigen, dass folgende Aspekte bei der Einschätzung der Vertrauenswürdigkeit zentral sind: die Orientierung an ethisch-moralischen Grundsätzen bzw. Standards, wie sie etwa in Leitbildern oder -ideen formuliert werden (Hosmer, 1995; Preisendörfer, 1995), sowie die Sicherstellung von Verteilungsgerechtigkeit, also eine sowohl transparente als auch als gerecht erlebte Verteilung von materiellen und immateriellen Gütern. Zentral sind hierbei die Vergabe von Gratifikationen, Aufstiegschancen, Arbeitszuweisungen, aber auch Anerkennung und persönlicher Kontakt, z. B. im Zuge informeller Gespräche, die das Interesse am jeweils anderen signalisieren. Die wahrgenommene Verteilungsgerechtigkeit ist eine zentrale Determinante des Vertrauensurteils. Dies gilt vor allem dann, wenn die Vertrauenswürdigkeit als solche zunächst nicht prüfbar ist, da Informationen fehlen (van den Bos et al., 1998; Pearce et al., 1998). Damit Vertrauen in eine Organisation entstehen kann, muss die „Vertrauenskultur" also nicht nur transparent, sondern auch sachlich vermittelt werden. So muss z. B. der Vorgesetzte zunächst wissen, dass Vertrauen sich nicht nur für den Mitarbeiter, sondern auch für ihn selbst und das Unternehmen lohnt. Ein Lehrer muss wissen, dass das Vertrauen der Schüler nicht automatisch bedeutet, dass er auf die Kontrolle des Unterrichts verzichten muss usw. Etwaige Ängste, aber auch unrealistische Vorstellungen (etwa die, dass Vertrauen zwangsläufig zu hochemotionalen Beziehungen führt), müssen den Beteiligten z. B. im Rahmen von Fortbildungen genommen werden.

3 Möglichkeiten der Vertrauensförderung

4 Ausblick

Vertrauen ist ein wichtiges Element menschlichen Erlebens und Verhaltens in einer immer komplexer werdenden Welt. Vertrauen kann diese Komplexität erheblich reduzieren – nicht nur in der direkten zwischenmenschlichen Interaktion, sondern auch im Umgang mit Organisationen und Institutionen sowie auf der Ebene globaler sozialer Systeme. Auf der psychologischen Ebene befriedigt Vertrauen die vielfach stark ausgeprägten Sicherheits- und Kontrollbedürfnisse des Individuums und ist mit positiven Emotionen verbunden, welche die Zufriedenheit mit der sozialen Interaktion erhöhen. Natürlich sind auch andere Mechanismen zur Komplexitätsreduktion und Handlungskontrolle denkbar, im extremsten Fall der nahezu völlige Verzicht auf Vertrauen. Dies würde allerdings auch bedeuten, nahezu völlig auf zwischenmenschliche Beziehungen zu verzichten, und damit der Natur des Menschen als sozialem Wesen widersprechen. Der Verzicht auf Vertrauen mag zwar vor Enttäuschungen schützen, ist aber mit hohen psychologischen Kosten verbunden: Die – wenn auch, rational betrachtet, immer nur vermeintliche – mit dem Vertrauen verbundene Sicherheit führt zu Zufriedenheit und Wohlbefinden. Von daher erscheint es unabdingbar, Vertrauen zu fördern und zu investieren, um auf diese Weise die Qualität von Interaktionen zu erhöhen, sei es als Vorgesetzter, als Lehrer oder auch im privaten Kontext.

Zitierte Literatur

Amagai, Y. (1997). The effects of trust on self-esteem: The developmental changes in lifelong stages. Japanese Journal of Counseling Science, 30, 103–111.

Auhagen, A. E. (2002). Psycho-soziale Faktoren von Innovation. Gruppendynamik und Organisationsberatung. Zeitschrift für Angewandte Sozialpsychologie, 33, 311–337.

Bandura, A. (1979). Sozial-kognitive Lerntheorie. Stuttgart: Klett-Cotta.

Barth, A.-R. (1997). Burn-Out bei Lehrern. Göttingen: Hogrefe.

Beckert, J., Metzner, A. & Roehl, H. (1998). Vertrauenserosion als organisatorische Gefahr und wie ihr zu begegnen ist. Organisationsentwicklung, 3, 56–66.

Bierhoff, H. W. (1995). Vertrauen in Führungs- und Kooperationsbeziehungen. In A. Kieser, G. Reber & R. Wunderer (Hrsg.), Handwörterbuch der Führung (S. 2148–2158). Stuttgart: Schäffer-Pöschel.

Boon, S. D. & Holmes, J. G. (1991). The dynamics of interpersonal trust: Resolving uncertainty in the face of risk. In R. A. Hinde & J. Groebel (Eds.), Cooperation and prosocial behaviour (pp. 190–211). Cambridge: Cambridge University Press.

Butler, J.-K. & Cantrell, R. S (1994). Communication factors and trust. An exploratory study. Psychological Reports, 74, 33–39.

Citrin, J. & Muste, C. (1999). Trust in government. In J. P. Robinson, P. R. Shaver & L. S. Wrightsman (Eds.), Measures of political attitudes. Measures of social psychological attitudes. Vol. 2 (pp. 465–532). San Diego: Academic Press.

Deutsch, M. (1962). Cooperation and trust: Some theoretical notes. In Nebraska

Symposium on motivation (pp. 275–319). Nebraska: University of Nebraska Press.

Eisner, J. P. (1995). The origins of explanatory style: Trust as a determinant of optimism and pessimism. In B. G. McClellan & M. E. P. Seligman (Eds.), Explanatory style (pp. 49–55). Hillsdale, N.Y.: Erlbaum.

Erikson, E. H. (1977). Identität und Lebenszyklus. Frankfurt a. M.: Suhrkamp.

Erwägen Wissen Ethik (EWE, 2003). Fünfte Diskussionseinheit, 14 (2), 323–389.

Giesecke, H. (1997). Die pädagogische Beziehung. Pädagogische Professionalität und die Emanzipation des Kindes. Weinheim: Juventa.

Gouldner, A. W. (1984). Reziprozität und Autonomie. Frankfurt a. M.: Suhrkamp.

Graeff, P. (1998). Vertrauen zum Vorgesetzten und zum Unternehmen. Modellentwicklung und empirische Überprüfung verschiedener Arten des Vertrauens, deren Determinanten und Wirkungen bei Beschäftigten in Wirtschaftsunternehmen. Berlin: Wissenschaftlicher Verlag.

Hosmer, L. T. (1995). Trust: The connecting link between organizational theory and philosophical ethics. Academy of Management Journal, 20, 379–403.

Kramer, R. M. (1999). Trust and distrust in organizations: Emerging perspectives, enduring questions. Annual Review of Psychology, 50, 569–598.

Lewicki, R. J. & Bunker, B. B. (1995). Trust in relationships. A model of development and decline. In B. B. Bunker & J. Z. Rubin (Eds.), Conflict, cooperation, and justice. Essays inspired by the work of Morton Deutsch (pp. 133–173). San Francisco: Jossey-Bass.

Luhmann, N. (1968/1989). Vertrauen. Stuttgart: Enke.

McGregor, D. (1938). The major determinants of the prediction of social events. Journal of Abnormal and Social Psychology, 33, 179–204.

Neidhardt, F. (1979). Das innere System sozialer Gruppen. Kölner Zeitschrift für Soziologie und Sozialpsychologie, 31, 611–638.

Neubauer, W. F. (1990). Vertrauen zwischen Vorgesetzten und Mitarbeitern – eine Illusion? In S. Höfling & W. Butollo (Hrsg.), Bericht über den 15. Kongreß für Angewandte Psychologie. Psychologie für Menschenwürde und Lebensqualität. Bd. 2 (S. 117–121). Bonn: Deutscher Psychologen Verlag.

Nieder, P. (1997). Erfolg durch Vertrauen. Abschied vom Management des Mißtrauens. Wiesbaden: Gabler.

Pearce, J. L., Bigley, G. A. & Branyiczki, I. (1998). Procedural justice as modernism: Placing industrial/organizational psychology in context. Applied Psychology: An International Review, 47, 371–396.

Petermann, F. (1996). Psychologie des Vertrauens. Göttingen: Hogrefe.

Potschka, H. (1988). Vertrauen und pädagogisches Verhältnis. Pädagogische Welt, 9, 386–391.

Potschka, H. (1996). Pädagogische Verantwortung: Zentrale schulpädagogische Aufgabenbereiche. Bad Heilbrunn: Klinkhardt.

Preisendörfer, P. (1995). Vertrauen als soziologische Kategorie. Möglichkeiten und Grenzen einer entscheidungstheoretischen Fundierung des Vertrauenskonzepts. Zeitschrift für Soziologie, 24, 263–272.

Ripperger, T. (1998). Ökonomik des Vertrauens. Analyse eines Organisationsprinzips. Tübingen: Mohr Siebeck.

Rosemann, B. & Kerres, M. (1986). Interpersonales Wahrnehmen und Verstehen. Bern: Huber.

Rosenberg, M. J. & Hovland, C. I. (1960). Cognitive, affective, and behavioral components of attitudes. In M. J. Rosenberg et al. (Eds.), Attitude organization and change (pp. 1–14). New Haven: Yale University Press.

Rotter, J. B. (1981). Vertrauen. Psychologie Heute, 8 (3), 23–29.

Rudow, B. (1994). Die Arbeit des Lehrers: Zur Psychologie der Lehrertätigkeit, Lehrerbelastung und Lehrergesundheit. Bern: Huber.

Ryan, K. D. & Oestreich, D. K. (1998). Driving fear out of the workplace: Creating the high-trust, high-performance organization. San Francisco: Jossey-Bass.

Schweer, M. K. W. (1996). Vertrauen in der pädagogischen Beziehung. Bern: Huber.

Schweer, M. K. W. (1997a). Eine differentielle Theorie interpersonalen Vertrauens – Überlegungen zur Vertrauensbeziehung zwischen Lehrenden und Lernenden. Psychologie in Erziehung und Unterricht, 44, 2–12.

Schweer, M. K. W. (1997b). Bedingungen interpersonalen Vertrauens zum Lehrer: Implizite Vertrauenstheorie, Situationswahrnehmung und Vertrauensaufbau bei Schülern. Psychologie in Erziehung und Unterricht, 44, 143–151.

Schweer, M. K. W. (1997c). Interpersonales Vertrauen, Ausbildungsatmosphäre und persönlicher Lernerfolg – Eine empirische Untersuchung zu den Korrelaten erlebten Vertrauens in der pädagogischen Beziehung. Empirische Pädagogik, 11, 447–466.

Schweer, M. K. W. (1997d). Vertrauen in zentrale gesellschaftliche Institutionen. Ergebnisse einer empirischen Untersuchung bei jungen Erwachsenen. Gruppendynamik, 28, 200–210.

Schweer, M. K. W. (1998). Vertrauen – Eine Basiskomponente erfolgreicher Mitarbeiterführung. Verwaltungsrundschau, 44, 298–302.

Schweer, M. K. W. (2000). Politisches Vertrauen: Theoretische Ansätze und empirische Befunde. In M. K. W. Schweer (Hrsg.), Politische Vertrauenskrise in Deutschland: eine Bestandsaufnahme (S. 9–26). Münster: Waxmann.

Schweer, M. K. W. & Thies, B. (1999). Innovation in Organisationen – Chancen und Risiken im Rahmen organisationaler Veränderungsprozesse. Verwaltungsrundschau, 46, 19–22.

Schweer, M. K. W. & Thies, B. (2003). Vertrauen als Organisationsprinzip. Perspektiven für komplexe soziale Systeme. Bern: Huber.

Shapiro, D., Sheppard, B. H. & Charaskin, L. (1992). Business on handshake. Negotiation Journal, 8, 365–377.

Thies, B. (2002a). Vertrauen als Kernmerkmal von Schule? Empirische Befunde zur Kompatibilität des Vertrauenserlebens zwischen Lehrern und Schülern. In B. Spinath & E. Heise (Hrsg.), Pädagogische Psychologie unter gewandelten gesellschaftlichen Bedingungen. Dokumentation des 5. Dortmunder Symposions für Pädagogische Psychologie (S. 161–177). Hamburg: Kovac.

Thies, B. (2002b). Vertrauen zwischen Lehrern und Schülern. Münster: Waxmann.

Uhle, R. (1997). Vertrauen als pädagogischer Imperativ. In M. K. W. Schweer (Hrsg.), Interpersonales Vertrauen: Theorien und empirische Befunde (S. 181–202). Opladen: Leske + Budrich.

van den Bos, K., Wilke-Henk, A. M. & Lind, E. A. (1998). When do we need procedural fairness? The role of trust in authority. Journal of Personality and Social Psychology, 75, 1449–1458.

Weinhold, V. (1988). Gedanken zu der Forderung nach einer Erziehung zu Vertrauen und Verantwortungsbereitschaft. Grundschulmagazin, 7/8, 1–4.

Whitener, E. M., Brodt, S. E., Korsgaard, M. A. & Werner, J. M. (1998). Managers as initiators of trust: An exchange relationship framework for understanding managerial trustworthy behavior. Academy of Management Review, 23, 513–530.

Zand, D. E. (1977). Vertrauen und Problemlösungsverhalten von Managern. In H. E. Lück (Hrsg.), Mitleid, Vertrauen, Verantwortung. Ergebnisse der Erforschung prosozialen Verhaltens (S. 61–74). Stuttgart: Klett.

9 Verzeihen
Christian Schwennen

Als soziale Lebewesen besitzen Menschen einen starken Drang nach Zugehörigkeit – nach Bindung an einen Partner, nach engen Beziehungen (Myers, 1999). Für die meisten Personen stellt das Eingehen einer beständigen Beziehung das zentrale Ziel des Lebens dar, in welches viel Mühe und Energie investiert wird (Fletcher, 2002). Nähe, Vertrautheit und Stabilität wird in zwischenmenschlichen Beziehungen u. a. hergestellt, indem sich die Partner einander mehr und mehr öffnen (Asendorpf & Banse, 2000; Bierhoff & Grau, 1999; Tschann, 1988). Doch Selbstöffnung bedeutet zugleich Verletzbarkeit: Man macht sich angreifbar, wenn man die eigenen Bedürfnisse, Hoffnungen, Wünsche und Geheimnisse dem Partner offenbart.

Folgt man den Aussagen einer repräsentativen Befragung britischer Erwachsener, wird das Paradoxon dieser Beziehung deutlich: Auf die Frage nach dem Auslöser einer emotionalen Belastung sowie nach der Ursache für ein freudiges Ereignis am Vortag wurde jeweils die Familie genannt (Warr & Payne, 1982). Dieses Ergebnis spiegelt zwei elementare Sachverhalte des menschlichem Zusammenlebens wider: Menschen bescheren einander Glück und Harmonie, aber auch Traurigkeit und Kummer. Weil niemand von uns vollkommen ist, verletzen wir einander (Baumeister et al., 1998). Angesichts dieser Kränkungen sind negative Gefühle wie Enttäuschung und Zorn gegenüber dem Verursacher üblich. Mögliche Reaktionsweisen sind, den Betreffenden künftig zu meiden, die Beziehung zu beenden (Fincham, 2000; Kersting & Grau, 2003) oder Wünsche nach Vergeltung und Rache zu hegen (Fitness, 2001).

Auf eine Verletzung ebenfalls verletzend zu reagieren ist eine verbreitete und zugleich die rudimentärste Reaktionsweise (Black, 1998). Wir verfügen jedoch über ein weit reichhaltigeres Repertoire an Reaktionsmöglichkeiten auf interpersonale Verletzungen (Fry & Björkqvist, 1997). Eine der effektivsten Handlungsalternativen bietet das Verzeihen: Es kann emotionale Schmerzen besiegen, Glück und Wohlbefinden bescheren und Menschen wieder zueinander bringen.

Von der psychologischen Forschung wurde das Konzept des Verzeihens allerdings lange ignoriert (DiBlasio & Proctor, 1993; McCullough et al., 2000). McCullough und Kollegen stellten 1998 eine Bibliographie über empirische Studien zum Thema Verzeihen zusammen und fanden nur 46 Arbeiten. Dieser Befund lässt sie zu der ernüchternden Feststellung kommen, dass das wissenschaftliche

Verständnis des Verzeihens noch sehr eingeschränkt sei. Ein Hauptgrund für den Mangel an Interesse in den Sozial-, Verhaltens- und Gesundheitswissenschaften ist darin zu finden, dass Verzeihen traditionell einen sehr hohen Stellenwert in Religion, Theologie und Philosophie besitzt und daher diesen Disziplinen zugeschrieben wurde.

In den letzten zehn Jahren interessiert sich die Forschung jedoch zunehmend für das Konzept des zwischenmenschlichen Verzeihens: Definitionen und Erhebungsinstrumente sind entstanden, und die Grundlagen des Verzeihens wurden zum Forschungsthema. Die hohe Bedeutung dieses Konzepts für Wohlbefinden und harmonisches Miteinander wurde herausgestellt, und Interventionen wurden entwickelt, um Verzeihen zu fördern.

1 Verzeihen – was es ist und was es nicht ist

In einer Vielzahl von Definitionen wurde versucht zu spezifizieren, was unter dem Phänomen „Verzeihen" zu verstehen ist. Die Begriffsbestimmungen sind zahlreich, ihre Inhalte meist unvereinbar miteinander. Im Mittelpunkt der meisten Definitionen steht jedoch die Idee einer Veränderung, in der die Motivation, Rache zu suchen und den Übeltäter zu meiden, geringer wird und gleichzeitig eine prosoziale Orientierung gegenüber dem Verursacher zunimmt (Fincham et al., 2002). Vor diesem Hintergrund definiere ich Verzeihen wie folgt.

> **DEFINITION**
>
> **Verzeihen** ist ein inter- und intrapersonaler Prozess, der sich in einer prosozialen Veränderung von Affekt, Kognition und Verhalten gegenüber einem Übeltäter äußert. Verzeihen ist intentional, bedingungslos, nicht notwendig und geschieht nur in dem Bewusstsein, dass der Täter verantwortlich ist.

Nichtverzeihen wird von Worthington und Kollegen hingegen als eine „kalte" Emotion beschrieben, die Groll, Verbitterung, Hass, Zorn, Furcht sowie die Motivation beinhaltet, den Übeltäter zu meiden oder Vergeltung zu üben (z. B. Worthington et al., 2001). Im Folgenden werden einzelne Aspekte des Verzeihens genauer betrachtet.

Verzeihen ist inter- und intrapersonal. Verzeihen manifestiert sich in Zweierbeziehungen oder Gruppen und hat Effekte, die tief in die verzeihende Person hineinreichen. Baumeister et al. (1998) beschreiben diese als die intrapsychische

Dimension des Verzeihens: Der Prozess des Verzeihens bezieht sich jedoch nicht ausschließlich auf die verletzte Person allein, sondern ist gleichzeitig nach außen und auf eine andere Person gerichtet (vgl. Enright et al., 1992; North, 1998). Demgegenüber beschreiben Ansätze, die Selbstverzeihen (hier ist die verletzte Person selbst Gegenstand des Verzeihens) und Verzeihen gegenüber einem Dritten (z. B. der Gesellschaft, Regierung oder Situation) thematisieren, Verzeihen als einen rein intrapersonalen Vorgang (z. B. Yamhure Thompson & Snyder, 2003).

Verzeihen ist ein Prozess. Das Verb „verzeihen" ist nicht performativ, d. h., „Ich verzeihe Dir" bezeichnet keine vollzogene Handlung, sondern den Beginn eines Prozesses. Verzeihen wird auch nicht unmittelbar erreicht (Rotter, 2001): Eine Person, die die Intention besitzt, dem Adressaten zu verzeihen, fällt eine klare Entscheidung und beginnt damit einen schwierigen und langwierigen Prozess, der negative Gefühle bezwingt und wohlwollende Handlungen gegenüber dem Verursacher des Schadens beinhaltet (McCullough, 2001).

Psychotherapieansätze, die Verzeihen in ihrem Konzept berücksichtigen, gehen in der Mehrzahl ebenfalls von einem Prozess aus (z. B. DiBlasio & Proctor, 1993; Freedman & Enright, 1996; Malcom & Greenberg, 2000). Das von Enright und Fitzgibbons (2000) beschriebene Prozessmodell der Verzeihenstherapie beschreibt vier Phasen zur Erlangung körperlichen und psychischen Wohlbefindens durch Verzeihen (s. Kasten).

Das Phasenmodell der Verzeihenstherapie

Der Verzeihensprozess in der Therapie wird von Enright und Fitzgibbons (2000) als Phasenmodell beschrieben. Das Durchschreiten der insgesamt vier Phasen kann interindividuell variieren.

(1) „Phase der Aufdeckung": In dieser Phase erkennt die verletzte Person, in welcher Weise die Verletzung ihr Leben beeinträchtigt.

(2) „Entscheidungsphase": Den Kernpunkt dieser Phase bildet die Entscheidung des Klienten, dem Übeltäter zu verzeihen. Die Vorteile des Verzeihens werden dem Klienten näher gebracht und die positiven Auswirkungen eingehend beschrieben.

(3) „Arbeitsphase": Der Klient beginnt zu verstehen, dass der Täter sich nicht auf seine verletzenden Taten reduzieren lässt. Im Fokus steht nun nicht mehr der Klient und seine Verletzung, sondern der Täter. Empathie bildet in dieser Phase eine Kernvariable, deren Entwicklung viel Zeit benötigt. Der Schlüssel zum Verzeihen wird in der veränderten Sicht der gesamten Situation und der damit verbundenen Verhaltensänderung

> gesehen. Bereits zu diesem Zeitpunkt beginnt der Klient die Vorteile des Verzeihens zu erfahren, z. B. in Gestalt eines höheren Selbstwertgefühls und der Fähigkeit, ein ausgeglicheneres Leben zu führen.
>
> (4) „Tiefgründige Phase": Hat ein Klient die vierte Phase erreicht, kennt er die Vorzüge des Verzeihens und ist auch in der Lage zu verzeihen. Er hat sich von der Last des inneren Grolls befreit, sein Wohlbefinden ist stabilisiert.

Prosoziale Veränderung. Wenn der mit Rachegefühlen verbundene Blick zurück in die Vergangenheit von einer Zukunftsorientierung abgelöst wird, die Glück herstellen und den Groll besiegen soll, dann spricht Smedes (1984) von einer Veränderung, die als Verzeihen bezeichnet werden kann. Wenn eine Person verzeiht, dann verändert sich ihre Reaktion (z. B. was sie denkt, was sie fühlt, was sie unternehmen will und wie sie sich momentan verhält) gegenüber einer Person, von der sie sich verletzt oder gekränkt fühlt. Verzeihen kann daher als ein prosoziales Phänomen verstanden werden, welches sich in einer prosozialen Veränderung der Gedanken, Emotionen und Verhaltensweisen eines Opfers gegenüber einem Übeltäter äußert (McCullough & Witvliet, 2002).

Enright und die Human Development Study Group (1991) konstatieren, dass Verzeihen Systeme des Affekts, der Kognition und des Verhaltens beinhaltet. Welches der drei Systeme jeweils überwiegt, beruht, so vermutet Enright, auf unterschiedlichen kulturellen und religiösen Sichtweisen. Die jüdische Tradition beispielsweise betone eher ein Verhalten, das Verzeihen beinhalte, Christen hingegen mäßen der Änderung von Gefühlen höhere Bedeutung bei (Dorff, 1998; Marty, 1998). Verzeihen kann man im Übrigen auch Personen, zu denen kein Kontakt mehr möglich ist – z. B., weil sie verzogen oder verstorben sind. So können wohlwollende Gefühle (Affekt) und eine positive Einstellung ihnen gegenüber (Kognition) oder auch ein Besuch an ihrem Grab (Verhalten) Verzeihen widerspiegeln.

Negative und positive Dimension. Nach Fincham (2000) wird Verzeihen nicht allein dadurch erreicht, dass ein negativer motivationaler Zustand gegenüber einem Schadensverursacher aufgehoben wird: Die Überwindung von Groll, Ärger und Vergeltungswünschen stellt nur die negative von zwei Dimensionen dar (vgl. Wade, 1989). Wenn das Stadium des Verzeihens erreicht wird, hat sich ein „echter" guter Wille gegenüber dem Übeltäter entwickelt (Holmgren, 1993), welcher nicht notwendigerweise Vertrauen beinhaltet (Enright & Fitzgibbons, 2000), aber durch eine respektvolle Haltung gekennzeichnet ist (Downie, 1971). Zum Verzeihen gehört also nicht nur die Überwindung eines Vermeidungszustands und die Beseitigung von Barrieren (negative Dimension), sondern auch die motivationale Grundlage für eine Annäherung (positive Dimension; Fincham & Beach, 2002a).

Intentional, bedingungslos und nicht notwendig. Verzeihen findet im Wissen über die Verantwortlichkeit des vermeintlichen Täters (s. S. 144, Der Weg zum Verzeihen) statt. Wenn sich eine Person entscheidet, jemandem zu verzeihen, der ihr Leid zugefügt hat, verzichtet sie darauf, Zorn und Groll zu hegen. Sie verlässt die Position der moralischen Überlegenheit gegenüber dem Täter (Fincham, 2000).

Geständnisse, Beteuerungen und Entschuldigungen können Verzeihen zwar beeinflussen (North, 1987), sie stellen jedoch keine notwendigen Voraussetzungen dar: Verzeihen ist nicht an Bedingungen geknüpft (Fincham, 2000). In der säkularen westlichen Kultur erwartet man von einem Opfer nicht, dass es seinem Täter verzeiht. Eher gilt Nichtverzeihen als verständlich und die Fähigkeit zu verzeihen als etwas Bewundernswürdiges (Worthington, 2001).

Was Verzeihen nicht ist

Darüber, was Verzeihen *nicht* ist, besteht ein genereller Konsens (vgl. die folgende Übersicht im Kasten). Obwohl auch Verzeihen ein beziehungsstärkendes Potential besitzt, wird es von Versöhnung und Wiedervereinigung unterschieden. Versöhnen beinhaltet die Wiederherstellung von verletztem Vertrauen und benötigt den guten Willen beider Partner. Daher schließt Versöhnung Verzeihen ein, aber Verzeihen muss nicht notwendigerweise Versöhnung beinhalten. Ähnlich ist es bei der Wiedervereinigung: Hat die Verletzung zur Beendigung einer Beziehung geführt, kann Verzeihen zur Wiedervereinigung führen, aber Wiedervereinigung setzt, im Gegensatz zur Versöhnung, kein Verzeihen voraus. Partner können sich aus vielen Gründen, z. B. aus Einsamkeit oder wegen finanzieller Probleme, wieder zusammenfinden.

Was Verzeihen nicht ist	
Vergessen	Verzeihen bezieht sich auf einen bedeutungsvollen Schaden – ein trivialer Schaden wird vergessen. Wenn wir verzeihen, vergessen wir nicht, sondern wir erinnern uns auf eine andere Art und Weise.
Nachsicht	Nachsicht üben beinhaltet, die Verantwortlichkeit zu hinterfragen. Wenn wir verstehen, wie es zu der Tat kam, besteht noch kein Grund, sie auch zu verzeihen. Verzeihen wird einer Person nur, wenn sie für schuldig gehalten wird.

Akzeptanz	Akzeptanz impliziert, dass eine Änderung auf Seiten des Schadenverursachers nicht (mehr) notwendig ist. Wenn das verletzende Vergehen (nicht die Person) akzeptiert wird, ist Verzeihen nicht länger notwendig.
Billigung	Wird eine Verletzung gebilligt, kann sie negative Gefühle und Gedanken hinterlassen, die beim Verzeihen eines Schadens überwunden werden.
Begnadigung	Der Akt der Begnadigung ist Institutionen vorbehalten. Straferlass ist ohne Verzeihen möglich, ebenso wie Verzeihen ohne Strafnachlass.
Verleugnen	Verleugnen impliziert das Unvermögen oder den mangelnden Willen, eine Verletzung als solche wahrzunehmen.
Rechtfertigung	Wird die verletzende Tat im Nachhinein als gerechtfertigt angesehen, liegt keine Notwendigkeit vor zu verzeihen.

(ausführlich s. Enright & Fitzgibbons, 2000; Smedes, 1984)

2 Der Weg zum Verzeihen

Verzeihen wird als ein komplexer interpersonaler Prozess beschrieben (z. B. Enright & Fitzgibbons, 2000; Fincham et al. 2002; McCullough et al., 1998). Um Verzeihen verstehen zu können, ist es notwendig, den sozial-kognitiven Prozess, welcher der Wahrnehmung einer Verfehlung folgt, einmal genauer zu betrachten (s. Abbildung 9.1).

Wahrnehmung einer Verfehlung. Übereinstimmend wird angenommen, dass dem Verzeihen ein als Verfehlung gewertetes Verhalten vorausgeht, das von der betroffenen Person als aversiv erlebt wird und ihren Normvorstellungen widerspricht. Mit Verfehlung ist nicht ausschließlich aktives Verhalten gemeint. Entsprechend der Norm der urteilenden Person kann auch die Unterlassung einer Handlung, z. B. das Nichtzurückweisen von Gerüchten über die betroffene Person, als eine Verfehlung wahrgenommen werden. Dieses Beispiel macht auch deutlich, dass die Bewertung einer Handlung als „Verfehlung" ein subjektives Urteil darstellt, dessen sich der „Täter" nicht bewusst sein muss.

Kausalattribution. Hat die betroffene Person eine Verfehlung wahrgenommen, versucht sie die Ursachen für das eingetretene Ereignis zu identifizieren. Sozial unerwünschte Ereignisse, zu denen die Verfehlung gezählt werden kann, lösen besonders häufig eine Suche nach Erklärungen aus. Wird die Verfehlung exter-

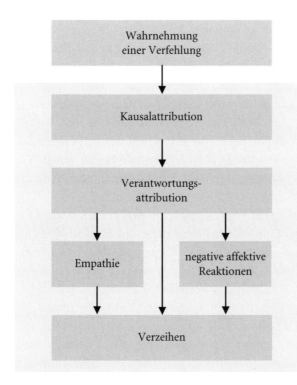

Abbildung 9.1. Der Prozess von der Wahrnehmung einer Verfehlung bis zum Verzeihen

nalen Umständen zugeschrieben oder als nicht schwerwiegend wahrgenommen, fällt das Verzeihen leichter (Boon & Sulsky, 1997).

Verantwortungsattribution. Verzeihen findet nur in dem Bewusstsein statt, dass der Akteur die Verantwortung für die aufgetretene Verfehlung trägt (North, 1998). Die Annahmen über die Gründe dieser Verfehlung entscheiden darüber, ob der Handelnde als verantwortlich angesehen wird. Dies ist dann der Fall, wenn die Ursache für ein Ereignis kontrollierbar ist (Weiner, 2001). Dem Übeltäter wird die Verantwortung zugeschrieben, wenn er die Verfehlung verursacht hat, anders hätte handeln können, die Folgen absehen konnte und sie dennoch in Kauf genommen oder sie sogar beabsichtigt hat (Schütz & Hoge, 2003). Obwohl die Verantwortungszuschreibung eine Bedingung für den Verzeihensprozess darstellt, modifiziert sie auch die Bereitschaft zu verzeihen und hat daher einen direkten Einfluss auf das Verzeihen (Fincham et al., 2002). Dabei ist die wahrgenommene Absichtlichkeit der Verfehlung – als eine Komponente der Verantwortungszuschreibung – von grundlegender Bedeutung: Die Bereitschaft, dem Urheber einer Verfehlung zu verzeihen, sinkt umso mehr, je mehr Verantwortung ihm zugeschrieben wird (Bradfield & Aquino, 1999). Sie steigt hingegen, wenn der Betroffene die Verfehlung als unabsichtlich und unvermeidlich ansieht (Boon & Sulsky, 1997).

2 Der Weg zum Verzeihen

Empathie und negative affektive Reaktionen. Empathie stellt eine wichtige Grundlage prosozialen Verhaltens dar (s. zusammenfassend Bierhoff, 2002). Sie steht, zusammen mit der Fähigkeit zum Perspektivenwechsel, in engem Zusammenhang mit Verzeihen (McCullough et al., 1998). Untersuchungen zeigen, dass das Ausmaß, in dem eine Person Empathie gegenüber dem Verursacher der Verfehlung empfindet und dessen kognitive Perspektive versteht, den Verzeihensprozess entscheidend beeinflusst. So konnte z. B. belegt werden, dass Personen mit einem höheren Grad an Empathie es als leichter empfinden, jemandem zu verzeihen, als Personen, die wenig Empathie empfinden (Macaskill et al., 2002).

Verletzungen sind immer auch ein Verstoß gegen die Regeln einer Beziehung. Je größer die Verantwortung, die man einer Person für ein aversives Ereignis zuschreibt, desto stärker sind die negativen Gefühle und das Vergeltungsverhalten ihr gegenüber (Weiner, 1995). Sind jedoch weniger negative Affekte wie z. B. Feindseligkeit vorhanden, fällt das Verzeihen leichter (Fincham et al., 2002). Bemerkenswert ist, dass Feindseligkeit, Rachewünsche und Vermeidungsverhalten generell über die Zeit abnehmen, wohingegen die Entwicklung von Wohlwollen (als positive Seite des Verzeihens) gegenüber dem Übeltäter einen komplizierteren und zeitaufwendigeren Prozess darstellt (McCullough et al., 2003).

Verzeihen. Verzeihen bietet die Gelegenheit, eine Entfremdung, die auf eine Beziehungsverletzung folgt, zu beenden, indem die negative Reaktion bezwungen und durch eine positive ersetzt wird. Auf diese Weise wird die Voraussetzung für eine mögliche Versöhnung mit dem Übeltäter geschaffen (Fincham & Beach, 2002b).

ÜBUNG

Bitte nehmen Sie ein Blatt Papier und einen Stift zur Hand. Denken Sie nun an eine Person aus Ihrem Umfeld, die Ihnen in letzter Zeit eine Verletzung zugefügt hat. Schreiben Sie den Namen der Person auf das Blatt. Nun beantworten Sie bitte folgende Aussagen mit „stimmt" oder „stimmt nicht":
(1) Meine Gefühle sind ihm/ihr gegenüber positiv (positive Dimension/Affekt).
(2) Ich bin verärgert über sie/ihn (negative Dimension/Affekt).
(3) Ich helfe oder würde ihr/ihm gerne helfen (positive Dimension/Verhalten).
(4) Ich meide sie/ihn (negative Dimension/Verhalten).
(5) Ich denke, er/sie besitzt gute Qualitäten (positive Dimension/Kognition).
(6) Ich denke, er/sie ist wertlos (negative Dimension/Kognition).

> Bitte prüfen Sie nun, welchen Aussagen Sie zugestimmt und welche Sie abgelehnt haben. Sollten Sie den Aussagen mit ungerader Ziffer zugestimmt und die mit geraden Ziffern abgelehnt haben, können Sie davon ausgehen, dass der Verzeihensprozess zumindest begonnen hat.
> (ausführlich Schwennen & Bierhoff, in Vorb.)

Variablen, die Verzeihen beeinflussen

Alter. Eine wichtige Rolle im Verzeihensprozess spielt das Alter (z. B. Darby & Schlenker, 1982). Übereinstimmend wurde gezeigt, dass Menschen mit zunehmendem Alter eher und auf andere Weise verzeihen (Girad & Mullet, 1997). Der Frage nach dem Zusammenhang zwischen Verzeihen und einer altersbezogenen kognitiven Entwicklung sind Enright und die Human Development Study Group nachgegangen. Sie verknüpften den Verzeihensprozess mit den Stufen der Moralentwicklung und konnten zeigen, dass die moralische Argumentation mit dem Stadium der Argumentation hinsichtlich des Verzeihens positiv korreliert und vom sozial-kognitiven Entwicklungsstand einer Person abhängig ist (z. B. Enright et al., 1989).

Intensives Grübeln. Sich in Gedanken immer wieder mit einer erlittenen Verletzung zu beschäftigen erschwert das Verzeihen. Personen, die im Laufe der Zeit weniger über eine erlittene Verletzung nachsinnen, verzeihen eher als Personen, deren Gedanken weiter um das Vergehen kreisen (McCullough et al., 2001). Sowohl intensives Grübeln als auch Versuche, es zu unterdrücken, stehen mit Vermeidungs- und Rachemotiven in Verbindung, die den Verzeihensprozess negativ beeinflussen (McCullough et al., 1998 u. 2001).

Reue des Täters. Entschuldigungen und Reuebekundungen des Täters üben großen Einfluss auf den Verzeihensprozess aus (Exline & Baumeister, 1998). Sie ermöglichen dem Opfer, den Blick vom Täter weg und auf die Tat zu richten und so zwischen dem Täter als Person und seinem negativen Verhalten zu differenzieren (McCullough & Witvliet, 2002). Je aufrichtiger die Entschuldigungen eines Täters und je größer die Reue, die er zeigt, desto mehr steigt die Bereitschaft des Betroffenen, die Tat zu verzeihen (Darby & Schlenker, 1982; Gold & Weiner, 2000).

Entschuldigungen wirken vor allem indirekt, indem sie den negativen Affekt des Betroffenen gegenüber dem Übeltäter reduzieren und die Empathie ihm gegenüber erhöhen (Ohbuchi et al., 1989). Auf diese Weise führen Entschuldigungen zu einem günstigeren Bild des Täters und reduzieren Vergeltungsabsichten.

Qualität der Beziehung. Verzeihen wird vom Charakter der Beziehung, in der die Verletzung stattfindet, beeinflusst. Die Bereitschaft zu verzeihen ist höher, wenn die Beziehung zum Täter durch Zufriedenheit, Nähe und ein hohes Engagement gekennzeichnet ist (McCullough et al., 1998). Zusätzlich beeinflusst die Qualität der Beziehung den Verzeihensprozess indirekt über Attributionen und Empathie (Fincham et al., 2002). Zum einen sind betroffene Personen in einer Beziehung von hoher Qualität eher bereit, Verletzungen zu reinterpretieren (Heider, 1958), zum anderen bieten hochwertige Beziehungen mehr Ressourcen, um Empathie zu erleben (Cialdini et al., 1997).

3 Gesundheit, Wohlbefinden und Verzeihen

Der vermeintlich robuste Zusammenhang zwischen Verzeihen und Wohlbefinden kann als ein Grund für das wachsende Interesse am Thema Verzeihen angesehen werden. Die Verbindung ist intuitiv nahe liegend: Chronische Feindseligkeit und Schuldzuweisungen sind mit ungünstigen Effekten auf die Gesundheit verbunden (Miller et al., 1996; Tennen & Affleck, 1990). Verzeihen überwindet Feindseligkeiten und Beschuldigungen und wird daher als beziehungsförderlich angesehen – und zufrieden stellende Beziehungen verringern letztendlich das Krankheitsrisiko (Schwennen & Bierhoff, 2002). Personen, die Verzeihen als eine Copingstrategie nach interpersonalen Verletzungen einsetzen, sind lebenszufriedener (Poloma & Gallup, 1991) und zeigen weniger depressive Symptome (Mauger et al., 1992). Rachegelüste und der Wunsch nach Vergeltung hängen demgegenüber mit negativen Affekten und Neurotizismus zusammen (Caprara et al., 1992).

Psychisches Wohlbefinden. Das von Enright und Kollegen entwickelte Interventionsprogramm (Enright et al., 1991; Enright & Fitzgibbons, 2000) erzielte positive Resultate, die den Schluss nahe legen, dass die Fähigkeit zu verzeihen das psychische Wohlbefinden erhöht. Diese Erkenntnisse stammen aus Untersuchungen mit Personen, die unterschiedliche, schwerwiegende Verletzungen wie Inzest und Liebesentzug durch die Eltern erlitten hatten (Al-Mabuk et al., 1995; Freedman & Enright, 1996). Verglichen mit Kontrollgruppen, waren bei den Teilnehmern der Interventionen Ängstlichkeit, Zorn und Depressionen geringer, der Selbstwert hingegen stärker ausgeprägt. In diesem Zusammenhang ist zu betonen, dass die Förderung des Verzeihensprozesses keinesfalls ein Plädoyer für den Verzicht auf die strafrechtliche Verfolgung von Kapitalverbrechen darstellt.

Stressindikatoren senken. Experimentelle Studien unterstützen die beschriebenen Befunde: Werden Personen gebeten, sich vorzustellen, einem Übeltäter zu verzeihen, sinken ihre physiologischen Stressindikatoren (Herzrate, Blutdruck, Hautwiderstand), und sie berichten über weniger Traurigkeit und Ärger im Vergleich zu Personen, die sich vorstellen, dem Übeltäter nicht verziehen zu haben (z. B. Witvliet et al., 2001). Die mögliche Schlussfolgerung: Bei Personen, die verzeihen, vermindern sich die physiologischen Reaktionen von Zorn und Ärger und damit auch gesundheitliche Risiken.

Die bisherige Befundlage zum Zusammenhang zwischen Wohlbefinden und Verzeihen ist dennoch insgesamt als eher ernüchternd zu bezeichnen (vgl. Thoresen et al., 2000). Zwar finden sich in den meisten Untersuchungen Hinweise auf den vermuteten Zusammenhang, sie erweisen sich jedoch als sehr moderat.

Faktor Beziehungsengagement. Dieses Bild scheint sich zu ändern, wenn das Beziehungsengagement berücksichtigt wird. Betrachtet man das Wohlbefinden von Personen in Partnerschaften mit hohem Beziehungsengagement, zeigen sich signifikante Unterschiede zwischen verzeihenden und nicht verzeihenden Personen (s. Abbildung 9.2). In Partnerschaften mit niedrigem Beziehungsengagement sind hingegen keine Auswirkungen von Verzeihen gegenüber Nichtverzeihen zu beobachten (Karremans et al., 2003, Studie 2). Offenbar existiert ein bedeutsamer Zusammenhang zwischen Verzeihen und Wohlbefinden, der jedoch vornehmlich in Beziehungen mit einem hohen Engagement zu beobachten ist.

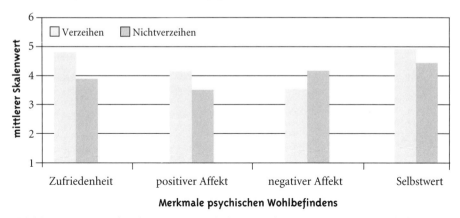

Abbildung 9.2. Verzeihende Personen mit hohem Beziehungsengagement zeigen höhere Werte hinsichtlich der Merkmale Lebenszufriedenheit, positiver Affekt und Selbstwert, niedrigere Werte beim Merkmal negativer Affekt (Karremans et al., 2003)

4 Warum Verzeihen sich lohnt

Verzeihen ist der schnellste Weg, um Leid und Schmerz zu beenden, und wird daher gerne auch als ein „Pfad zum Glück" beschrieben. Jemand, der einen anderen verletzt hat und die Verantwortung dafür trägt, erhält eine neue Chance.

Menschen, die verzeihen können, gelingt es häufiger, wieder eine positive Beziehung zu dem, der sie gekränkt hat, aufzubauen. Verzeihen bildet die Grundlage für eine Versöhnung mit dem Täter und hat substantielle Folgen für die weitere Interaktion der Beteiligten. Es ist eine menschliche Stärke von großem Nutzen, weil sie dazu beiträgt, stabile, unterstützende zwischenmenschliche Beziehungen aufrechtzuerhalten (McCullough, 2000). Aber auch wenn dies nicht intendiert wird, profitieren verzeihende Menschen von ihrem Handeln (Exline & Baumeister, 2000). Enright und Fitzgibbons (2000) nennen unter anderem folgende Vorteile des Verzeihens:

- Freiheit von emotionalen Schmerzen der Vergangenheit,
- höhere Stimmungsstabilität,
- Verminderung von Schuldgefühlen, die aus dem unbewussten Zorn entstanden sind,
- Abnahme von Ängsten und Sorgen,
- verbesserte, liebevolle Beziehungen.

Verzeihen ist ein Geschenk für das körperliche und psychische Wohlbefinden. Es stärkt unsere Selbstachtung und unsere Beziehungen zu anderen, indem es uns hilft, uns von geschehenem Unrecht und alten Verletzungen zu befreien und „loszulassen". Menschen verletzen einander – so ist die Realität des Zusammenlebens in einer unvollkommenen Welt. Verzeihen bietet die Möglichkeit, Schmerz und Hass zu besiegen und Frieden und Glück zu erlangen. Es schenkt die Zuversicht, dass Wunden geheilt werden können (Smedes, 1984). Die bewusste Entscheidung, alten Groll und Kummer hinter sich zu lassen und erlittene Verletzungen zu verzeihen, ist der erste Schritt auf dem Weg in ein besseres Leben.

Zitierte Literatur

Al-Mabuk, R. H., Enright, R. D. & Cardis, P. A. (1995). Forgiving education with parentally love-deprived late adolescents. Journal of Moral Education, 24, 427–444.

Asendorpf, J. & Banse, R. (2000). Psychologie der Beziehung. Göttingen: Hogrefe.

Baumeister, R. F., Exline, J. J. & Sommer, K. L. (1998). The victim role, grudge theory, and two dimensions of forgiveness. In E. L. Worthington Jr. (Ed.), Dimensions of forgiveness: Psychological research and theological perspectives (pp. 79–104). Philadelphia: Templeton Press.

Bierhoff, H. W. (2002). Prosocial behaviour. Hove: Psychology Press.

Bierhoff, H. W. & Grau, I. (1999). Romantische Beziehungen: Bindung, Liebe, Partnerschaft. Bern: Huber.

Black, D. (1998). The social structure of right and wrong. San Diego: Academic Press.

Boon, S. D. & Sulsky, L. M. (1997). Attributions of blame and forgiveness in romantic relationships: A policy-capturing study. Journal of Social Behaviour and Personality, 12, 19–44.

Bradfield M. & Aquino, K. (1999). The effects of blame attributions and offender likeableness on forgiveness and revenge in the workplace. Journal of Management, 25, 607–631.

Caprara, G. V., Barbaranelli, C. & Comrey, A. L. (1992). A personological approach to the study of aggression. Personality and Individual Differences, 13, 77–84.

Cialdini, R. B., Brown, S. L., Lewis, B. P., Luce, C. & Neuberg, S. L. (1997). Reinterpreting the empathy-altruism relationship: When one into one equals oneness. Journal of Personality and Social Psychology, 73, 481–494.

Darby, B. W. & Schlenker, B. R. (1982). Children's reactions to apologies. Journal of Personality and Social Psychology, 43, 742–753.

DiBlasio, F. A. & Proctor, J. H. (1993). Therapists and the clinical use of forgiveness. The American Journal of Family Therapy, 21, 175–184.

Dorff, E. N. (1998). The elements of forgiveness: A Jewish approach. In E. L. Worthington Jr. (Ed.), Dimensions of forgiveness: Psychological research and theological perspectives (pp. 29–55). Philadelphia: Templeton Press.

Downie, R. S. (1971). Roles and values. London: Methuen.

Enright, R. D., Gassin, E. A. & Wu, C.-R. (1992). Forgiveness: A developmental view. Journal of Moral Education, 21, 99–114.

Enright, R. D. & Fitzgibbons, R. P. (2000). Helping clients forgive. Washington, DC: APA.

Enright, R. D. & the Human Development Study Group (1991). The moral development of forgiveness. In W. M. Kurtines & J. L. Gewirtz (Eds.), Handbook of moral behavior and development. Vol. 1 (pp. 123–152). Hillsdale, NJ: Erlbaum.

Enright, R. D., Santos, M. J. D. & Al-Mabuk, R. H. (1989). The adolescent as forgiver. Journal of Adolescence, 12, 95–110.

Exline, J. J. & Baumeister, R. F. (2000). Expressing forgiveness and repentance: Benefits and barriers. In M. E. McCullough, K. I. Pargament & C. E. Thoresen (Eds.), Forgiveness: Theory, research, and practice (pp. 133–155). New York: Guilford.

Fincham, F. D. (2000). The kiss of the porcupines: From attributing responsibility to forgiving. Personal Relationships, 7, 1–23.

Fincham, F. D. & Beach, S. R. H. (2002a). Forgiveness in marriage: Implications for psychological aggression and constructive communication. Personal Relationships, 9, 239–251.

Fincham, F. D. & Beach, S. R. H. (2002b). Forgiveness: Toward a public health approach to intervention. In J. H. Harvey & A. Wenzel (Eds.), A clinician's guide to maintaining and enhancing close relationships (pp. 277–300). Mahwah, NJ: Erlbaum.

Fincham, F. D., Paleari, F. G. & Regallia, C. (2002). Forgiveness in marriage: The role of relationship quality, attributions, and empathy. Personal Relationships, 9, 27–37.

Fitness, J. (2001). Betrayal, rejection, and forgiveness: An interpersonal approach. In M. R. Leary (Ed.), Interpersonal rejection (pp. 73–103). Oxford: Oxford University Press.

Fletcher, G. (2002). The new science of intimate relationships. Oxford: Blackwell.

Freedman, S. & Enright, R. D. (1996). Forgiveness as an intervention goal with incest survivors. Journal of Consulting and Clinical Psychology, 64, 983–992.

Fry, D. P. & Björkqvist, K. (Eds.). (1997). Cultural variation in conflict resolution: Alternatives to violence. Mahwah, NJ: Erlbaum.

Girad, M. & Mullet, E. (1997). Propensity to forgive in adolescents, young adults, older adults and elderly people. Journal of Adult Development, 4, 209–220.

Gold, G. J. & Weiner, B. (2000). Remorse, confession, group identity, and expectancies about repeating a transgression. Basic and Applied Social Psychology, 22, 291–300.

Heider, F. (1958). The psychology of interpersonal relations. New York: Wiley.

Holmgren, M. R. (1993). Forgiveness and the intrinsic value of person. American Philosophical Quarterly, 30, 342–352.

Karremans, J. C., van Lange, P. A. M., Ouwerkerk, J. W. & Kluwer, E. S. (2003). When forgiving enhances psychological well-being: The role of interpersonal commitment. Journal of Personality and Social Psychology, 84, 1011–1026.

Kersting, J. & Grau, I. (2003). Paarkonflikt und Trennung. In I. Grau & H. W. Bierhoff (Hrsg.), Sozialpsychologie der Partnerschaft (S. 429–456). Berlin: Springer.

Macaskill, A., Maltby, J. & Day, L. (2002). Forgiveness of self and others and emotional empathy. Journal of Social Psychology, 142, 663–665.

Malcom, W. M. & Greenberg, L. S. (2000). Forgiveness as a process of change in individual psychotherapy. In M. E. McCullough, K. I. Pargament & C. E. Thoresen (Eds.), Forgiveness: Theory, research, and practice (pp. 179–202). New York: Guilford.

Marty, M. E. (1998). The ethos of Christian forgiveness. In E. L. Worthington Jr. (Ed.), Dimensions of forgiveness: Psychological research and theological perspectives (pp. 9–28). Philadelphia: Templeton Press.

Mauger, P. A., Perry, J. E., Freeman, T., Grove, D. C., McBridge, A. G. & McKinney, K. E. (1992). The measurement of forgiveness: Preliminary research. Journal of Psychology and Christianity, 11, 170–180.

McCullough, M. E. (2000). Forgiveness. Journal of Social and Clinical Psychology, 19, 43–55.

McCullough, M. E. (2001). Forgiving. In C. R. Snyder (Ed.), Coping with stress: Effective people and processes (pp. 93–113). Oxford: Oxford University Press.

McCullough, M. E., Bellah, C. G., Kilpatrick, S. H. & Johnson, J. L. (2001). Vengefulness: Relationships with forgiveness, rumination, well-being, and the big five. Personality and Social Psychology Bulletin, 27, 601–610.

McCullough, M. E., Exline, J. J. & Baumeister, R. F. (1998). An annotated bibliography of research on forgiveness and related concepts. In E. L. Worthington Jr. (Ed.), Dimensions of forgiveness: Psychological research and theological perspectives (pp. 193–317). Philadelphia: Templeton Press.

McCullough, M. E., Fincham, F. D. & Tsang, J.-A. (2003). Forgiveness, forbearance, and time: The temporal unfolding of transgression-related interpersonal motivations. Journal of Personality and Social Psychology, 84, 540–557.

McCullough, M. E., Pargament, K. I. & Thoresen, C. E. (2000). The psychology of forgiveness: History, conceptual issues, and overview. In M. E. McCullough, K. I. Pargament & C. E. Thoresen (Eds.), Forgiveness: Theory, research, and practice (pp. 1–14). New York: Guilford.

McCullough, M. E., Rachal, K. C., Sandage, S. J., Worthington, E. L., Jr., Wade Brown, S. & Hight, T. L. (1998). Interpersonal forgiving in close relationships II: Theoretical elaboration and measurement. Journal of Personality and Social Psychology, 75, 1586–1603.

McCullough, M. E. & Witvliet, C. (2002). The psychology of forgiveness. In C. R. Snyder & S. J. Lopez (Eds.), Handbook of positive psychology (pp. 446–458). Oxford: Oxford University Press.

Miller, T. Q., Smith, T. W., Turner, C. W., Guijarro, M. L. & Hallet, A. J. (1996). Meta-analytic review of research on hostility and physical health. Psychological Bulletin, 119, 322–348.

Myers, D. G. (1999). Close relationships and quality of life. In D. Kahneman, E. Diener & N. Schwarz (Eds.), Well-Being: The foundation of hedonic psychology (pp. 374–391). New York: Russell Sage Foundation.

North, J. (1987). Wrongdoing and forgiveness. Philosophy, 62, 499–508.

North, J. (1998). The „ideal" of forgiveness: A philosopher's exploration. In R. D. Enright & J. North (Eds.), Exploring forgiveness (pp. 15–34). Madison: University of Wisconsin Press.

Ohbuchi, K., Kameda, M. & Agarie, N. (1989). Apology as aggression control: Its role in mediating appraisal of and response to harm. Journal of Personality and Social Psychology, 56, 219–227.

Poloma, M. M. & Gallup, G. H. Jr. (1991). Varieties of prayer: A survey report. Philadelphia: Trinity.

Rotter, J. C. (2001). Letting go: Forgiveness in counseling. The Family Journal: Counseling and Therapy for Couples and Families, 9, 174–177.

Schütz, A. & Hoge, L. (2003). Schuldzuschreibungen in Partnerschaften. In I. Grau & H. W. Bierhoff (Hrsg.), Sozialpsychologie der Partnerschaft (S. 457–480). Berlin: Springer.

Schwennen, C. & Bierhoff, H. W. (2002). Einstellung zur Partnerschaft – Unterschiede zwischen Personen mit und ohne depressiver Verstimmtheit. Zeitschrift für Psychologie, 210, 134–140.

Schwennen, C. & Bierhoff, H. W. (in Vorb.). Die Erfassung zwischenmenschlichen Verzeihens.

Smedes, L. B. (1984). Forgive and forget: Healing the hurts we don't deserve. New York: Harper & Row.

Tennen, H. & Affleck, G. (1990). Blaming others for threatening events. Psychological Bulletin, 108, 209–232.

Thoresen, C. E., Harris, A. H. S. & Luskin, F. (2000). Forgiveness and health: An unanswered question. In M. E. McCullough, K. I. Pargament & C. E. Thoresen (Eds.), Forgiveness: Theory, research, and practice (pp. 254–280). New York: Guilford.

Tschann, J. M. (1988). Self-disclosure in adult friendship. Journal of Social and Personal Relationships, 5, 65–81.

Wade, S. (1989). The development of a scale to measure forgiveness. Unpublished doctoral dissertation, Fuller Graduate School of Psychology, Pasadena, CA.

Warr, P. & Payne, R. (1982). Experiences of strain and pleasure among British adults. Social Science and Medicine, 16, 1691–1697.

Weiner, B. (1995). Judgments of responsibility: A foundation for a theory of social conduct. New York: Guilford.

Weiner, B. (2001). An attributional approach to perceived responsibility for transgressions. In A. E. Auhagen & H. W. Bierhoff (Eds.), Responsibility. The many faces of a social phenomenon (pp. 49–59). London: Routledge.

Witvliet, C., Ludwig, T. E. & van der Laan, K. L. (2001). Granting forgiveness or harbouring grudges: Implications for emotions, physiology and health. Psychological Science, 121, 117–123.

Worthington, E. L., Jr. (2001). Five steps to forgiveness: The art and science of forgiving. New York: Crown.

Worthington, E. L., Jr., Berry, J. W. & Parrott, L., III. (2001). Unforgiveness, forgiveness, religion, and health. In T. G. Plante & A. C. Sherman (Eds.), Faith and health: Psychological perspectives (pp. 107–138). New York: Guilford.

Yamhure Thompson, L. & Snyder, C. R. (2003). Measuring Forgiveness. In S. J. Lopez & C. R. Snyder, Positive psychological assessment (pp. 301–312). Washington: APA.

10 Mitmenschliche Güte

Ann Elisabeth Auhagen

Ein Mann begehrte eine zierliche, sensible, sehr schöne und feine Frau. Sie jedoch wies ihn jedes Mal ab. Darüber war er enttäuscht und zornig und behandelte sie sehr schlecht. Die Frau blieb dennoch geduldig und freundlich. Nach langer Zeit besann sich der Mann und wurde endlich „normal". Jetzt sind die beiden gute Freunde.

Jemand fand im Bahnhof eine Geldbörse mit 250 Euro und der Adresse einer Institution. Daraufhin brachte er den Geldbeutel mit Inhalt zur genannten Adresse mit der Bitte, ihn wieder dem Besitzer zu übergeben.

Einem Berufsschullehrer war am Bestehen wirklich aller Kandidaten gelegen. Deshalb gab er einigen seiner Umschüler mehrere Wochen vor der Gesellenprüfung unentgeltlich Nachhilfeunterricht. Hierfür opferte er zahlreiche freie Abende.

Was ist es, das uns an diesen – wahren – Schilderungen berührt? Welcher Zauber geht auf uns über, wenn wir von Taten wie diesen erfahren? Wenn wir Ähnliches selbst erleben oder tun dürfen? Dem Geheimnis mitmenschlicher Güte nachzuforschen ist das Ziel dieses Beitrages.

1 Theoretische Basis für das Konzept der mitmenschlichen Güte

Zwischenmenschliches Miteinander: Zwei unterschiedliche Betrachtungsweisen

Das Paradigma zum Ertrag von Beziehungen. Unter dieser Überschrift wurden von Auhagen (2003) diejenigen Ansätze der wissenschaftlich-psychologischen Forschung zusammengefasst, die derzeit fast ausschließlich verwendet werden, um Erleben und Verhalten im zwischenmenschlichen Miteinander zu beschreiben, zu erklären und vorherzusagen (zusammenfassend z. B. Asendorpf & Banse, 2000; Auhagen & v. Salisch, 1993; Hinde, 1997). Der Begriff „Ertrag von Beziehungen" sagt bereits, dass diese Ansätze durch ökonomisch orientierte Ideen wie etwa „Kosten/Nutzen", „etwas investieren" oder „ein Plus machen" geprägt sind. Hierunter können z. B. die Austauschtheorie (Thibaut & Kelley, 1959), die Ressourcentheorie (Foa & Foa, 1980) und der Ansatz zum

Sozialen Kapital (Coleman, 1988) gezählt werden oder auch der zur Zeit besonders populäre evolutionspsychologische Ansatz (zusammenfassend Archer, 2002).

Die genannten und andere, ähnliche Ansätze stimmen überein in der Vorstellung, dass Menschen in sozialen Beziehungen – einschließlich prosozialer Verhaltensweisen (Ausnahme Batson, z. B. 1998; s. S. 161) – eine mehr oder weniger bewusste Kosten-Nutzen-Kalkulation betreiben: Wie viel gebe ich, und wie viel bekomme ich? Lohnt es sich für mich, und bin ich damit zufrieden? Dahinter stehen entweder Vorstellungen vom Menschen als einem rationalen, ertragsorientierten oder als einem von seiner Biologie determinierten Wesen, bei dem die Weitergabe der eigenen Gene als Ertrag gelten kann. Die erstgenannten Vorstellungen fußen auf dem Paradigma des zweckrationalen Handelns: Der Mensch wird in diesem Zusammenhang auch als „Homo oeconomicus" bezeichnet (zusammenfassend Bierhoff & Herner, 2002). Die letztgenannten Vorstellungen haben ihren Ursprung in der Evolutionslehre von Charles Darwin: Die angenommene biologische Natur des Menschen wird hier als – zumindest teilweise – handlungsleitend gesehen (zusammenfassend Hinde, 2002). Die Ansätze im Paradigma zum Ertrag von Beziehungen scheinen einige unserer Normen widerzuspiegeln, insbesondere die so genannte Reziprozitätsnorm. Sie besagt, dass man für etwas, das man erhält, auch etwas zurückgeben sollte, oder umgekehrt, dass man für etwas, das man gegeben hat, etwas zurückerwarten kann (Gouldner, 1960, nach Uehara, 1995). Genau das widerspricht aber dem Prinzip der mitmenschlichen Güte (s. S. 161 f.). Deshalb können die Ansätze zum Ertrag von Beziehungen für dieses Konzept keine theoretische Grundlage bilden.

Das Paradigma des Guten. Dieses von Auhagen (2003) vorgeschlagene Paradigma ist als Ergänzung zum Paradigma des Ertrages von Beziehungen gedacht und bildet die theoretische Grundlage für mitmenschliche Güte und ähnliche Konzepte. Seine Grundaussagen sind im Sinne von Axiomen zu verstehen.

Das Paradigma des Guten: Grundaussagen
▶ Das Gute gibt es als Wert an sich.
▶ Menschen haben einen freien Willen.
▶ Menschen können ihren freien Willen dazu benutzen, Gutes zu tun um des Guten willen, ohne irgendeine Form von Gegenleistung oder Dank zu erwarten.
▶ Menschen können motiviert und interessiert werden, auf dieser Basis Gutes zu tun – also ohne die Erwartung von Gegenleistung oder Dank.

1 Theoretische Basis für das Konzept der mitmenschlichen Güte

Das Gute als Wert an sich. Zur Frage, ob das Gute als Wert an sich besteht oder nicht, finden sich in der Philosophie zwei Grundpositionen (zusammenfassend Ritter, 1974). Das Gute lediglich als relativen Wert – also „gut" immer in Relation zu etwas anderem wie etwa dem Schlechten – sehen z. B. Aristoteles, Platon oder auch die Skeptiker. Dagegen sprechen etwa die Philosophen Philon von Alexandria, Origines oder Thomas von Aquin dem Guten eine eigenständige, unabhängige Existenz zu. Die Position, das Gute sei ein absoluter Wert mit einer eigenständigen Existenz, wird in der Philosophie häufig von zwei weiteren Annahmen begleitet: Die erste ist die von der Transzendenz des Seins, also die Idee, dass Existenz über die materielle Welt hinausreicht. So verbinden etwa Origines oder Augustinus das Gute mit Gott als höchster Gleichsetzung und Verwirklichung des Guten. Die Idee der Transzendenz – sonst selten in der psychologischen Forschung gewürdigt (Schwartz, 1999; Wolterstorff, 1984) – ist ausdrücklich im Paradigma des Guten enthalten.

Freier Wille. Die zweite Annahme ist die des freien Willens. Ob Menschen einen freien Willen haben oder nicht, ob dieser vollständig, eingeschränkt oder gar nicht genutzt werden kann, ist nicht nur eine Grundfrage der Philosophie (zusammenfassend Ritter, 1974), sondern wird auch in der Psychologie diskutiert (z. B. von Cranach & Ammann, 1999). Im Rahmen des Paradigmas des Guten wird davon ausgegangen, dass Menschen einen freien Willen besitzen. In diesem Punkt besteht also eine Ähnlichkeit mit der Position der Humanistischen Psychologie, welche den freien Willen vor allem im Zusammenhang mit den Entwicklungsmöglichkeiten des Individuums betont (Rogers, 1994).

Der Wille zum Guten. Dass der freie Wille des Menschen sich auf das Gute ausrichten kann und auch sollte, ist ein Denkansatz in der Philosophie etwa bei Origines oder Thomas von Aquin (Ritter, 1974). Auch Bernard Williams (1972/1978) bezeichnet das Gute als das einzig überzeugende Prinzip des menschlichen Miteinanders und spricht sich auf der Basis des freien Willens für eine Ethik der mitfühlenden Fürsorge aus. Ein freier Wille zum Guten lässt sich auch in geistig-religiösen Quellen finden. Die so genannte Bergpredigt z. B. (Die Heilige Schrift, Matthäus 5–7) enthält in vielen ihrer Aussagen Anregungen, freiwillig Gutes zu tun (Deidenbach, 1990).

Wichtig im Rahmen des Paradigmas des Guten ist die Idee, dass das Gute getan werden kann um seiner selbst willen, nämlich ohne die Erwartung von Gegenleistungen oder Dank, ohne die Ideen von Austausch, Kosten und Nutzen oder von Reziprozität im Sinne eines Wie-du-mir-so-ich-dir sowie ohne die Einwirkung von Druck oder gar Gewalt.

Die Möglichkeit, sich zu ändern. Im Besitz des freien Willens muss es jedem Menschen möglich sein, seinen Willen auf das Gute und dessen Verwirklichung um seiner selbst willen zu richten. Es ist daher denkbar, analog zu Frankls (1979) Willen zum Sinn von einem Willen zum Guten zu sprechen. Dieser kann aller Wahrscheinlichkeit nach entwickelt und gefördert werden. Einen bewusst geformten freien Willen bezeichnet Bieri (2003) als angeeigneten Willen (→ Kap. 12, Zentrale Lebensthemen). Damit wird im Paradigma des Guten besonders auf die Möglichkeit hingewiesen, dass Menschen sich durch Willenseinsatz im mitmenschlichen Bereich zum Guten hin ändern können. Soziale Normen oder eventuelle biologische Aspekte werden als überwindbar angesehen.

> **ÜBUNG**
>
> Legen Sie ein kleines Heft an einen gut sichtbaren Platz. Führen Sie eine Woche lang abends Tagebuch, indem Sie sich folgende Fragen stellen:
> ▶ Gab es eine Situation, in der ich an Kosten-Gesichtspunkte gedacht habe? Wenn ja, beschreiben Sie die Situation kurz: Was habe ich erlebt? Wie habe ich es erlebt?
> ▶ Gab es eine Situation, in der ich wirklich selbstlos gedacht habe, also ohne die Erwartung von Gegenleistung oder Dank? Wenn ja, beschreiben Sie die Situation kurz: Was habe ich erlebt? Wie habe ich es erlebt?
>
> Ziel der Aufgabe ist das Bewusstwerden des eigenen Denkens. Es geht nicht darum, sich selbst zu bewerten oder zu verurteilen. Lesen Sie am Ende der Woche Ihre Aufzeichnungen noch einmal durch. Stellen Sie sich folgende Fragen:
> ▶ Unterscheiden sich die Situationen? Wodurch?
> ▶ Hat sich in meinem Denken oder Erleben in dieser Woche etwas verändert?

2   Was ist mitmenschliche Güte?

Gütiges und ungütiges Handeln

Güte als Persönlichkeitsmerkmal. In Gesprächen kann man bisweilen Aussagen hören wie: „Katharina ist ein gütiger Mensch!" Hinter einer solchen Meinung steckt vermutlich die implizite Annahme, mitmenschliche Güte sei ein Persönlichkeitsmerkmal, also eine relativ zeit- und situationsstabile Tendenz im Handeln (Pawlik, 1988). Ob Güte wirklich so gesehen werden kann und inwieweit diesbezüglich intra- oder interindividuelle Unterschiede bestehen, kann wissenschaftlich noch nicht entschieden werden. Verträglichkeit im Sinne von „angenehm", „liebenswürdig" und „warmherzig" gilt jedoch als gut gesicherter Faktor der Persönlichkeit und zählt zu den sogenannten „Big Five", fünf als stabil angesehenen Persönlichkeitsdimensionen (dtsch. Version s. Borkenau & Ostendorf, 1994).

Güte im Sinne einzelner Handlungen. Zwei Studien, die eine von Fuhrman, von Bodenhausen und Lichtenstein (1989), die andere von Auhagen (2003), befassen sich damit, welche Verhaltensweisen von Laien als besonders gütig und als besonders ungütig angesehen werden. Fuhrman, von Bodenhausen und Lichtenstein (1989) gingen von 400 sozialen Verhaltenweisen aus. Diese Verhaltensweisen sollten Studierende auf einer jeweils elfstufigen Skala u. a. für Güte (goodness) – von extrem schlecht bis extrem gut –, für Freundlichkeit (kindness) – von extrem unfreundlich bis extrem freundlich – und für Intelligenz – von extrem unintelligent bis extrem intelligent – einschätzen. Güte korrelierte hoch positiv mit Freundlichkeit (Korrelationskoeffizient .93) sowie mit Intelligenz (.91). Die Beziehung zwischen Freundlichkeit und Intelligenz wird weiter spezifiziert (über die Beziehung zwischen Güte und Intelligenz wird leider nichts berichtet): Als freundlich eingeschätztes Verhalten wird auch eher als intelligent wahrgenommen, umgekehrt intelligentes Verhalten jedoch nicht unbedingt als freundlich.

> **Gütige und ungütige Handlungen I**
> Von 400 Handlungen wurden die folgenden drei als die gütigsten eingeschätzt:
> (1) Bot einem älteren Nachbarn Hilfe beim Streichen des Hauses an.
> (2) Verschenkte zu Weihnachten Spielzeug im Kinderkrankenhaus.
> (3) Half einem in einem Kaufhaus verloren gegangenen Kind, seine Eltern wiederzufinden.
> Folgende drei Handlungen wurden als die ungütigsten eingeschätzt:
> (1) Versuchte eine Frau zu vergewaltigen, die eine dunkle Straße entlangging.
> (2) Machte ein behindertes Kind lächerlich, in dem er sich über es lustig machte.
> (3) Stahl Geld und Schmuck von Verwandten, bei denen er lebte.
> (nach Fuhrman, von Bodenhausen & Lichtenstein, 1989; Übers. Auhagen)

Mit dem so genannten „Fragebogen über Fragen des Lebens" untersuchte Auhagen (2003) in insgesamt 40 Fragen die Ansichten und Erfahrungen von 192 Erwachsenen in Bezug auf mitmenschliche Güte sowie andere in diesem Zusammenhang theoretisch relevante Konzepte. Darin wurden die Befragten aufgefordert, insgesamt vier verschiedene Begebenheiten aus der letzten Zeit zu beschreiben, in denen entweder andere Menschen oder sie selbst gütig oder ungütig waren. 218 gütige und 157 ungütige Handlungen wurden genannt. Die zu Beginn dieses Kapitels geschilderten Situationen entstammen dieser Quelle.

> **Gütige und ungütige Handlungen II**
> Drei gütige Handlungen nach Auhagen (keine Reihenfolge nach Intensität):
> (1) Ein Mann (Mitte dreißig) hat sein Knochenmark einem Kind von sieben Jahren gespendet, bei dem Eingriff seine Gesundheit riskiert und hatte dabei nur die Gesundheit des fremden Kindes im Sinn. Er hat das Leben dieses Kindes über seines gestellt!
> (2) Sitzplatz-Räumung im ICE-Zug freitags!
> (3) Ein sehr guter Freund hatte das Problem, dass seine Freundin mit ihm Schluss gemacht hat, und daraufhin habe ich mir die ganze Nacht Zeit genommen, ihm zuzuhören, obwohl ich frühzeitig zur Arbeit musste. Außerdem habe ich am darauf folgenden Abend meine eigenen Pläne über den Haufen geworfen und bin mit ihm ins Kino gegangen, damit er nicht grübelnd zu Hause sitzt.
> Drei ungütige Handlungen nach Auhagen:
> (1) Straßenzeitungsverkäufer in der U-Bahn von einem Typen angepöbelt und angespuckt.
> (2) Ich bat um Hilfe und wurde ausgelacht.
> (3) Ich habe einem Menschen, der mich kennen lernen wollte, meine Telefonnummer gegeben, ihn dann aber nicht anrufen lassen bzw. immer sofort aufgelegt.
> (Beispiele hier erstmals veröffentlicht; vgl. Auhagen, 2003)

Kritische Aspekte. Hierzu zählt die Frage nach der Validität bei der Erfassung von mitmenschlicher Güte: Basierte die Handlung wirklich auf Autonomie, Selbstlosigkeit und Nächstenliebe (s. S. 161f.)? Diese Frage wurde in der Untersuchung von Auhagen (2003) geprüft, indem verglichen wurde, ob die Befragten die eigenen und fremden gütigen Handlungen in Bezug auf Autonomie, Selbstlosigkeit und Nächstenliebe signifikant höher einschätzten als die ungütigen. Das war der Fall. Doch nicht nur die Beurteilung der Handlungen anderer ist kaum zweifelsfrei möglich, auch die Beurteilung des eigenen Verhaltens kann Verzerrungen unterliegen. Batson (z. B. 1998) versuchte in – z. T. umstrittenen – experimentellen Arbeiten, die Existenz echter Selbstlosigkeit nachzuweisen, indem er etwa die Möglichkeit variierte, sich einer Hilfesituation entziehen zu können: Wer trotz Fluchtmöglichkeit hilft, gilt als selbstloser.

Ein anderes Problem stellt sich, wenn die Häufigkeit oder die Wahrscheinlichkeit gütigen Handelns mit Hilfe von Selbstaussagen erhoben wird. Bekanntlich gehört es zu den bestgesicherten sozialpsychologischen Ergebnissen, dass eine Einstellung, und sei sie noch so positiv, nicht unbedingt auch zu entsprechenden Handlungen führt. Reden und Tun sind zweierlei.

Schließlich besteht bei mitmenschlicher Güte – ebenso wie bei anderen ethischen Konzepten, z. B. Verantwortung, – die Möglichkeit des unbewussten oder bewussten Missbrauchs. Jemand glaubt oder behauptet, sich gütig zu verhalten, doch seine Handlung entspricht nicht den diesbezüglichen Kriterien. Dadurch ergibt sich ein Glaubwürdigkeitsproblem: Wer nimmt einem Politiker ab, dass er aus Nächstenliebe handelt, wenn er Bomben abwerfen lässt?

Eine Lösung dieser Probleme ist schwierig. Viel versprechend kann hier die freiwillige allgemeine Anhebung ethisch-moralischer Standards auf diesem Planeten sein. Diese Vision kann nur Wirklichkeit werden, wenn jeder erkennt, dass er seine eigenen Standards verbessern kann, und auch bereit ist, dies zu tun. Für die konkrete Umsetzung soll auch dieses Buch einen bescheidenen Beitrag leisten.

Welche Bedeutungen assoziieren Befragte mit Güte?

„Was ist Güte?" Mit dieser Frage wurden die Teilnehmerinnen und Teilnehmer der erwähnten Fragebogenstudie von Auhagen aufgefordert, in ihren eigenen Worten zu schildern, was Güte für sie bedeutet. Die Antworten wurden von zwei Kodiererinnen in vier Kategorien inhaltsanalysiert (Kodiererübereinstimmung .91 nach der Formel von Früh, 1981; Mehrfachkodierungen waren möglich). Es ergaben sich vier Bedeutungsinhalte von Güte:

(1) Positive Haltung und Handlung (in 93,2 Prozent der Antworten enthalten): alle Äußerungen, die den Gedanken einer positiven Haltung und Handlung gegenüber anderen Menschen, auch gegenüber Tieren oder der Natur, beinhalten, z. B. Verzeihen, Toleranz, Nachsicht, Verständnis, Geduld, Hilfe, Unterstützung, gut sein.

(2) Uneigennützigkeit (37,9 Prozent): beinhaltet Handlungen ohne die Erwartung von Gegenleistungen, z. B. „selbstlos geben", „Opfer bringen".

(3) Positive Gefühle (34,5 Prozent): alle Arten von positiven Gefühlen gegenüber anderen Menschen sowie Tieren oder der Natur, wie etwa Liebe, Warmherzigkeit, Mitleid.

(4) Ausdrückliche Verneinung negativer Aspekte der Zwischenmenschlichkeit (18,6 Prozent): Äußerungen, die negative Haltungen, Gefühle und Handlungen gegenüber anderen Menschen sowie Tieren oder der Natur ausdrücklich verneinen, wie etwa „keine Herablassung", „kein Streit", „keinen Schaden zufügen wollen", „nicht kleinlich sein".

Wissenschaftliche Definition von mitmenschlicher Güte

> **DEFINITION**
>
> **Mitmenschliche Güte** kann als Prinzip bezeichnet werden, das Menschen freiwillig auf ihr Denken, Fühlen und Handeln anwenden können, das sich in ihrem Denken, im Fühlen und im Handeln widerspiegeln kann und dessen Merkmale Autonomie, Selbstlosigkeit und Nächstenliebe sind.
> (Auhagen, 2003)

Autonomie. Autonomie als Haltung bedeutet hier, dass gütiges Denken, Fühlen und Handeln unabhängig von Befindlichkeiten, Reaktionen und Normen anderer Menschen ausgeführt wird. Gütiges Handeln ist also keine gleichsinnige, keine reziproke Antwort auf das Verhalten anderer. Dies heißt aber nicht, ohne Bezug zum anderen zu handeln. Ein Beispiel soll dies verdeutlichen: Jemand wird – wie es im Alltag häufig geschieht – aggressiv beschimpft. In solchen Fällen neigen wir zu reziprokem Verhalten – in diesem Beispiel also dazu, ebenfalls zu schimpfen. Autonomes Verhalten bestünde darin, ruhig zu bleiben und freundlich zu reagieren. Güte funktioniert also nicht nach dem Prinzip Wie-du-mir-so-ich-dir. Diese Aussage kann auch für positive Verhaltensweisen gelten, etwa wenn jemand Gutes nur aus Verpflichtungsgefühl erwidert.

Selbstlosigkeit. Das Merkmal Selbstlosigkeit hat nichts mit dem Aufgeben des eigenen Selbst, der eigenständigen Existenz zu tun. Selbstlosigkeit wird hier verstanden als eine Haltung im Denken, Fühlen und Handeln ohne die Erwartung von Gegenleistung, Belohnung oder Dank von anderen Menschen. Auch verpflichtender Druck, erwartete Sanktion, Macht oder Einflussnahme sollen als Motive ausgeschlossen sein. Selbstlosigkeit ist immer prosozial, nie antisozial. Dass Selbstlosigkeit keine Gegenleistung erwartet, bedeutet jedoch nicht, dass eine solche faktisch nicht erfolgen kann. Auch werden etwaige positive Konsequenzen der Selbstlosigkeit nicht als ihr abträglich gewertet: Warum sollten gerade selbstlose, gütige Handlungen nicht Freude machen oder sinnstiftend sein?
Die hier vorgeschlagene Trennung zwischen den mit Handlungen verbundenen Erwartungen an andere Menschen einerseits und den möglichen oder tatsächlichen Konsequenzen dieser Handlungen andererseits ist wichtig angesichts der seit Jahren geführten wissenschaftlichen Debatte darüber, ob prosoziales Handeln als selbstlos bezeichnet werden kann oder nicht (zusammenfassend Bierhoff, 2002). Häufig scheint prosoziales Handeln den Ansprüchen von Selbstlosigkeit nicht zu genügen, nämlich dann, wenn es mit der Hoffnung, Erwartung oder dem Anspruch auf Gegenleistung oder Dank geschieht. Ein weiteres Argument gegen die Selbstlosigkeit prosozialen Handelns ist, dass die Selbstlosigkeit

selbst ein Gewinn sein könne, etwa im Sinne von Zufriedenheit, welche wiederum nicht selbstlos sein könne (z. B. Homans, 1972). Unter Zuhilfenahme der oben getroffenen Unterscheidung kann das letzte Argument als Scheinwiderspruch gedeutet werden: So kann eine Handlung gleichzeitig selbstlos sein (ohne die Erwartung einer Gegenleistung, Belohnung oder drohenden Sanktion) und nützlich (wenn sich daraus positive Konsequenzen für das Individuum ergeben, z. B. in Form von Befriedigung oder Freude). In diesem Sinne sind auch die so genannten Rational-Choice-Modelle („wenn eine Person in einer Entscheidungssituation die optimale Wahl im Hinblick auf ihre eigenen Interessen trifft"; Bierhoff & Herner, 2002, S. 176) durchaus mit dem vorliegenden Ansatz vereinbar: Eine Entscheidung für Selbstlosigkeit kann nützlich sein. Das Wissen um die mögliche Nützlichkeit solcher Handlungen schmälert das Ausmaß der Selbstlosigkeit nicht, solange nicht auf Gegenleistungen, Belohnungen, Dank oder Nützlichkeit spekuliert wird.

Nächstenliebe. Liebe wird in der psychologisch-wissenschaftlichen Forschung im Rahmen zwischenmenschlicher Beziehungen thematisiert – allerdings nicht als Nächstenliebe, sondern als persönliche Liebe: Eine bestimmte Person wird geliebt, eine andere nicht (z. B. Bierhoff & Grau, 1999). Einen etwas breiteren Blickwinkel nimmt Noller (1996) ein, die auf der Basis psychologischer Forschungsliteratur herzuleiten versucht, welche Formen der Liebe in der Familie zufrieden machen. Sie kommt dabei zu dem Schluss, dass es unreife sowie reife Ausprägungen von Liebe gibt. Zu den Ersteren zählt sie heftige Verliebtheit oder suchtähnliche Formen von Leidenschaft, zu Letzteren die freundschaftliche oder die engagierte Liebe.

Brehony (1999) befasst sich ausdrücklich mit der Nächstenliebe und illustriert sie mit anekdotischen Beispielen. Die Grundlage für Güte und Nächstenliebe sieht die Autorin als natürlich im Menschen angelegt, wobei sie sich nicht auf biologische, sondern auf geistig-religiöse und philosophische Quellen beruft. Welwood (1985) setzt sich auf theoretische Weise mit zwei für ihn nicht gleichzeitig miteinander zu vereinbarenden Arten von Liebe auseinander, derjenigen, die Bedingungen stellt, und derjenigen, die dies nicht tut. Liebe, die Bedingungen stellt, fragt z. B., ob andere Menschen unseren Bedürfnissen, Wünschen oder Vorstellungen entsprechen. Sie sei nichts Schlechtes, nur eine weniger hoch entwickelte Form von Liebe. Bedingungslose Liebe kommt nach Welwood (1985) direkt aus unserem Herzen, dem Teil von uns, in dem wir am „zartesten und offensten der Welt um uns herum gegenüber sind" (S. 34, Übers. Auhagen). Jeder von uns besitze diesen intuitiven Sinn für bedingungslose Liebe, deren Gründe vom Verstand nicht vollständig erfasst werden könnten. Diese Form der Liebe resultiere in Freude und Gesundheit. Sie sei jedoch nicht nur eine spontane Äußerung, sondern könne und solle auch geübt werden.

Der vorliegende Ansatz bezeichnet Nächstenliebe im Zusammenhang mit Güte als positive emotionale Haltung in Bezug auf das Denken, Fühlen und Handeln gegenüber allen Menschen. Damit ist Nächstenliebe unpersönlich – nicht auf eine bestimmte Person bezogen – in Abgrenzung zu jenen Liebesarten, die persönlich – auf eine bestimmte Person bezogen – sind. Bei Nächstenliebe, die sich auf ausnahmslos alle Menschen bezieht, sollten die sonst im zwischenmenschlichen Bereich als einflussreich geltenden Merkmale wie Status, Ansehen oder Aussehen (Hinde, 2002) keine Rolle spielen. Nächstenliebe will das Wohl anderer Menschen. Sie schließt die Schädigung durch psychische und physische Gewalt sowie die Verletzung des freien Willens anderer durch Zwang aus. Hierbei kann es begründete Ausnahmen geben – etwa wenn die Ausübung des freien Willens eine Gefährdung der eigenen oder anderer Personen bedeuten kann.

Fazit: Zur Bedeutung von mitmenschlicher Güte

Unterschiede zu bestehenden Modellen. Bierhoff (2002) stellt auf der Basis sorgfältiger Forschung und Literaturrecherche ein hierarchisches Modell sozialer Verhaltensweisen zur Diskussion, in dem Hilfeverhalten als umfassendste Kategorie genannt wird, prosoziales Verhaltens als zweitumfassendste und Altruismus als die am engsten gefasste Kategorie. Diesem Modell zufolge schließt Hilfeverhalten alle Formen zwischenmenschlicher Unterstützung ein. Prosoziales Verhalten beinhalte zum einen die Intention, die Lage des Hilfeempfängers zu verbessern. Zum anderen soll dieser Terminus immer die Hilfe nichtprofessioneller Helfer bezeichnen. Altruismus schließlich bezeichne ein Hilfeverhalten, das sich speziell durch Perspektivenübernahme und Empathie des Helfenden auszeichne (S. 9). Der hier vorgeschlagene Ansatz zum Paradigma des Guten und zur mitmenschlichen Güte lässt sich in dieses Schema nicht einpassen: Erstens liegt hier explizit ein Menschenbild zugrunde, das sowohl das Gute als Wert an sich als auch den Gedanken der Transzendenz einschließt. Es ist ausdrücklich kein biologisches oder ausschließlich säkulares Menschenbild und kann als elaborativ-prospektives Subjektmodell nach Erb (1997) bezeichnet werden. Elaborativ-prospektive Subjektmodelle sehen in Abgrenzung zu den reduktiv-implikativen Menschenbildern (Erb, 1997) den Menschen stärker als entwicklungsfähiges Ganzes. Zweitens wird Güte als Prinzip für das Denken, Fühlen und Handeln aufgefasst, welches auch andere Handlungen als Hilfen beinhalten kann. Drittens entspricht mitmenschliche Güte im Sinne von Autonomie, Selbstlosigkeit und Nächstenliebe keiner unserer derzeitigen gesellschaftlichen Normen wie etwa der Norm der Reziprozität. Viertens wird Altruismus nicht nur im Zusammenhang mit Perspektivenübernahmen und Empathie gesehen, sondern als Möglichkeit, Gutes um seiner selbst willen zu tun.

3 Güte in Gesellschaft und Alltag

Häufigkeit. Güte zeige sich fast nie oder selten in unserer Gesellschaft, äußerten 92,2 Prozent der Befragten in der erwähnten Fragebogenstudie (Auhagen, 2003). Befragt nach der Häufigkeit von Güte in ihrem eigenen Alltag, fand dann aber etwa die Hälfte der Probanden, dass Güte hier häufig vorkomme. Sich selbst schätzten die Befragten als gütiger ein als ihre Umgebung – 86 Prozent bestätigten: „Ich bin ein gütiger Mensch". Fremd- und Selbstbild stimmen also nicht überein. Eine Erklärung hierfür mag die in der Fachliteratur häufig beschriebene selbstwertdienliche Verzerrung sein, also die Neigung, sich selbst in einem positiveren Licht zu sehen (Bierhoff & Herner, 2002).

Pro und Kontra. Der Aussage „Es ist sinnvoll, im Alltag gütig zu sein und so zu handeln" stimmten in der Studie von Auhagen 89 Prozent zu. Im Vergleich dazu fanden nur 19 Prozent, dass es sinnvoll sei, „im Alltag nach den Regeln des Wie-du-mir-so-ich-dir zu handeln, d. h., je nachdem, wie sich ein anderer Mensch mir gegenüber verhält, so sollte ich mich ihm gegenüber verhalten". Die beiden Aussagen sind signifikant negativ korreliert (Korrelationskoeffizient –.42): Wer die Güte-Position bejaht, lehnt die Wie-du-mir-so-ich-dir-Position eher ab und umgekehrt. Eine Clusteranalyse (by K-Means, ein Verfahren, das Personen aufgrund von Ähnlichkeiten zuordnen kann) mit verschiedenen – hier nicht genannten – Aussagen aus dem erwähnten Fragebogen ergab zwei Gruppen (Cluster): Die Personen der ersten Gruppe können als „transzendent-idealistisch Denkende" bezeichnet werden: Sie stehen der Güte-ist-sinnvoll-Position nahe, sind eher gläubig und spirituell, erleben ihr Leben eher als sinnvoll und harmonisch, halten Güte für wünschenswert, wären bereit, sich selbst in Richtung auf Güte hin zu ändern, und stehen dem Kosten-Nutzen-Denken eher reserviert gegenüber. Die „weltlich-pragmatisch Denkenden" dagegen stehen der Wie-du-mir-so-ich-dir Position nahe, sind eher nicht gläubig und spirituell, erleben ihr Leben als weniger sinnvoll und harmonisch, halten Güte eher nicht für wünschenswert, wären eher nicht bereit, sich selbst in Richtung auf Güte hin zu ändern, und stimmen dem Kosten-Nutzen-Denken eher zu.

Argumente für und gegen Güte. Wie werden Zustimmung und Ablehnung zur Güte-ist-sinnvoll-Position und zur Wie-du-mir-so-ich-dir-Position in der genannten Fragebogenstudie begründet? Die im Fragebogen notierten freien Antworten hierzu wurden im Rahmen einer Inhaltsanalyse von zwei unabhängigen Kodiererinnen theoretisch relevanten Kategorien zugeordnet. Begründungen für die Zustimmung zur Güte-ist-sinnvoll-Position waren, dass gütiges Verhalten für das Zusammenleben von Menschen (63,3 Prozent) sowie für einen selbst besser sei (59,2 Prozent). Abgelehnt wurde diese Position von 18,3 Prozent der

Befragten, weil sie mit gütigem Verhalten Schwäche und Nachteile assoziierten (wegen der Möglichkeit der Mehrfachkodierung mehr als 100 Prozent). Abgelehnt wurde das Wie-du-mir-so-ich-dir-Verhalten, weil es die sozialen Beziehungen verschlechtere (39,8 Prozent) sowie zu 25,7 Prozent aus ethischen Gründen (religiöse oder philosophische Haltung) und weil es besser sei, selbstbestimmt zu handeln (21,6 Prozent). Zustimmung zum Wie-du-mir-so-ich-dir-Verhalten wurde aus der jeweiligen Situation heraus begründet, z. B., um auf andere Menschen „pädagogisch" einzuwirken (19,9 Prozent). Außerdem wurde dem Wie-du-mir-so-ich-dir-Prinzip zugestimmt, wenn es sich um positives Verhalten handelte (13,5 Prozent).

> **ÜBUNG**
>
> Eine Barriere für das Ausüben mitmenschlicher Güte scheint die Furcht vor vermeintlicher Schwäche oder Nachteilen zu sein.
> (1) Beobachten Sie während der nächsten Woche Ihre Mitmenschen: Wenn Sie eine Handlung beobachten, die Sie als gütig ansehen, fragen Sie sich: Hatte diese Person dadurch Nachteile? Sehe ich sie deshalb als schwach an?
> (2) Beobachten Sie sich selbst: Haben Sie eine mögliche gütige Handlung unterlassen? Wenn ja, was waren die Gründe?
> Notieren Sie Ihre Beobachtungen und Gedanken wieder in Ihrem kleinen Heft. Ziel dieser Übung ist, sich über mögliche eigene Barrieren klar zu werden.

4   Güte und ein gutes Leben

Das Leben verbessern, Ressourcen entdecken, Stärken entwickeln sind Ziele der Positiven Psychologie. Ergebnisse von Studien legen nahe, dass mitmenschliche Güte hierzu beitragen kann.

Positive Auswirkungen auf die Gesellschaft. Verschiedene Bevölkerungsgruppen teilen die Ansicht – wenn auch in unterschiedlichem Maße –, „dass unsere Gesellschaft sich positiv verändern würde, wenn die Menschen gütiger wären und danach handeln würden". Dies stellte Auhagen in drei bislang unveröffentlichten Studien fest. In einer Straßenumfrage, in der die Meinung von 304 Erwachsenen (Altersdurchschnitt 45,7 Jahre) eingeholt wurde, stimmten der obigen Aussage 20,1 Prozent eher und 67,7 Prozent genau zu. 92 Schülerinnen und Schüler (Altersdurchschnitt 15,5 Jahre) stimmten in einer anderen Studie derselben Aussage zu 43,5 Prozent eher und zu 40,2 Prozent genau zu. Und für 108 Teilnehmerinnen und Teilnehmer eines Kirchentages (Altersdurchschnitt 44,1 Jahre) traf in einer dritten Befragung diese Aussage zu 23,1 Prozent eher und zu 75 Prozent genau zu. Das Ergebnis dieser letzten Studie bestätigt die bereits oben berichtete Tendenz, dass religiös und spirituell orientierte Menschen sich stärker für mitmenschliche Güte aussprechen. Interessant ist auch der Alterseffekt, der darauf hindeutet, dass Jüngere weniger auf mitmenschliche Güte orientiert zu sein scheinen. Er findet sich auch signifikant in den beiden Erwachsenen-Untersuchungsgruppen wieder. Inwieweit dies entweder auf einen Kohorteneffekt oder auf Veränderungen im Lebenslauf zurückgeführt werden kann, bleibt vorerst ein Diskussionspunkt (Nunner-Winkler, 2003).

Individuelles Lebensglück. „Was macht ein Leben gut?" wollten King und Napa (1998) wissen und befragten dazu US-Bürger in verschiedenen Berufen sowie College-Studenten. Neben Lebenssinn (→ Kap. 6, Sinn in unserem Leben) war es moralische Güte, von der die Befragten glaubten, dass sie zu einem guten Leben beitrage. Damit im Einklang stehen Resultate der Fragebogenstudie von Auhagen (2003): Mit der Methode der Regression (einem statistischen Verfahren, das die Beiträge verschiedener Aussagen, Prädiktoren, zur Ausprägung einer weiteren Aussage, Kriterium, berechnen kann) konnten anhand der Angaben über empfundene Harmonie, Gesundheit, Sinnhaftigkeit des Lebens und im Alltag erlebte Güte Rückschlüsse auf das subjektiv empfundene Lebensglück gezogen werden. Mitmenschliche Güte nahm dabei den zweitwichtigsten Platz ein: Wer angab, häufiger Güte im persönlichen Alltag zu erleben, fühlte sich auch glücklicher. Im Vergleich dazu war es nicht möglich, Lebensglück auf der Basis von Kosten-Nutzen-Gesichtspunkten oder Spaß vorherzusagen.

5 Wie Güte sich fördern lässt

Sechs Voraussetzungen. Es hängt von verschiedenen Faktoren ab, ob mitmenschliche Güte künftig einen bedeutsameren Platz in unserer Gesellschaft einnehmen wird oder nicht. Zu diesen zählen ein Bewusstsein von Güte und den mit ihr verbundenen Prozessen, ein ausgeprägter Wille zum Guten, klare Vorstellungen über die Angemessenheit und die Praktizierbarkeit von Güte im Alltag sowie der Abbau von Barrieren, die gütiges Handeln verhindern. Der hier vertretene Ansatz legt den Schwerpunkt auf die Güte, die der Einzelne selbst in die Gesellschaft einbringt, nicht auf die, die er von anderen erwartet. Konkrete Interventionsmethoden zur mitmenschlichen Güte liegen derzeit noch nicht vor. Sechs Voraussetzungen sollten jedoch mindestens erfüllt sein, damit eine Selbständerung, wenn sie überhaupt gewollt wird, eine Chance auf Erfolg hat:

(1) Zunächst sollte erkannt werden, dass das eigene Verhalten überhaupt einer Änderung bedarf. Das ist nicht selbstverständlich, denn viele Menschen betrachten das Verhalten anderer zwar kritisch, nehmen ihr eigenes Handeln jedoch als positiv wahr (s. S. 164).

(2) Es sollte überhaupt der Wunsch bestehen, anders zu handeln. Auch diese Voraussetzung ist nicht trivial, da, anders als beispielsweise als im therapeutischen Bereich, kein Leidensdruck vorliegt.

(3) Jeder noch so kleine Versuch, im zwischenmenschlichen Bereich anders zu handeln, sollte absolut freiwillig geschehen.

(4) Es sollten geeignete Handlungsmotive sowie eine geeignete Motivation vorliegen. Das können ethische Überzeugungen sein („Es ist gut, so zu handeln") oder auch positive Erfahrungen, die aus dem eigenen Handeln resultieren.

(5) Es bedarf außerdem der Überzeugung, dass gütiges Handeln weder ein Zeichen von Schwäche ist, noch Nachteile einbringt. Natürlich muss immer entschieden werden, inwieweit Güte überhaupt angebracht ist. So basieren z. B. viele Situationen professionellen Handelns zu Recht auf der Erwartung von Gegenleistungen, der Erfüllung von Verpflichtungen oder Ähnlichem. Außerdem darf gütiges Handeln nicht dahingehend missverstanden werden, dass es das Setzen von Grenzen im zwischenmenschlichen Zusammenleben ausschließen würde.

(6) Gütiges Handeln sollte als positive Erfahrung, die Freude und Zufriedenheit hervorruft, erlebt werden, denn was uns glücklich macht, hat Chancen, akzeptiert und gelebt zu werden.

Drei Schritte. Der aktive Weg zur Verwirklichung von mitmenschlicher Güte führt für den Einzelnen über mindestens drei Schritte:

(1) Wahrnehmen: die Welt um sich herum sowie sich selbst beobachten;

(2) Umdenken: überlegen, was man anders fühlen sowie machen könnte und möchte;

(3) Umsetzen: die gewonnenen Erkenntnisse in konkretes Erleben und Handeln übersetzen.

Zunächst sollte man seine Wahrnehmung bewusst schärfen, um eigenen und fremden unangemessenen Gewohnheiten auf die Spur zu kommen. Oft ärgern wir uns beispielsweise. Aber selbst wenn wir glauben, dafür eine äußere Berechtigung zu haben, können wir die anderen nicht ändern. Ärger entsteht in uns selbst, und wir haben die Macht, ihm bewusst zu Leibe zu rücken. Ein Schema für die nächste Ärger-Situation wäre: Ich erkenne, dass ich ärgerlich bin, dass mir der Ärger aber nichts nützt, sondern mir die Laune verdirbt. Ich entscheide mich bewusst gegen den Ärger und für etwas anderes, beispielsweise für Verständnis und liebevolle Gedanken. Ich versuche, diese wirklich in mir aufsteigen zu lassen und zu fühlen, z. B., indem ich wiederholt an die liebenswerten Seiten des anderen denke. Ich ersetze den Ärger durch Freundlichkeit. Nicht aufgeben, wenn es nicht gleich beim ersten Mal klappt. Übung macht den Meister.

> **PRAXISTIPP**
>
> Von 696 Menschen, die in vier Studien von Auhagen befragt wurden, sagten 69,4 Prozent, sie seien bereit, sich zu ändern, um gütiger zu werden. Nun ist es nicht einfach, das eigene Verhalten zu beobachten und zu verändern. Folgende Ansätze können dabei hilfreich sein:
>
> **Fuß-in-der-Tür-Technik** (Bierhoff & Herner, 2002; Freedman & Fraser, 1966). Die ursprüngliche Idee hinter dieser Technik ist: Sind Menschen erst einmal bereit, einen kleinen Schritt zu tun, z. B. eine kleine Spende zu tätigen, sind sie danach eher willens, einen größeren Schritt zu unternehmen, z. B. einen größeren Betrag zu spenden. Das kann man auch auf sich selbst anwenden, indem man das Verhalten, das man erreichen möchte, erst einmal in winzigen Schritten erprobt.
>
> **Gewaltfreie Kommunikation** (Rosenberg, 2002). Dieser Ansatz lässt sich im Alltag wie im Konfliktfall verwenden. Mit seiner Hilfe kann man lernen, sich angemessen auszudrücken und empathisch zuzuhören. „Gewaltfrei" steht bei Rosenberg im Gegensatz zu „lebensentfremdend". Lebensentfremdende Kommunikation, etwa moralische Urteile oder Schuldzuweisungen, blockiert oft unser Einfühlungsvermögen. Die vier Grundschritte der gewaltfreien Technik sind:
> (1) Konkrete Handlungen anderer ohne Bewertung beobachten.
> (2) Unsere eigenen Gefühle hierzu wahrnehmen.
> (3) Unsere Bedürfnisse erkennen, die aus diesen Gefühlen entstehen.
> (4) Andere Menschen um eine konkrete Handlung bitten, von der wir glauben, dass sie zur Verbesserung unserer eigenen und der gemeinsamen Lage beiträgt.
>
> Wichtig ist, anderen und auch sich selbst einfühlendes Verständnis entgegenzubringen, konkret zu sein und wirklich nur zu bitten, nicht zu fordern oder zu drohen.

Zitierte Literatur

Archer, J. (2002). Evolutionäre Sozialpsychologie. In W. Stroebe, K. Jonas & M. Hewstone (Hrsg.), Sozialpsychologie. Eine Einführung (S. 25–51). Berlin: Springer.

Asendorpf, J. & Banse, R. (2000). Psychologie der Beziehung. Bern: Huber.

Auhagen, A. E. (2003). Vertrauen und mitmenschliche Güte. In M. K. W. Schweer

(Hrsg.), Vertrauen im Spannungsfeld politischen Handelns. Frankfurt a. M.: Peter Lang.

Auhagen, A. E. & Salisch, M. v. (Hrsg.). (1993). Zwischenmenschliche Beziehungen. Göttingen: Hogrefe.

Batson, C. D. (1998). Altruism and prosocial behavior. In D. T. Gilbert, S. T. Fiske & G. Lindzey (Eds.), The handbook of social psychology, Vol. 2 (pp. 282–316). Boston: McGraw-Hill.

Bierhoff, H. W. (2002). Prosocial behaviour. Hove: Psychology Press.

Bierhoff, H. W. & Grau, I. (1999). Romantische Beziehungen. Bindung, Liebe, Partnerschaft. Bern: Huber.

Bierhoff, H. W. & Herner, M. J. (2002). Begriffswörterbuch Sozialpsychologie. Stuttgart: Kohlhammer.

Bieri, P. (2001). Das Handwerk der Freiheit. Über die Entdeckung des eigenen Willens. München: Hanser.

Borkenau, P. & Ostendorf, F. (1994). NEO-Fünf-Faktoren-Inventar (NEO-FFI) nach Costa & McCrae. Göttingen: Hogrefe.

Brehony, K. A. (1999). Ordinary grace. New York: Riverhead.

Coleman, J. S. (1988). Social capital in the creation of human capital. American Journal of Sociology, 94, Supplement, 95–120.

Cranach, M. v. & Ammann, A. (1999). Die Annahme der Willensfreiheit und ihre Konsequenzen für die Sozialwissenschaften. Ethik und Sozialwissenschaften, 10 (2), 257–267.

Deidenbach, H. (1990). Zur Psychologie der Bergpredigt. Frankfurt a. M.: Fischer.

Die Heilige Schrift. Elberfelder Bibel, revidierte Fassung (1995). Wuppertal: Brockhaus.

Erb, E. (1997). Gegenstands-Problemkonstituierung: Subjekt-Modelle (in) der Psychologie. In N. Groeben (Hrsg.), Zur Programmatik einer sozialwissenschaftlichen Psychologie. Bd. 1 Metatheoretische Perspektiven, 1. Halbband Gegenstandsverständnis, Menschenbilder und Ethik (S. 139–239). Münster: Aschendorff.

Foa, E. B. & Foa, U. G. (1980). Resource Theory: Interpersonal behavior as exchange. In K. J. Gergen, M. S. Grenberg & R. H. Willis (Eds.), Social Exchange (pp. 77–94). New York: Plenum.

Frankl, V. E. (1979). Der Mensch vor der Frage nach dem Sinn. München: Piper.

Freedman, J. L. & Fraser, S. C. (1966). Compliance without pressure: The foot-in-the-door technique. Journal of Personality and Social Psychology, 4, 196–202.

Früh, W. (1981). Inhaltsanalyse. Theorie und Praxis. München: Ölschläger.

Fuhrman, R. W., Bodenhausen, G. von & Lichtenstein, M. (1989). On the trait implications of social behaviors: kindness, intelligence, goodness, and normality ratings for 400 behavior statements. Behavior Research Methods, Instruments, and Computers, 21 (6), 587–597.

Gouldner, A. W. (1960). The norm of reciprocity: A preliminary statement. American Sociological Review, 25, 161–178.

Hinde, R. A. (1997). Relationships. A dialectical perspective. Hove: Psychology Press.

Hinde, R. A. (2002). Why good is good. The sources of morality. London: Routledge.

Homans, C. G. (1972). Elementarformen sozialen Verhaltens. Köln: Westdeutscher Verlag.

King, L. A. & Napa, C. K. (1998). What makes a life good? Journal of Personality and Social Psychology, 75 (1), 156–165.

Noller, P. (1996). What is the thing called love? Defining the love that supports marriage and family. Personal Relationships, 3, 97–115.

Nunner-Winkler, G. (2003). Zur Ethik der freiwilligen Selbstbindung. Erwägen, Wissen, Ethik, 14 (4), 579–589.

Pawlik, K. (1988). Psychodiagnostik zwischen Allgemeiner und Differentieller Psychologie. Zeitschrift für Differentielle und Diagnostische Psychologie, 9, 147–153.

Ritter, J. (Hrsg.). (1974). Historisches Wörterbuch der Philosophie (Bd. 2). Basel: Schwabe.

Rogers, C. R. (1994). Entwicklung der Persönlichkeit. Stuttgart: Klett-Cotta.

Rosenberg, M. B. (2002). Gewaltfreie Kommunikation. Aufrichtig und einfühlsam miteinander sprechen. Neue Wege in der Mediation und im Umgang mit Konflikten. Paderborn: Junfermann.

Schwartz, S. H. (1999). A theory of cultural values and some implications for work. Applied Psychology: An International Review, 48 (1), 23–47.

Thibaut, J. W. & Kelley, H. H. (1959). The social psychology of groups. New York: Wiley.

Uehara, E. S. (1995). Reciprocity reconcidered: Gouldner's moral norm of reciprocity and social support. Journal of Social and Personal Relationships, 12 (4), 483–502.

Welwood, J. (1985). On love conditional and unconditional. Journal of Transpersonal Psychology, 17 (1), 33–40.

Williams, B. (1972/1978). Der Begriff der Moral. Einführung in die Ethik. Ditzingen: Reclam. (Morality. An introduction to ethics. London: Cambridge University Press.)

Wolterstorff, N. (1984). Integration of faith and science – The very idea. Journal of Psychology and Christianity, 3 (2), 12–19.

11 Solidarität
Hans-Werner Bierhoff • Theo Schülken

1 Solidarität in unserer Gesellschaft – Begriffsbestimmung

Beginnen wir mit einem Gedankenexperiment: Wie sieht eine Gesellschaft ohne Solidarität aus? Wodurch ist das typische Verhalten ihrer Mitglieder gekennzeichnet? Unter welchen Bedingungen wird sich eine solche Gesellschaft am ehesten konstituieren?

Die erste Frage kann zunächst mit dem Hinweis auf universellen Wettbewerb – jeder für sich und jeder gegen jeden – beantwortet werden. Es herrscht also eine hochgradige Wettbewerbsorientierung vor, während soziale Unterstützungssysteme vollständig fehlen. Wer in kritischen Situationen versagt, muss sich entweder selbst weiterhelfen können, oder er geht unter. Unter diesen Bedingungen wird das typische Verhalten der Mitglieder durch die egoistische Durchsetzung der eigenen Ziele, den brutalen Einsatz von allen zur Verfügung stehenden Mitteln und durch Verschlagenheit und Gewissenlosigkeit gekennzeichnet sein. Ein Gewissen zu haben wäre ein Luxus, den man sich nicht leisten kann.

Eine solche Gesellschaft wird sich am ehesten dann konstituieren, wenn die Umweltbedingungen so extrem sind, dass das Überleben durch die Knappheit der Mittel gefährdet ist. Diese Bedingungen gehen einher mit fehlenden sozialen Strukturen und Kommunikationsnetzen, so dass es unmöglich ist, sich kooperativ auf den Ernst der Lage vorzubereiten und durch diese Kooperation Vorteile gegenüber individuellem Wettbewerb zu erzielen. Denn eines ist klar: In einer extrem aversiven Umwelt sind die Gesellschaften erfolgreicher, die auf der Kooperation ihrer Mitglieder aufgebaut sind (van de Vliert, 2004). In der Regel ist nämlich die gegenseitige Unterstützung der Mitglieder dadurch gekennzeichnet, dass eine Handlung, die geringe Kosten verursacht (die Hilfeleistung) bei dem Empfänger einen großen Nutzen hervorruft. Wenn z. B. jemand vor dem Ertrinken gerettet wird, ist der Einsatz der Helfer zwar aufwendig, aber nicht extrem, während der Nutzen für den Hilfeempfänger unermesslich ist. In einer aversiven Umwelt werden aber viele solcher lebensbedrohlichen Umstände auftreten, so dass eine kooperative Struktur vielfach von dieser „Kosten des Helfens < Nutzen des Empfängers"-Relation profitieren kann. In der Welt des Wettbewerbs gibt es diesen impliziten Multiplikator nicht (Pruitt, 1968).

Tatsächlich haben sich global andere Gesellschaftsstrukturen durchgesetzt, in denen neben Wettbewerb auch Kooperation und Hilfeleistung eine Rolle spielen. Wenn Kooperation und Hilfeleistung die Beziehungen zwischen Personen kennzeichnen, kann man von Solidarität sprechen. Solidarisches Verhalten zeigt vielfältige Ausprägungen: direkte (im Sinne einer prosozialen Hilfeleistung, z. B. in Form von ehrenamtlichem Engagement) und indirekte (z. B. Spenden für Not leidende Menschen oder benachteiligte Völker).

Beispiele für solidarisches Verhalten
- ▶ Studierende schließen sich zusammen, um in gemeinsamen Protestaktionen gegen die Einführung von Studiengebühren zu demonstrieren.
- ▶ Bei der Hochwasserkatastrophe an der Elbe 2002 schilderten Anwohner die breit angelegten Hilfsaktionen als sehr beeindruckend (z. B. in Dresden). Menschen, die sich nicht kannten, kooperierten und unterstützten sich gegenseitig, um Schaden abzuwenden oder zu mildern.
- ▶ Eine Rentnerin spendet einen nicht unerheblichen Teil ihrer ohnehin geringen Rente für Not leidende Kinder in der Dritten Welt.

Den im Kasten genannten Beispielen solidarischen Verhaltens lassen sich unterschiedliche Formen nichtsolidarischen Handelns gegenüberstellen, z. B. Steuerhinterziehung, Versicherungsbetrug und Schwarzarbeit (vgl. Fetchenhauer, 2001). So nutzte eine Ministerin des sächsischen Kabinetts die Gelegenheit, auf Staatskosten Arbeiten an ihrem Haus in Dresden durchführen zu lassen, obwohl es nicht unmittelbar durch die Flutkatastrophe beschädigt worden war.

Unsolidarisches Verhalten ist nicht unbedingt mit kriminellem Verhalten gleichzusetzen. Wird es von Mitgliedern einer Gruppe entdeckt, dann werden jedoch in der Regel auch Maßnahmen eingeleitet, die ein solches Verhalten zukünftig unterbinden sollen.

Definition

Was ist überhaupt unter dem Begriff Solidarität zu verstehen? Bei www.brockhaus.de wird Solidarität als Zusammengehörigkeitsgefühl und Gemeinsinn bezeichnet. Encarta Online (2003) definiert Solidarität als das Gefühl Einzelner, innerhalb eines sozialen Ganzen (z. B. Gruppe, Staat) zusammenzugehören. Weiterhin wird darunter das Zugehörigkeitsgefühl zu einer sozialen Gesamtheit, die als eine geschlossene Einheit handelt, verstanden.

Zwei Forschungstraditionen. Die Solidaritätsforschung hat nach Nissen (1999) zwei Traditionen. Die erste geht auf eine theologische Perspektive zurück: Der

Tod Jesu wird als Ausdruck der Solidarität Gottes mit den Menschen gesehen. In diesem Kontext stehen christliche Werte wie Nächstenliebe, Selbstlosigkeit, Verzeihen und Vergebung. Es besteht auch ein enger Zusammenhang zum Konzept der Güte (→ Kap. 10, Mitmenschliche Güte). Die zweite Tradition ist mit der Arbeiterbewegung verbunden. Hier meint Solidarität das gemeinsame Bewusstsein der Arbeiter im Hinblick auf ihre Klassen- und Interessenlage. Klassensolidarität zeigt sich in dem Willen, die eigenen Interessen politisch durchzusetzen und sich gegenseitig zu unterstützen. Dieser ideologische Solidaritätsbegriff ist auch heute noch Bestandteil des gewerkschaftlichen Diskurses. Nach Bayertz (1998) kann hier von einer Kampfsolidarität gesprochen werden.

Obwohl der Begriff der Solidarität in sehr unterschiedlichen Kontexten und Disziplinen Verwendung findet und somit eine einheitliche Begriffsbildung sehr schwierig erscheint, kann folgende Definition den weiteren Ausführungen zugrunde gelegt werden.

DEFINITION

Solidarität ist ein emotional getöntes Handlungsmuster, dessen Motivation altruistisch ist und das die Idee von Gerechtigkeit zugrunde legt, der sich die handelnde Person verpflichtet fühlt (Bierhoff & Fetchenhauer, 2001).

Festzustellen ist außerdem, dass Solidarität mit zahlreichen weiteren Begriffen zusammenhängt: z. B. Altruismus, Zivilcourage, Gleichheit, Brüderlichkeit, Gegenseitigkeit, Kooperation, Moral, Hilfeleistung, ehrenamtliches Engagement.

Selbstinteresse versus Gemeinwohl. Solidarität steht in einem ständigen Spannungsverhältnis zwischen dem Selbstinteresse bzw. den Freiheitsrechten des Einzelnen und der Orientierung am Gemeinwohl. Das wird in der Sozialpolitik besonders deutlich (Metz, 1998): Auf der einen Seite ist der Staat in hohem Maße bestrebt, die Autonomie seiner Bürger in diesem Bereich zu gewährleisten. Auf der anderen Seite beruht solidarisches Verhalten der Bürger aber stark auf der Erhebung von Abgaben in Form von Steuern, Arbeitslosenversicherungs- und Krankenversicherungsbeiträgen. Darüber hinaus werden Kontrollinstanzen implementiert, welche die Einhaltung dieser Regeln überwachen. Ein in diesem Kontext auch gesellschaftspolitisch interessanter Sachverhalt war die Einführung des Solidarzuschlages 1995, ein als Ergänzungsabgabe erhobener Zuschlag zur Lohn-, Einkommen- und Körperschaftsteuer. Die Reaktionen der betroffenen Bürger auf den Solidaritätszuschlag waren zwiespältig.

Individualistische und kollektivistische Wertesysteme. Lilli und Luber (2001) gehen davon aus, dass die Balance zwischen Freiheitsrechten und Solidarität in kollektivistischen Gesellschaften eher in Richtung Solidarität verschoben ist, während in individualistischen demokratischen Gesellschaften die Verwirklichung der eigenen Interessen und Ziele dominiert. Individualistische Kulturen zeichnen sich durch einen hohen Grad an persönlicher Freiheit aus. Selbstbestimmung und Selbstverwirklichung werden hier besonders geschätzt. In kollektivistischen Kulturen wird hingegen besonderer Wert auf die Fähigkeit gelegt, sich in vorhandene gesellschaftliche Strukturen einzugliedern. Die Mitglieder dieser Kulturen sehen sich als Teil einer Gemeinschaft, in die es sich einzufügen gilt. Parks und Vu (1994) konnten zeigen, dass Süd-Vietnamesen wesentlich mehr kooperierten als US-Amerikaner. Dieses gilt jedoch nicht uneingeschränkt, da in diesem Experiment die beiden Gruppen jeweils annahmen, dass sie mit Mitgliedern aus der Eigengruppe Kontakt hatten. Conway et al. (2001) vermuten, dass Personen aus kollektivistischen Wertesystemen Hilfeleistung stärker gegenüber Menschen zeigen, die sich in ihrem persönlichen Umfeld befinden, Individualisten hingegen prosoziale Werte eher auf einem abstrakten Niveau zum Ausdruck bringen. Somit stellt sich die Frage, ob Solidarität tatsächlich in kollektivistischen Gesellschaften dominiert oder ob solidarisches Handeln sich in individualistischen und kollektivistischen Kulturen lediglich in unterschiedlicher Form zeigt.

Formen der Solidarität. Betrachtet man solidarisches Verhalten näher, so zeigt sich, dass (mindestens) zwei Formen der Solidarität unterschieden werden können. So ist nach Voland (1998) Solidarität mit dem Ziel, gemeinsame (egoistische) Interessen durchzusetzen, der Solidarität im Sinne einer altruistischen Verpflichtung gegenüber Benachteiligten gegenüberzustellen. Eine ähnliche Zweiteilung findet sich auch bei Bierhoff und Küpper (1998). Sie unterscheiden zwischen Solidarität auf der Grundlage gemeinsamer und Solidarität auf der Grundlage unterschiedlicher Interessen. Diese Gegenüberstellung korrespondiert auch mit der Grundpolarität sozialer Werte, die von Schwartz (1992) als Selbsterhöhung bzw. Selbstüberwindung bezeichnet wird. Die diesen Begriffen zugrunde liegenden Werte wurden bereits 1973 von Rokeach in einer Skala erfasst: Während sich Selbsterhöhung auf Wohlstand, Autorität, soziale Macht, soziale Anerkennung, Ehrgeiz, Erfolg, Einfluss und Vergnügen bezieht, umfasst Selbstüberwindung Hilfsbereitschaft, Ehrlichkeit, soziale Gerechtigkeit, Frieden, Harmonie und Gleichheit der Menschen. Somit ist der Pol Selbsterhöhung der Solidarität bei gleichen Interessen zuzuordnen, und der Pol Selbstüberwindung bezieht sich auf die Solidarität bei unterschiedlichen Interessen.

Wenn für die folgende Darstellung zwischen diesen beiden Grundformen von Solidarität unterschieden wird, so geschieht dies aus didaktischen Gründen – die Zweiteilung soll nicht implizieren, dass verschiedene Formen von Solidarität auch unterschiedlich zu bewerten sind.

> **ÜBUNG**
>
> Stellen Sie sich bitte folgende Fragen:
> ▶ Wo und in welchen Situationen haben Sie sich in der letzten Zeit solidarisch gezeigt? Wie hoch waren dabei Ihre Kosten, wie hoch der Nutzen derjenigen, die von Ihrem Verhalten profitiert haben?
> ▶ Wo haben Sie persönlich solidarisches Verhalten erfahren? Wie sah in diesem Zusammenhang die „Kosten-Nutzen-Relation" aus? Erfolgte das gezeigte oder von Ihnen erlebte solidarische Handeln eher aus einer egoistisch-rationalen Motivation oder eher im Sinne einer normativen Verpflichtung?

2 Solidarität auf der Grundlage gemeinsamer Interessen

Zusammenschluss von Gleichgesinnten. Bei dieser Form von Solidarität steht am Anfang die Erkenntnis, ein bestimmtes Ziel nicht allein erreichen zu können. Ein Zusammenschluss mit Gleichgesinnten scheint die Erreichung dieses Ziels wahrscheinlicher zu machen. Solidarität als Interessenvertretung erfolgt also auf der Basis eines rationalen Kalküls und steht in Übereinstimmung mit Vorhersagen so genannter Rational-Choice-Modelle (vgl. Hechter, 1987). Damit wird ein grundsätzlich nicht egoistisches Verhalten wie Solidarität auf der Grundlage eines Ansatzes erklärt, der von der Idee des rationalen Egoisten ausgeht und somit eine egoistisch-rationale Komponente beinhaltet (Bierhoff, 2000a).

Trittbrettfahren. Diese Form der Solidarität lädt allerdings auch zum sozialen Trittbrettfahren ein. Um dies zu verhindern, müssen entsprechende Sanktionsmechanismen installiert werden.

Soziale Fallen und soziale Hürden. Das auf der folgenden Seite im Kasten ausgeführte Beispiel ist charakteristisch für eine soziale Falle (Hardin, 1968): Kurzfristige individuelle bzw. egoistische Anreize (Belohnungen) führen, wenn alle diesen kurzfristigen Vorteil suchen, langfristig zu Nachteilen (Kosten) für die Gemeinschaft (Platt, 1973).

> **Das Allmendedilemma**
> Die Viehzüchter eines kleinen Dorfes nutzen eine dem Dorf gehörende gemeinsame Weide, die Allmende. Nutzt jeder Dorfbewohner die Weide in angemessener (moderater) Form, so profitieren alle in gleicher Weise, nutzt jeder die Weide hingegen übermäßig, kommt es zu einer Überweidung der Allmende durch die zahlreichen Kühe und Schafe, mit der Folge, dass keiner mehr von der Weide profitieren kann.
>
> Aktuelle Varianten dieses Dilemmas sind die Umweltverschmutzung und der Raubbau an natürlichen Ressourcen (z. B. die Abholzung des Regenwaldes, hoher Strom- oder Ölverbrauch, der verschwenderische Umgang mit Wasser etc.).
> (nach Hardin, 1968)

Bei sozialen Hürden hingegen handelt es sich um soziale Dilemmata, bei denen kurzfristige Kosten dem Individuum unattraktiv erscheinen, langfristig jedoch für das Kollektiv nur Vorteile (Belohnungen) bringen. Ein Beispiel aus der Gegenwart ist das Rentensystem in Deutschland. Hier wird von vielen Bürgern die Höhe der Beiträge moniert. Für viele Beitragszahler steht dabei die Minimierung persönlicher Kosten im Vordergrund. Die Sicherung des Rentensystems bringt jedoch langfristig für alle Beitragszahler Vorteile – spätestens dann, wenn die Leistungen persönlich in Anspruch genommen werden.

Soziale Fallen und soziale Hürden weisen einen Bezug zum Gefangenendilemma auf. Dabei handelt es sich um eine spieltheoretische Konfliktsituation, bei der ein Widerspruch zwischen den eigenen und den kollektiven Zielen besteht. Das bedeutet, dass für den Einzelnen Alternativen vorliegen, deren Auswahl sich kurzfristig für ihn oder sie auszahlt, während sich langfristig für das Kollektiv (und damit evtl. auch für den Einzelnen) Nachteile ergeben. Es besteht also die Versuchung, den eigenen momentanen Vorteil zu verabsolutieren und die späteren Folgen auszublenden (vgl. Scholz et al., 2003). Die vor der Entscheidung stehende Person rechnet damit, durch unkooperatives Verhalten bessere Handlungsergebnisse zu erzielen, wenn andere sich gleichzeitig kooperativ verhalten.

Die Umgehung von Beitragsverpflichtungen (z. B. durch Schwarzarbeit) stellt für das Individuum einen Vorteil dar, solange alle übrigen Mitglieder der Solidargemeinschaft diese Abgaben leisten. Dieses Verhalten wird auch als Trittbrettfahren oder soziales Faulenzen bezeichnet. Würden hingegen alle Mitglieder sich unkooperativ verhalten, würde das Sozialsystem zusammenbrechen, und auch die individuellen Handlungsergebnisse wären geringer als bei kooperativem Verhalten. Somit ist es für die Gesellschaft insgesamt am günstigsten, wenn alle Mitglieder einer Gemeinschaft ihren individuellen Beitrag leisten.

> **Das Gefangenendilemma**
> Dieses klassische Dilemma der Spieltheorie kann anhand folgender Geschichte veranschaulicht werden: Zwei Männer werden wegen eines Bankraubs festgenommen und verhört. Die Beweislage ist nicht eindeutig. In getrennten Verhören (es gibt keine Kommunikationsmöglichkeiten zwischen den Tätern) wird jeder der beiden vor folgende Alternative gestellt: Gestehen oder Leugnen. Nun gibt es insgesamt drei Möglichkeiten bzw. Konstellationen:
> ▶ Keiner von beiden gesteht: Beide werden zu je einem Jahr Haft verurteilt.
> ▶ Beide gestehen: Beide erhalten je fünf Jahre Haft.
> ▶ Einer gesteht, der andere leugnet: Derjenige, der gesteht, wird freigelassen, der andere, der leugnet, wird zu zehn Jahren Haft verurteilt.
>
> Insgesamt wäre die für beide beste Entscheidung, wenn keiner von beiden gestehen würde. Da jedoch beide darauf spekulieren werden, dass der andere leugnet, erscheint es für jeden aus seiner Perspektive günstiger zu gestehen. Er würde dann freigelassen, der andere zu zehn Jahren Haft verurteilt. Verfolgen beide jedoch diese Strategie, ergibt sich für beide ein ungünstiges Ergebnis (je fünf Jahre Haft).
>
> In einem Zwei-Personen-Gefangenendilemma werden die Konsequenzen für die beiden Akteure in einer Gewinnmatrix dargestellt, die angibt, welche Gewinne ein Akteur unter bestimmten Bedingungen, die abhängig von der eigenen Entscheidung und der des Spielpartners sind, erhält. Grundsätzlich stehen eine kooperative und eine unkooperative Alternative zur Verfügung. Um das Dilemma zu erzeugen, werden die Konsequenzen so vorgegeben, dass gegenseitige Kooperation sich auszahlt. Unkooperatives Verhalten zahlt sich nur dann aus, wenn der andere Spieler kooperiert, was bedeutet, dass seine kooperative Haltung ausgenutzt wird. Sind beide Spieler unkooperativ, schützen sie sich davor, ausgenutzt zu werden. Allerdings sind die Gewinne für beide niedrig.

Wie du mir, so ich dir. Eine Möglichkeit, dieses kooperative Verhalten zu fördern, ist die Tit-for-Tat-Strategie („Wie-du-mir-so-ich-dir"-Strategie). Sie beruht auf der Norm der Reziprozität, die besagt, dass sich Individuen gegenüber anderen so verhalten sollten, wie diese sich ihnen gegenüber verhalten haben (Gouldner, 1960). Bei der Tit-for-Tat-Strategie werden eigene Entscheidungen immer von der Entscheidung des Spielpartners abhängig gemacht. Verhält sich dieser kooperativ, ist das eigene Verhalten ebenfalls kooperativ. Unkooperatives Verhalten des anderen wird durch eigenes unkooperatives Verhalten beantwortet. Eine Voraussetzung bei dieser Spielstrategie ist, dass der erste Zug immer kooperativer Natur ist.

Die Tit-for-Tat-Strategie hat sich bei sich wiederholenden sozialen Dilemmata und hier im Besonderen bei Zwei-Personen-Gefangenendilemmata als erfolgreiche Strategie bewährt (vgl. Yamagishi, 1986).

Besondere Probleme großer Gruppen

Anonymität. In Großgruppen schafft das N-Personen-Gefangenendilemma einige besondere Probleme (Dawes, 1980). Während es in dyadischen Beziehungen nicht möglich ist, anonym zu bleiben, ist dies bei großen Gruppen häufig der Fall. Außerdem sind Individuen in größeren Gruppen selten in der Lage, das Verhalten des anderen direkt zu beeinflussen. Hinzu kommt, dass sich die negativen Folgen bei nichtkooperativem Handeln auf viele Personen verteilen, der Schaden für den Einzelnen vergleichsweise gering ist und schädigendes Verhalten häufig auch nicht unmittelbar als solches wahrgenommen wird. Hinsichtlich der eigenen Anstrengungen, kooperatives oder kollektives Verhalten zu beeinflussen bzw. zu fördern, werden Individuen bei zunehmender Gruppengröße pessimistischer.

Diffusion der Verantwortung. In diesem Zusammenhang kommt ein weiteres wichtiges Phänomen zum Tragen: die Diffusion der Verantwortung (s. Berkowitz, 1978). Mit zunehmender Gruppengröße fühlen sich die Gruppenmitglieder immer weniger verantwortlich für ein Ereignis bzw. eine Handlung, da es ihnen leicht fällt, anderen die Verantwortung zuzuschreiben. Diese Tendenz verschärft sich, wenn es Mitglieder gibt, die potentiell größere Handlungskompetenzen besitzen als andere.

> **ÜBUNG**
>
> Denken Sie einen Augenblick darüber nach, inwieweit Ihr (solidarisches) Handeln in Beziehung zur Größe einer Gruppe steht. Wie verhalten Sie sich in der Familie, in Freundschaften, am Arbeitsplatz, im Verein oder bezogen auf die Gesamtgesellschaft? Welche Unterschiede gibt es?

Wie kann diesem Problem großer Gruppen begegnet werden? Eine Möglichkeit besteht darin, das Verantwortungsbewusstsein des Einzelnen durch Kampagnen und Instruktionen zu steigern. Außerdem sollte die Kommunikation zwischen den Mitgliedern einer Gruppe verbessert werden. Ein weiterer Ansatzpunkt ist, das Wir-Gefühl der Solidargemeinschaft zu erhöhen, also die Gruppenidentität zu stärken.

Die Ziel-Erwartungs-Theorie

Wichtig für das solidarische Handeln in Großgruppen ist die Überzeugung des einzelnen Mitglieds, dass die anderen Interaktionspartner ebenfalls in bestimmter Weise handeln. Pruitt und Kimmel (1977) entwickelten in diesem Zusammenhang die Ziel-Erwartungs-Theorie, in der angenommen wird, dass kooperatives Verhalten effektiv gefördert wird, wenn zwei Bedingungen erfüllt sind:
(1) Das Individuum muss selbst kooperative Ziele verfolgen.
(2) Kooperatives Verhalten muss auch von den Interaktionspartnern erwartet werden.

Vertrauen. In diesem Kontext ist auch die Variable Vertrauen zu nennen (→ Kap. 8, Vertrauen). Vertrauen entwickelt sich in interdependenten Beziehungen und wird durch gegenseitige kooperative Verhaltensweisen langfristig vermittelt. Vertrauen bedeutet: Ein Individuum ist davon überzeugt, dass ihm entstandene Kosten bzw. Investitionen von den Interaktionspartnern bei gegebenem Anlass vergolten bzw. ebenfalls geleistet werden.

Relative und fraternalistische Deprivation

Neben einer kollektiven Motivation, bei der die Eigeninteressen mit den Gruppeninteressen verschmelzen (Batson, 1994 u. 1995), kann solidarisches Verhalten auch durch das Gefühl von relativer Deprivation erklärt werden. Relative Deprivation beruht auf sozialen Vergleichen (Festinger, 1954), bei denen eine Benachteiligung gegenüber anderen Personen oder Gruppen empfunden wird.

Runciman (1966) beschreibt das Phänomen der fraternalistischen Deprivation. Diese beruht auf sozialen Vergleichen zwischen einer Binnen- und einer Fremdgruppe, bei denen die eigene Gruppe als benachteiligt empfunden wird (z. B. Bewohner der Dritten Welt gegenüber Bewohnern von Industriestaaten). Es ist nahe liegend anzunehmen, dass fraternalistische Deprivation solidarisches Verhalten fördert.

Beispiel Arbeiterbewegung. Ein Beispiel für solidarisches Verhalten aufgrund fraternalistischer Deprivation ist die schon erwähnte Klassensolidarität der Arbeiterbewegung, bei der sich die Arbeiter als Binnengruppe gegenüber der Gruppe der Unternehmer benachteiligt fühlten und sich gemeinsam gegen diese Benachteiligung auflehnten. Empirische Untersuchungen haben das Phänomen der fraternalistischen Deprivation ebenfalls belegt (vgl. Dion, 1986). Eine Voraussetzung für solidarisches Handeln aufgrund von Deprivation ist, dass die betroffenen Personen glauben, durch ihre Handlungen ihre Ziele wirklich erreichen zu können. So kam es nur deshalb zu den Protesten der Arbeiterbewegung, weil die Arbeiter auch der Überzeugung waren, ihre Ziele zu erreichen.

Soziale Identität

Ein weiterer Erklärungsansatz für Solidarität bei gemeinsamen Interessen ist eng mit der Theorie der Selbstkategorisierung (Turner et al., 1987) verbunden. Im Sinne der Theorie der sozialen Identität (Tajfel & Turner, 1986) trägt die Gruppenidentität in hohem Maße zum Selbstwertgefühl eines Individuums bei. Selbstopfer im Sinne eines solidarischen Handelns, das von einem starken Wir-Gefühl und der Identifikation mit der Eigengruppe begleitet wird, erhöht – moderiert über die Aufwertung der Binnengruppe – den Selbstwert. Somit ist auch diese Form von Solidarität im Grunde genommen egoistischer Natur, da die Erhöhung des Selbstwertgefühls im Vordergrund steht.

3 Solidarität bei unterschiedlichen Interessen

Diese Form solidarischen Handelns beruht im Wesentlichen auf altruistischen Motiven. Im Gegensatz zum oben beschriebenen egoistisch-rationalen Ansatz steht hier nicht die Vertretung eigener Interessen im Vordergrund. Vielmehr ruft die Wahrnehmung der Benachteiligung anderer Menschen bzw. Gruppen moralische Verpflichtungsgefühle hervor.

Ein Beispiel ist das ehrenamtliche Engagement (vgl. Bierhoff & Schülken, 2001). Weitere wichtige Formen sind Zivilcourage und Hilfeverhalten (vgl. Frey et al., 2001). Welche Erklärungen lassen sich für diese Form von Solidarität heranziehen? Ein zentraler Erklärungsansatz beschäftigt sich mit situationsbedingter Empathie, die eine Sorge um das Wohlergehen anderer hervorruft (Bierhoff, 2002).

Gibt es ein eigenständiges altruistisches Motivsystem?

Empathie und Hilfsbereitschaft. Empathie ist nach Hoffman (1978) als Erregung von Gefühlen des Beobachters definiert, die nicht eine Reaktion auf die eigene Situation, sondern eine stellvertretende Reaktion auf eine andere Person sind. Batson (1995) konnte in einer Reihe von Untersuchungen nachweisen, dass großes Mitgefühl zu einer starken Hilfsbereitschaft führt. Die Hilfsbereitschaft war dabei unabhängig von der Möglichkeit, die Situation zu verlassen. In diesen Untersuchungen wurde die Empathie z. B. durch die Ähnlichkeit zum Hilfsbedürftigen variiert, indem die Versuchspersonen einen Fragebogen über die Interessen und Werte des Hilfeempfängers erhielten, der ihren eigenen Vorstellungen entweder entsprach oder nicht entsprach. Der Fragebogen war also so ausgefüllt, dass es hohe Ähnlichkeiten zwischen dem Hilfsbedürftigen und der helfenden Person gab (hohe Empathie) oder geringe Übereinstimmungen (niedrige Empathie). Um dieses Manipulation durchführen zu können, wurden die Werte der Versuchspersonen im Vorhinein erhoben.

Egoistische Motive. Cialdini et al. (1997) schlagen im Gegensatz zu diesem altruistischen Erklärungsansatz von Batson eine egoistische Erklärung vor. In einer Versuchsreihe fanden sie heraus, dass, wenn das Gefühl des Einsseins berücksichtigt wurde, situationsbedingte Empathie kein guter Prädiktor für Hilfeleistung war, dass vielmehr der Einfluss der Nähe zwischen potentiellem Helfer und der Person in Not das prosoziale Verhalten vermittelte. Die Empathie spielte dabei keine (zusätzliche) Rolle. Darüber hinaus argumentieren Cialdini et al. (1987), dass Hilfeleistung in der Sozialisationsgeschichte eines jeden Individuums einen zentralen Stellenwert besitze und insofern eine intrinsisch belohnende Komponente beinhalte, als das Leid einer Person beim Wahrnehmenden negative Affekte auslöse, die durch die Hilfeleistung abgebaut werden könnten.

Begrenzung auf Einzelschicksale. Nach Bierhoff (2000b) lässt sich also die Annahme eines altruistischen Motivsystems, welches unabhängig von einem egoistischen Motivsystem ist, experimentell und theoretisch kaum begründen. Dieses wäre auch aus soziobiologischer Perspektive wenig sinnvoll, da Empathie Hilfeleistungen auf Einzelpersonen begrenzt, mit denen man sich identifiziert. Menschen empfinden keine Gefühle gegenüber sozialen Gruppen, sondern zunächst nur gegenüber Einzelpersonen. Einzelschicksale bewegen uns zur Hilfeleistung. Dieses Phänomen machen sich Hilfsorganisationen zunutze, indem sie bei ihren Spendenaufrufen Einzelschicksale dokumentieren. Eine spezielle Form sind die Patenschaften für Kinder in der Dritten Welt (z. B. das CCF Kinderhilfswerk e.V.). Hier sind die Spenden an ein Kind gebunden, über dessen Entwicklung der Spender regelmäßig (auch anhand von Fotos) unterrichtet wird.

Existentielle Schuld

Eng verbunden mit Empathie ist auch das Konzept der existentiellen Schuld (Hoffman, 1976 u. 1978). Während Empathie jedoch durch die direkte Konfrontation mit Menschen ausgelöst wird, die sich in einer Notlage befinden, ist diese unmittelbare Erfahrung für die Empfindung existentieller Schuld nicht notwendig. Es reicht aus, dass Ungerechtigkeit wahrgenommen und internal attribuiert wird, d. h. die Verantwortung für die Entstehung von Notlagen und deren Beseitigung auf die eigene Person bezogen wird. Existentielle Schuld bedingt nicht zwangsläufig solidarisches Verhalten. Ebenso gut kann moralische Empörung über mächtige Andere ausgelöst werden, die für die bestehende Ungerechtigkeit und auch für notwendige Hilfeleistungen verantwortlich gemacht werden. Die Empörung über mächtige Andere kann zum einen dazu führen, dass solidarisches Handeln unterbleibt, andererseits ist es aber auch sehr gut möglich, dass die Wahrnehmung externaler Ursachen (mächtige Andere) Solidarität hervorruft, in der Protest gegenüber diesen Autoritäten zum Ausdruck kommt.

Existentielle Schuld und Empörung über mächtige Andere verweisen auf zwei Persönlichkeitsmerkmale, die solidarisches Verhalten hemmen bzw. fördern: der Gerechte-Welt-Glaube und die soziale Verantwortung. Diese werden im Folgenden dargestellt, wobei kurz auf die Theorie des geplanten Verhaltens eingegangen wird.

Der Gerechte-Welt-Glaube

Der Gerechte-Welt-Glaube (Dalbert, 1996; Lerner, 1980; Montada & Lerner, 1998) stellt ein zentrales Gerechtigkeitsmotiv dar. Das Leid anderer konfrontiert Individuen mit der Tatsache, dass nicht jeder das erhält, was er ihrer Ansicht nach verdient hat. Der Glaube an eine gerechte Welt wird also in Frage gestellt.

Da Individuen bestrebt sind, dissonante, d. h. unvereinbar erscheinende, Kognitionen zu vermeiden (Festinger, 1964), bestehen zwei grundsätzliche Möglichkeiten, die Wahrnehmung von Gerechtigkeit wieder herzustellen:
(1) Man handelt solidarisch und unterstützt die Betroffenen in Form von direkter oder indirekter Hilfe.
(2) Man wertet das Opfer ab und schreibt ihm die Verantwortung für die Situation zu (Bègue & Bastounis, 2003).

Der Glaube an eine gerechte Welt dient dazu, die Vorstellung aufrechtzuerhalten, dass unsere alltägliche Umwelt sicher und geordnet ist (Dalbert, 1996). Er besitzt somit eine Anpassungsfunktion. Es zeigen sich (positive) Zusammenhänge mit internalen Kontrollüberzeugungen (Bierhoff et al., 1991). Darüber hinaus finden sich positive Korrelationen mit Autoritarismus (Dalbert, 1996; Lerner, 1980; Rubin & Peplau, 1975).

Abwertung von Opfern. Menschen, die an eine gerechte Welt glauben, werden vermutlich zunächst stärker geneigt sein, die als ungerechtfertigt erscheinende Notlage einer anderen Person durch Hilfeleistung zu mildern bzw. zu beenden, als Personen, deren Gerechte-Welt-Glaube geringer ausgeprägt ist. Tatsächlich gibt es Hinweise darauf, dass das Streben nach einer gerechten Welt mit prosozialem Verhalten positiv zusammenhängt (Bierhoff et al., 1991; Miller, 1977a). Allerdings besteht dieser Zusammenhang nur so lange, wie die Person das Ziel, die Gerechtigkeit wiederherzustellen, als realistisch ansieht. Glaubt sie, dass es aussichtslos ist, dem Not leidenden anderen zu helfen (z. B., weil dieser seine Notlage mit vielen anderen Menschen teilt), wird das Streben nach einer gerechten Welt weniger als prosoziales Motiv fungieren. In diesem Fall wird es wahrscheinlicher, dass eine Abwertung des Opfers auftritt, um den Gerechte-Welt-Glauben zu retten (Miller, 1977b). Diese Überlegungen lassen sich in der Aussage zusammenfassen, dass der Gerechte-Welt-Glaube ein bedingtes prosoziales

Motiv darstellt, das nur dann mit Prosozialität zusammenhängt, wenn die Notlage zu bewältigen bzw. überschaubar ist.

Zahlreiche Studien zeigen, dass Opfer abgewertet bzw. negativ bewertet werden und dieses sogar zunimmt, je schwerwiegender die Notlage ist (Bègue & Bastounis, 2003; Krahé, 1985; Lerner & Simmons, 1966). Dalbert (1996) stellte fest, dass ein hoher dispositionaler Glaube an eine gerechte Welt dazu führt, erfolgreiche Menschen zu bewundern und Opfer von Missgeschicken sowie unterprivilegierte Menschen abzuwerten.

Differenzierungen. In mehreren Studien (Dalbert, 1999) konnte gezeigt werden, dass es wichtig ist, zwischen dem allgemeinen und dem persönlichen Gerechte-Welt-Glauben zu trennen. Aus der Perspektive der Zwei-Stufen-Theorie von Egoismus/Altruismus ist diese Unterscheidung von besonderem Interesse. Die Hypothese besteht darin, dass der persönliche Gerechte-Welt-Glaube mit dem Egoismus zusammenhängt, während der allgemeine Gerechte-Welt-Glaube in Zusammenhang mit altruistischen Tendenzen steht.

Maes (1998) differenziert zwei Varianten des Gerechte-Welt-Glaubens: Der Glaube an eine immanente Gerechtigkeit beinhalte, dass fast alle Ereignisse als unmittelbarer Ausdruck allseits waltender Gerechtigkeit aufgefasst würden. Im Gegensatz hierzu impliziere der Glaube an eine erst noch einzufordernde ultimative Gerechtigkeit die Vorstellung, dass diese erst auf lange Sicht hergestellt werde. Maes (2001) ist der Auffassung, dass ein starker Glaube an immanente Gerechtigkeit zur Abwertung unschuldiger Opfer führe, während Personen mit einem starken Glauben an eine ultimativ gerechte Welt sich mit aktuellen Ungerechtigkeiten eher abfinden könnten, wenn sie solidarisch handelten (Maes & Kals, 2002).

Die Theorie des geplanten Verhaltens
Auch die Theorie des geplanten Verhaltens (Ajzen, 1991) kann zur Erklärung solidarischen Handelns herangezogen werden. Solidarisches Verhalten ist danach zunächst durch die Intention, so zu handeln, determiniert. Die Intention wiederum ist durch die persönlichen Einstellungen und subjektiven Normen beeinflusst. Somit hat die Meinung wichtiger Anderer einen starken Einfluss auf solidarisches Verhalten, das unter normativer Kontrolle steht (Trafimow & Fishbein, 1994). Die hier dargestellten Befunde zum Gerechte-Welt-Glauben können also auch mit der Theorie des geplanten Verhaltens (Ajzen, 1991) in Verbindung gebracht werden. Sie dient zur Beantwortung der Frage, wann und unter welchen Umständen Einstellungen in Verhalten umgesetzt werden. Zentral ist in diesem Modell die wahrgenommene Handlungskontrolle. Sie wirkt sich sowohl direkt als auch indirekt – vermittelt über die Handlungsintention – auf die

Handlung aus. Prosozialität bzw. solidarisches Verhalten ist nur dann zu erwarten, wenn Individuen glauben, dass sie zur Bewältigung der Probleme beitragen können.

Soziale Verantwortung

Soziale Verantwortung im Sinne eines Persönlichkeitsmerkmals beinhaltet ein Gefühl der Verpflichtung gegenüber den Mitgliedern einer Gemeinschaft, das in prosozialen Handlungen zum Ausdruck kommt (Bierhoff, 2000b). Auf Grundlage der sozialen Verantwortung (Berkowitz & Daniels, 1963; Bierhoff, 2000c) ist es möglich, das Ausmaß von Hilfeleistung und Einsatz für Andere vorherzusagen. Personen, die ein höheres Maß an sozialer Verantwortung aufweisen, reagieren eher prosozial als Personen, deren soziale Verantwortung niedriger ausgeprägt ist – ein Ergebnis, das erstmalig von Staub (1974) gefunden und inzwischen mehrfach repliziert wurde.

Berkowitz und Daniels (1964) nehmen an, dass sich, was das Ausmaß der persönlichen Verpflichtung zu Hilfe und Solidarität betrifft, individuelle Unterschiede feststellen lassen. Während einige Menschen die Norm der sozialen Verantwortung ernst nehmen und sie als einen persönlichen Standard ansehen, wird sie von anderen mehr oder weniger ignoriert, zumindest was ihre eigene Verhaltensplanung angeht, nicht unbedingt, was ihre Erwartung anderen gegenüber betrifft.

Zwei Dimensionen. Soziale Verantwortung kann als zweidimensionales Konstrukt aufgefasst werden (Bierhoff, 2000c). Aus dem Fragebogen der sozialen Verantwortung, der von Berkowitz und Daniels (1964) entwickelt wurde, lassen sich zwei Dimensionen ableiten, die zwar positiv miteinander zusammenhängen, sich aber im Inhalt deutlich unterscheiden:
(1) Einerseits bezieht sich soziale Verantwortung auf die Erfüllung der berechtigten Erwartungen anderer. In diesem Fall geht es an erster Stelle um die Herstellung von Humanität im sozialen Bereich.
(2) Andererseits bedeutet soziale Verantwortung die Befolgung der sozialen Spielregeln, die durch die Gesellschaft aufgestellt werden und in sozialen Normen zum Ausdruck kommen.

Selbstkategorisierungsprozesse

Auch die Theorie der Selbstkategorisierung kann zur Erklärung von Solidarität bei unterschiedlichen Interessen herangezogen werden. Turner et al. (1987) nehmen einen Prozess der Selbststereotypisierung an: Individuen erwerben in Gruppen Stereotype, die das prototypische (aber nicht tatsächlich) vorhandene Mitglied dieser Gruppe charakterisieren. Der Prozess der Selbststereotypisierung, der auch als Depersonalisierung bezeichnet wird, führt nun dazu, dass in Notlagen oder Gefahrensituationen die Binnengruppenzugehörigkeit wachgerufen und die Selbstwahrnehmung des Einzelnen als austauschbares Mitglied dieser Gruppe aktiviert wird. Die Interessen anderer Personen können nun in die eigenen Interessen transformiert werden. Der Ansatz von Turner et al. (1987) ist also in der Lage, altruistisches, kooperatives und somit auch solidarisches Verhalten zu erklären. Eng verbunden mit dieser Theorie ist auch die schon erläuterte Empathie.

4   Ist Solidarität ein Auslaufmodell?

Kommen wir nun zum Anfang dieses Kapitels zurück, an dem wir das Szenario einer nichtsolidarischen Gesellschaft entwarfen. Ein solches Szenario ist nicht wünschenswert, und es findet auch nicht statt. Solidarität ist kein Auslaufmodell! Die Frage, ob solidarisches Verhalten in den letzten Jahren konstant geblieben ist oder ob es abgenommen oder zugenommen hat, kann nicht ohne weiteres beantwortet werden. Auch stellt sich die Frage, ob sich nicht neue Formen solidarischen Handelns entwickelt haben, z. B. Asylhelferkreise, die Dritte-Welt-Bewegung oder die Bewegung der Globalisierungsgegner (vgl. Rucht, 2001).

Wie lässt sich solidarisches Verhalten fördern?
Wie bereits erläutert, wurde die Zweiteilung der Solidaritätsformen in die Solidarität bei gemeinsamen und die Solidarität bei unterschiedlichen Interessen aus didaktischen Gründen durchgeführt. Sie enthält keine Bewertung. Aus der Perspektive der Positiven Psychologie ist es uns wichtiger, den Blick nach vorn zu richten und die Frage zu stellen, wie solidarisches Verhalten gefördert werden kann.

Jeder Einzelne ist gefragt. Unsere Ausführungen zur egoistisch-rationalen Komponente der Solidarität haben gezeigt, dass es aus unterschiedlichen Gründen notwendig ist, unsolidarisches Verhalten (z. B. Trittbrettfahren) zu sanktionieren und solidarisches Handeln zu fördern. Weitere Ausführungen hierzu weisen aber auch deutlich darauf hin, dass jedes Mitglied einer Gesellschaft sich zunächst einmal selbst die Frage stellen muss, inwieweit er bzw. sie solidarisches Verhalten zeigt. Wann leben wir bewusst auf Kosten anderer, indem wir uns Vorteile erschleichen? Untersuchungen zeigen, dass sich in dieser Hinsicht große nationale Unterschiede finden lassen (Fetchenhauer & van der Vegt, 2001). Ein Nationenvergleich verdeutlicht, dass Deutschland im Hinblick auf finanzielle Ehrlichkeit im unteren Mittelfeld rangiert. Noch weiter hinten liegen Frankreich, Belgien und Portugal, deutlich höher rangieren die Schweiz und Österreich. In diesem Kontext spielt Vertrauen als „soziales Kapital" eine zentrale Rolle (Fetchenhauer & van der Vegt, 2001; → Kap. 8, Vertrauen). Mit „sozialem Kapital" ist nicht finanzielles Eigentum gemeint, sondern ein gesellschaftlicher Pluspunkt, der die Leistungsfähigkeit steigert.

Empathie, existentielle Schuld und die Empörung über mächtige Andere können Mitglieder einer Gesellschaft dazu aufrufen, sich solidarisch zu verhalten. Darüber hinaus sind die Theorie des geplanten Verhaltens (Ajzen, 1991), der Gerechte-Welt-Glaube (Dalbert, 1996; Montada & Lerner, 1998) und die empfundene Handlungskontrolle von großer Bedeutung. Erst wenn Mitglieder einer Gesellschaft das Gefühl vermittelt bekommen, einen wichtigen Beitrag für die Gesellschaft leisten zu können, wird sich dieses mittelbar begünstigend auf solidarisches Verhalten auswirken. Dies wird erleichtert, wenn die Gesellschaft als demokratische Gesellschaft erlebt wird und solidarisches Verhalten sich nicht nur als Reaktion auf die Empörung über mächtige Andere zeigt.

Aus der Perspektive des Intergruppenansatzes besteht eine Möglichkeit zur Förderung solidarischen Verhaltens darin, die Grenzen zwischen Binnen- und Fremdgruppe aufzulösen. Kollektivistisch motivierte Solidarität kann dadurch gefördert werden, dass sich Mitglieder der Eigengruppe im Sinne einer übergeordneten Kategorie als Teil einer Großgruppe verstehen, in der sich alle Personen der gesamten Menschheit verpflichtet fühlen.

Krettenauer (2001) weist darauf hin, dass es in den vergangenen Jahrzehnten zu einer zunehmenden Individualisierung der Jugendphase gekommen ist, sieht jedoch hierin auch eine Solidaritätschance. Die Individualisierung bietet eher die Möglichkeit zu moralischen Urteilen auf dem postkonventionellen Niveau (Kohlberg, 1995) und somit die Chance, dass sich sowohl Hilfsbedürftige wie auch Erbringer von Hilfeleistungen nicht als Angehörige unterschiedlicher sozialer oder ethnischer Gruppen, sondern als Individuen wahrnehmen.

Als ein Beispiel aus der jüngeren Vergangenheit solidarischer Bewegungen kann die transnationale globalisierungskritische Bewegung genannt werden (Rucht, 2001). Hierunter fallen zahlreiche Organisationen mit unterschiedlicher Ausrichtung, die jedoch ein gemeinsames, übergeordnetes Ziel aufweisen: die Herstellung ökonomischer, politischer und sozialer Gerechtigkeit.

Zitierte Literatur

Ajzen, I. (1991). The theory of planned behaviour. Organizational Behaviour and Human Decision Processes, 50, 179–211.

Batson, C. D. (1994). Why act for the public good? Four answers. Personality and Social Psychology Bulletin, 20, 603–610.

Batson, C. D. (1995). Prosocial motivation: Why do we help others? In A. Tesser (Ed.), Advanced Social Psychology (pp. 333–381). New York: McGraw-Hill.

Bayertz, K. (1998). Begriff und Problem der Solidarität. In K. Bayertz (Hrsg.), Solidarität: Begriff und Problem (S. 11–53). Frankfurt a. M.: Suhrkamp.

Bègue, L. & Bastounis, M. (2003). Two spheres of belief in justice: Extensive support for the bidimensional model of belief in a just world. Journal of Personality, 71, 435–463.

Berkowitz, L. (1978). Decreased helpfulness with increased group size through lessening the effects of the needy individual's dependency. Journal of Personality, 46, 299–310.

Berkowitz, L. & Daniels, L. R. (1963). Responsibility and dependency. Journal of Abnormal and Social Psychology, 66, 429–436.

Berkowitz, L. & Daniels, L. R. (1964). Affecting the salience of the social responsibility norm. Effects of past help on the response to dependency relationships. Journal of Abnormal and Social Psychology, 68, 275–281.

Bierhoff, H. W. (2000a). Zwei konkurrierende Solidaritäten. Herausforderungen für die Politische Bildung. Polis – Report der Deutschen Vereinigung für Politische Bildung, 2/2000, 8–9.

Bierhoff, H. W. (2000b). Sozialpsychologie. Stuttgart: Kohlhammer.

Bierhoff, H. W. (2000c). Skala der sozialen Verantwortung nach Berkowitz und Daniels: Entwicklung und Validierung. Diagnostica, 46, 18–28.

Bierhoff, H. W. (2002). Prosocial behaviour. London: Psychology Press.

Bierhoff, H. W. & Fetchenhauer, D. (2001). Solidarität: Themen und Probleme. In H. W. Bierhoff & D. Fetchenhauer (Hrsg.), Solidarität – Konflikt, Umwelt und Dritte Welt (S. 9–19). Opladen: Leske + Budrich.

Bierhoff, H. W., Klein, R. & Kramp, P. (1991). Evidence for the altruistic personality from data on accident research. Journal of Personality, 59, 263–280.

Bierhoff, H. W. & Küpper, B. (1998). Sozialpsychologie der Solidarität. In K. Bayertz (Hrsg.), Solidarität: Begriff und Problem (S. 263–296). Frankfurt a. M.: Suhrkamp.

Bierhoff, H. W. & Schülken, T. (2001). Ehrenamtliches Engagement. In H. W. Bierhoff & D. Fetchenhauer (Hrsg.), Solidarität – Konflikt, Umwelt und Dritte Welt (S. 183–204). Opladen: Leske + Budrich.

Cialdini, R. B., Brown, S. L., Lewis, B. P., Luce, C. & Neuberg, S. L. (1997). Reinterpreting the empathy-altruism relationship: When one into one equals oneness. Journal of Personality and Social Psychology, 73, 481–494.

Cialdini, R. B., Schaller, M., Houlihan, D., Arps, K., Fultz, J. & Beaman, A. L. (1987). Empathy-based helping: Is it selflessly or selfishly motivated? Journal of Personality and Social Psychology, 52, 749–758.

Conway, L. G., III, Ryder, A. G., Tweed, R. G. & Sokol, B. W. (2001). Intra-national cultural variation: Exploring further implications of collectivism within the United States. Journal of Cross-Cultural Psychology, 32, 681–697.

Dalbert, C. (1996). Über den Umgang mit Ungerechtigkeit. Eine psychologische Analyse. Bern: Huber.

Dalbert, C. (1999). The world is more just for me than generally: About the personal belief in a just world scale's validity: Social Justice Research, 12, 79–98.

Dawes, R. M. (1980). Social dilemmas. Annual Review of Psychology, 31, 169–193.

Dion, K. L. (1986). Responses to perceived discrimination and relative deprivation. In J. M. Olson, C. P. Herman & M. P. Zanna (Eds.), Relative deprivation and social comparison (pp. 159–179). Hillsdale, NJ: Lawrence Erlbaum.

Festinger, L. (1954). A theory of social comparison processes. Human Relations, 7, 117–140.

Festinger, L. (1964). Conflict, decision, and dissonance. Stanford, CA: Stanford University Press.

Fetchenhauer, D. (2001). Fehlende Solidarität: Zur Erklärung von Steuerhinterziehung, Schwarzarbeit und (Sozial-)Versicherungsbetrug. In H. W. Bierhoff & D. Fetchenhauer (Hrsg.), Solidarität – Konflikt, Umwelt und Dritte Welt (S. 205–230). Opladen: Leske + Budrich.

Fetchenhauer, D. & van der Vegt, G. (2001). Honesty, trust and economic growth. A cross-cultural comparison of western industrialized countries. Zeitschrift für Sozialpsychologie, 32, 189–200.

Frey, D., Neumann, R. & Schäfer, M. (2001). Determinanten von Zivilcourage und Hilfeverhalten. In H. W. Bierhoff & D. Fetchenhauer (Hrsg.), Solidarität – Konflikt, Umwelt und Dritte Welt (S. 93–122). Opladen: Leske + Budrich.

Gouldner, A. W. (1960). The norm of reciprocity: A preliminary statement. American Sociological Review, 25, 161–178.

Hardin, C. D. (1968). The tragedy of the commons. Science, 162, 1243–1248.

Hechter, M. (1987). Theories of group solidarity. Berkley, CA: University of California Press.

Hoffman, M. L. (1976). Empathy, role taking, guilt, and development of altruistic motives. In T. Lickona (Ed.), Moral development and behavior (pp. 124–143). New York: Holt.

Hoffman, M. L. (1978). Empathy, its development and prosocial implications. In C. B. Keasey (Ed.), Nebraska Symposium on Motivation, 25 (pp. 169–218). Lincoln, NE: University of Nebraska Press.

Kohlberg, L. (1995). Die Psychologie der Moralentwicklung. Frankfurt a. M.: Suhrkamp.

Krahé, B. (1985). Die Zuschreibung von Verantwortlichkeit nach Vergewaltigungen: Opfer und Täter im Dickicht der attributionstheoretischen Forschung. Psychologische Rundschau, 36, 67–82.

Krettenauer, T. (2001). Solidarität und soziales Engagement: Entwicklungsbedingungen im Jugendalter. In H. W. Bierhoff & D. Fetchenhauer (Hrsg.), Solidarität – Konflikt, Umwelt und Dritte Welt (S. 23–41). Opladen: Leske + Budrich.

Lerner, M. J. (1980). The belief in a just world: A fundamental delusion. New York: Plenum.

Lerner, M. J. & Simmons, C. H. (1966). Observer's reaction to the „innocent victim": Compassion or rejection? Journal of Personality and Social Psychology, 9, 226–232.

Lilli, W. & Luber, M. (2001). Solidarität aus sozialpsychologischer Sicht. In H. W. Bierhoff & D. Fetchenhauer (Hrsg.), Solidarität – Konflikt, Umwelt und Dritte Welt (S. 273–291). Opladen: Leske + Budrich.

Maes, J. (1998). Immanent justice and ultimate justice: Two ways of believing in justice. In L. Montada & M. J. Lerner (Eds.), Responses to victimizations and belief in a just world (pp. 99–114). New York: Plenum.

Maes, J. (2001). Solidarität – eine Frage der Persönlichkeit? In H. W. Bierhoff & D. Fetchenhauer (Hrsg.), Solidarität – Konflikt, Umwelt und Dritte Welt (S. 293–320). Opladen: Leske + Budrich.

Maes, J. & Kals, E. (2002). Justice beliefs in school: Distinguishing ultimate and immanent justice. Social Justice Research, 15, 227–244.

Metz, K. H. (1998). Solidarität und Geschichte. Institution und sozialer Begriff der Solidarität in Westeuropa im 19. Jahrhundert. In K. Bayertz (Hrsg.), Solidarität: Begriff und Problem (S. 172–194). Frankfurt a. M.: Suhrkamp.

Miller, D. T. (1977a). Personal deserving versus justice for others: An exploration of the justice motive. Journal of Experimental Social Psychology, 13, 1–13.

Miller, D. T. (1977b). Altruism and threat to a belief in a just world. Journal of Experimental Social Psychology, 13, 113–124.

Montada, L. & Lerner, M. J. (Eds.). (1998). Responses to victimizations and belief in a just world. New York: Plenum.

Nissen, S. (1999). Zu den Entstehungs- und Geltungsbedingungen von Solidarität. Ethik und Sozialwissenschaften, 10, 224–226.

Parks, C. D. & Vu, A. D. (1994). Social dilemma behavior of individuals from highly individualist and collectivist cultures. Journal of Conflict Resolution, 38, 811–819.

Platt, J. (1973). Social traps. American Psychologist, 28, 641–651.

Pruitt, D. G. (1968). Reciprocity and credit building in a laboratory dyad. Journal of Personality and Social Psychology, 8, 143–147.

Pruitt, D. G. & Kimmel, M. J. (1977). Twenty years of experimental gaming: Critique, synthesis and suggestions for the future. Annual Review of Psychology, 28, 363–392.

Rokeach, M. (1973). The nature of human values. New York: Free Press.

Rubin, Z. & Peplau, L. A. (1975). Who believes in a just world? Journal of Social Issues, 31 (3), 65–89.

Rucht, D. (2001). Solidaritätsbewegungen. In H. W. Bierhoff & D. Fetchenhauer (Hrsg.), Solidarität – Konflikt, Umwelt und Dritte Welt (S. 43–63). Opladen: Leske + Budrich.

Runciman, W. G. (1966). Relative deprivation and social justice. Berkley, CA: University of California Press.

Scholz, R. W., Mieg, H. A. & Weber, O. (2003). Entscheidung. In A. E. Auhagen & H. W. Bierhoff (Hrsg.), Angewandte Sozialpsychologie. Das Praxishandbuch (S. 194–219). Weinheim: Beltz PVU.

Schwartz, S. H. (1992). Universals in the content and structure of values: Theoretical advances and empirical tests in 20 countries. In L. Berkowitz (Ed.), Advances in experimental social psychology, 25 (pp. 1–65). San Diego, CA: Academic Press.

Staub, E. (1974). Helping a distressed person: Social, personality, stimulus determinants. In L. Berkowitz (Ed.), Advances in experimental social psychology, 7 (pp. 293–341). New York: Academic Press.

Tajfel, H. & Turner, J. C. (1986). The social identity theory of intergroup behavior. In S. Worchel & W. G. Austin (Eds.), Psychology of intergroup relations (pp. 7–24). Chicago: Nelson.

Trafimow, D. & Fishbein, M. (1994). The moderation effect of behavior type on the subjective norm-behavior relationship. Journal of Social Psychology, 134, 755–763.

Turner, J. C., Hogg, M. A., Oakes, P. J., Reicher, S. D. & Wetherell, M. S. (1987). Rediscovering the social group. A self-categorization theory. Oxford: Blackwell.

van de Vliert, E. (2004). Cross-national differences in weak solidarity. In D. Fetchenhauer, A. Flache, B. Buunk & S. Lindenberg (Eds.), Solidarity and prosocial behaviour. New York: Plenum.

Voland, E. (1998). Die Natur der Solidarität. In K. Bayertz (Hrsg.), Solidarität: Begriff und Problem (S. 297–318). Frankfurt a. M.: Suhrkamp.

Yamagishi, T. (1986). The provision of a sanctioning system as a public good. Journal of Personality and Social Psychology, 51, 110–116.

12 Zentrale Lebensthemen als Schlüssel zu einem positiven Leben

Ann Elisabeth Auhagen

Positives Denken, Gelassenheit, Geborgenheit, Spiritualität und Religiosität, Sinn im Leben, ethische Kommunikation, Vertrauen, Verzeihen, mitmenschliche Güte und Solidarität sind umfassende Konzepte und zugleich zentrale Lebensthemen. Sie kommen in dieser oder jener Form, in unterschiedlicher Intensität und zu unterschiedlichen Zeitpunkten auf uns alle zu – jetzt oder später. Mit den genannten Konzepten verbinden wir in unserer Alltagspsychologie meist Positives: Wir fühlen oder haben die Erfahrung gemacht, dass beispielsweise Gelassenheit oder Verzeihen etwas Gutes für uns und andere bedeuten. Die in diesem Buch beschriebenen erfahrungswissenschaftlichen Resultate der Positiven Psychologie stützen diese alltägliche Sichtweise: Die oben genannten Lebensthemen werden nicht nur positiv bewertet, sie scheinen auch zum Teil untereinander sowie mit weiteren positiven Inhalten zusammenzuhängen. Wird mit diesen Themen in einer angemessenen Weise umgegangen und sind sie in unserem Leben ausreichend präsent, wirken sich zudem ihre Begleitumstände und Folgen fast immer günstig und hilfreich auf viele Lebensbereiche und auf unser Wohlbefinden aus. Werden in Bezug auf diese Themen umgekehrt Mangel, starke Unsicherheit oder Resignation – mehr oder weniger bewusst – erlebt, sind schwierige, oft als unangenehm erlebte Zustände die Folge. Was also macht das Gelingen aus? Welche übergreifenden Merkmale und Strategien lassen sich hinsichtlich dieser zentralen Lebensthemen finden?

1 Wie das Leben gelingen kann: Prozesse und Strategien

Aktive Gestaltung

Die erste fundamentale Erkenntnis aus den präsentierten Theorien, Ansätzen, Sichtweisen, Resultaten und Anregungen ist: Wir müssen weder hilflos noch tatenlos durch unser Leben gehen. Ob wir bereits über bestimmte Stärken, Tugenden und Ressourcen verfügen oder ob wir auf für uns bislang unsicherem Terrain weitere erwerben möchten – stets haben wir die Möglichkeit der aktiven

Gestaltung. Immer können wir uns entwickeln und weiterentwickeln. Dabei geht es um mehr als um die Bewältigung so genannter kritischer Lebensereignisse wie Krankheit, Trennung oder Umzug (s. a. Larsen et al., 2003): Es geht um nicht mehr und nicht weniger als um die aktive Gestaltung unseres eigenen Lebens.

Antwortcharakter des Lebens. Die aktive Gestaltung des Lebens ist, selbst wenn sie auf wünschenswerte Situationen abzielt, keineswegs eine triviale Aufgabe. Leben wir nicht manchmal recht unbewusst einfach so dahin? Häufig genug allerdings werden wir, so scheint es, mit Lebensumständen konfrontiert, die wir ganz und gar nicht wollen. Manch einer steckt da zwar den Kopf in den Sand – aber ist das immer hilfreich? Nach Viktor Frankl (1979) hat das Leben sowohl einen Aufgaben- als auch einen Antwortcharakter: Der Mensch sei in dem Sinne ein Befragter, als er auf die jeweiligen Fragen, die ihm das Leben stelle, zu antworten habe – und zwar im Denken, Fühlen und Handeln. Man kann diese Aussage im Sinne der hier angesprochenen aktiven Gestaltung interpretieren, sollte sie aber nicht als Aufforderung zu hektischem Aktivismus missverstehen.

Angeeigneter Wille. Um zentrale Lebensthemen aktiv zu gestalten, brauchen wir Entscheidungskraft, Ideen und Techniken. Ein nützliches Instrument ist unser Wille. Wiewohl theoretisch umstritten ist, ob dieser wirklich frei zu nennen sei (→ Kap. 10, Mitmenschliche Güte), spüren wir meist, dass wir sowohl zwischen Entscheidungsalternativen zu wählen imstande sind als auch kraft unseres Willens etwas bewirken können. Nützlich erscheint in diesem Zusammenhang der philosophische Ansatz von Peter Bieri (2001), der sich auch psychologisch weiter ausbauen ließe: Nach Bieri können wir unseren Willen in schöpferischer Weise – im Sinne eines „Handwerks der Freiheit" – gestalten (Bieri, 2001). Dies sei eine „weitergehende, reichere Form von Willensfreiheit" (S. 382), ein „angeeigneter Wille" (S. 384). Diese Aneignung geschieht nach Bieri in drei Dimensionen:

(1) „Artikulation": Man verschafft sich Klarheit über das, was man will, z. B., indem man seine Wünsche ausspricht, aufschreibt oder Bilder dafür findet. Eine unvoreingenommene Bestandsaufnahme der eigenen Wünsche hilft, Lebenslügen aufzulösen und einen Standpunkt zu entwickeln, von dem aus man über sein Wollen urteilen kann.

(2) „Verstehen": Der Eindruck der Fremdheit und Fremdbestimmtheit entsteht dann, wenn unser Wille sich unserem Verständnis widersetzt. Wenn es uns gelingt, die in einem scheinbar ungereimten Willen verborgene Stimmigkeit zu entdecken, verschwindet der Eindruck, „daß es Wünsche gibt, die als Fremdkörper in uns wuchern" (S. 395). Unser Wille ist nicht länger eine fremde Macht, von der wir uns getrieben fühlen.

(3) „Bewertung": Unser Wille kann uns auch deshalb als unfrei oder fremd erscheinen, weil wir ihn ablehnen. Bei diesem Schritt geht es darum, inneren Abstand zu unserem Willen zu gewinnen, indem wir ihn bewerten. Wenn wir zu der Aussage gelangen können: „Mein Wille ist frei, weil er der Wille ist, den ich haben möchte" (S. 399), gelingt es uns immer mehr, aus einem Willen heraus zu leben, den wir gutheißen können.

Bieris Idee des angeeigneten Willens beinhaltet die Aspekte der Aktivität und der positiven Bewertung – Aspekte also, die auch für die in diesem Buch behandelten Themen von zentraler Bedeutung sind.

Große und kleine Fortschritte. Neben grundsätzlicheren Erwägungen zur aktiven Gestaltung zentraler Lebensthemen geht es im Alltag vor allem um das konkrete Wie. Obwohl sicher manchmal große Schritte gelingen (wie in der Geschichte am Schluss dieses Kapitels), sind die kleinen Schritte wahrscheinlicher und oft auch empfehlenswerter. Wer würde sich nicht überfordert fühlen und den Mut sinken lassen, wenn er sich gleichzeitig allen in diesem Band angesprochenen Lebensthemen aktiv gestaltend zuwenden sollte? Besser und realistischer scheint es, jeden Tag einen kleinen Fortschritt zu erzielen. Auch dazu braucht man Mut und Durchhaltevermögen.

Verzicht auf Patentrezepte. Einige Techniken zur aktiven Gestaltung zentraler Lebensthemen werden in den vorangegangenen Kapiteln angeboten. Weitere können der psychologischen Fachliteratur entnommen oder selbst entwickelt werden. Patentrezepte kann und darf es jedoch nicht geben: Zu individuell ist die persönliche Geschichte der Einzelnen, zu spezifisch ihre jeweilige Lebenssituation. Drei fundamentale Schritte dürften jedoch zu jeder aktiven Gestaltung gehören:
(1) Wahrnehmen und Beobachten: führen zum bewussteren Erleben eigener und fremder Verhaltensweisen.
(2) Entwickeln und Einüben: neue Gestaltungsmöglichkeiten und Ziele finden und realisieren.
(3) Überprüfen und Festigen: Wenn sich herausstellt, dass die neuen Erlebens- und Verhaltensweisen zum gewünschten Erfolg führen, können sie gefestigt und möglicherweise auch für andere Situationen übernommen werden.

Der Mensch in seiner Gesamtheit ist angesprochen

Die zweite wichtige Erkenntnis – das zeigen alle Kapitel – ist, dass zentrale Lebensthemen den Menschen in seiner Gesamtheit ansprechen. Das heißt zum einen, dass sowohl kognitive und emotionale Bereiche als auch das konkrete Handeln berührt werden. Zum anderen umfasst der Begriff der Gesamtheit eine Kombination aus Bestehendem und Neuem: Auf bereits erworbenen Stärken und Fähigkeiten können neue Sicht- und Verhaltensweisen aufbauen. Schließlich beinhaltet eine holistische Perspektive qualitative und quantitative Aspekte: Man lernt beispielsweise, auf eine andere Art zu verzeihen, und setzt dies dann auch öfter in die Tat um.

Positive Wirkungen auf uns und auf andere
Als dritte übergreifende Erkenntnis findet sich, dass man im Rahmen der angesprochenen zentralen Lebensthemen immer sowohl die eigene Person als auch andere Menschen berücksichtigen kann. Bei einigen Konzepten ist dies unmittelbar evident, da sie auf dem Gedanken der Gemeinsamkeit basieren: ethische Kommunikation, Vertrauen, Verzeihen, mitmenschliche Güte und Solidarität. Hingegen sind Positives Denken, Gelassenheit, Geborgenheit, Spiritualität und Religiosität sowie Lebenssinn Themen, die auf den ersten Blick eher für den Einzelnen bedeutsam erscheinen. Mit dem Gedanken des Gebens wird jedoch auch hier der Bogen zu anderen Menschen geschlagen: Wir können mithelfen, dass andere diese Stärken erwerben und empfinden können. Ebenso können dies andere für uns tun.

2   Positives zu Positivem

Beobachtungen in der Psychologie wie auch in der Philosophie deuten auf ein Phänomen hin, das man mit „Ähnliches zu Ähnlichem" umschreiben könnte. Bereits Platon schlug vor, Freundschaft mit Ähnlichkeit zu erklären (Ritter, 1971). Aber auch in anderen Sozialbeziehungen scheint Ähnlichkeit eine gewisse Rolle zu spielen (Wolf, 1997), jedenfalls fühlen wir uns offenbar von Menschen angezogen, die wir für wesensverwandt halten (Byrne, 1971).

Diese Beispiele sind zunächst wertneutral. Wenn es aber eine Tendenz gibt, dass sich Ähnliches zu Ähnlichem gesellt, kann geschlossen werden, dass auch Positives zu Positivem kommt. Interessanterweise gibt es neurologische Hinweise darauf, dass Positives und Negatives im Gehirn in unterschiedlichen Arealen abgebildet werden, und diese Erkenntnis wird bereits psychotherapeutisch genutzt (Grawe, 2004; → Kap. 2, Positives Denken, S. 19). An einem innerpsychischen Prozess mitzuwirken, der sich ständig durch Positives aufwärts bewegt, kann als Aufgabe der Positiven Psychologie verstanden werden.

Die in diesem Buch behandelten und weitere zentrale Lebensthemen können dabei in dreifacher Weise hilfreich sein: Erstens, indem sie durch den Einzelnen – allein oder mit der Unterstützung anderer – positiv angegangen und bearbeitet werden, zweitens, indem sie zur Verbesserung unserer Befindlichkeit und der Befindlichkeit anderer beitragen, und drittens, indem das so bewirkte Positive mehr Positives anzieht. Durch diesen vielschichtigen Prozess können zentrale Lebensthemen aus der Perspektive der Positiven Psychologie Schlüssel zu einem positiven Leben werden – für jeden Einzelnen von uns und damit für uns alle.

Dem Leben ein neues Gesicht geben: Eine positive Erfahrung
Die abschließend zitierte Begebenheit aus dem Klassiker von William James: „Die Vielfalt religiöser Erfahrung" (1902/1997, S. 200 ff.) ist ein gutes Beispiel dafür, wie das Positive im Leben eines Menschen immer mehr Positives anzieht: Ausgangspunkt ist ein Gespräch des Ich-Erzählers mit einem Freund. Die beiden reden über Selbstkontrolle und darüber, wie es Japanern durch buddhistische Disziplin gelinge, zu dieser Selbstkontrolle zu finden. Der Freund meint, man müsse dazu erst seinen Ärger und seine Sorgen loswerden. Als der Erzähler verblüfft fragt, ob dies denn überhaupt möglich sei, erwidert sein Freund, wenn diese Möglichkeit für die Japaner bestehe, dann auch für andere Menschen.

„Auf meinem Rückweg mußte ich immerzu an die Worte denken ‚loswerden, loswerden'; und diese Vorstellung muß mich auch im Schlaf weiter beschäftigt haben, denn am nächsten Morgen war dies mein erster Gedanke zusammen mit der Überlegung: ‚Wenn es möglich ist, sich von Ärger und Sorgen zu befreien, warum muß man sie dann überhaupt haben?' Ich fand diesen Gedanken bestechend. Das Baby hatte entdeckt, daß es laufen konnte. Es hatte keine Lust mehr zu kriechen.

Mit dem Augenblick, in dem ich erkannte, daß diese Krebsmale von Ärger und Sorgen entfernt werden konnten, verließen sie mich. Mit der Entlarvung ihrer Kraftlosigkeit waren sie ausgetrieben. Von diesem Tag an bekam das Leben ein ganz neues Gesicht.

Obwohl die Befreiung von den bedrückenden Leidenschaften sich für mich von diesem Moment an als etwas wirklich Mögliches und Wünschenswertes darstellte, brauchte ich einige Monate, bevor ich mich in meiner neuen Einstellung absolut sicher fühlte; aber nachdem sich nun immer die üblichen Gelegenheiten geboten haben, sich zu ärgern oder sich Sorgen zu machen, und diese nicht die geringsten Gefühle in mir auslösen konnten, fürchte ich sie nicht mehr und muß mich nicht mehr vor ihnen in acht nehmen. Ich bin erstaunt über die Zunahme meiner geistigen Energie und Kraft; über meine Fähigkeit, Situationen aller Art zu bestehen, und über meine Neigung, alles zu lieben und für alles Verständnis zu haben.

Es ergab sich, daß ich seit jenem Morgen mehr als 10.000 Meilen mit der Bahn gereist bin. Ich habe dieselben Schlafwagenschaffner, Zugführer, Hotelkellner, Hausierer, Zeitschriftenhändler, Taxifahrer und viele andere Menschen wiedergetroffen, die früher eine Quelle von Verärgerungen und Belästigungen waren, kann mich aber an keine einzige Unhöflichkeit erinnern. Mit einem Mal hat sich die ganze Welt zum Guten gewandelt. Ich bin sozusagen nur noch für die Strahlen des Guten empfänglich.

Ich könnte von vielen Erfahrungen berichten, die von einer völlig neuen Geistesverfassung zeugen, aber eine dürfte genügen. Ohne die geringste Verärgerung oder Ungeduld habe ich einmal mit angesehen, wie ein Zug, den ich nehmen wollte und auf den ich mich schon sehr gefreut hatte, ohne mich den Bahnhof verließ, weil mein Gepäck nicht ankam. Im Laufschritt und atemlos kam der Hoteldiener genau in dem Augenblick auf dem Bahnsteig an, als der Zug meinen Blicken entschwand. Als der Mann mich entdeckte, fürchtete er offenbar, beschimpft zu werden, und begann mir zu erklären, daß er im Stau steckengeblieben und nicht weitergekommen sei. Als er mit seiner Geschichte zu Ende war, sagte ich zu ihm: ‚Es macht nichts, Sie können nichts dafür, wir werden es morgen noch einmal versuchen. Hier ist Ihr Lohn, es tut mir leid, daß Sie ihn mit so viel Ärger verdienen mußten.' Der Ausdruck des freudigen Erstaunens, der sich über seinem Gesicht ausbreitete, war so überwältigend, daß er mich für die Verzögerung meiner Abreise auf der Stelle entschädigte. Am nächsten Tag wollte der Mann für seinen Dienst keinen Cent annehmen; er und ich sind Freunde fürs Leben."

Zitierte Literatur

Bieri, P. (2001). Das Handwerk der Freiheit. Über die Entdeckung des eigenen Willens. München: Hanser.

Byrne, D. (1971). The attraction paradigm. New York: Academic Press.

Frankl, V. E. (1979). Der Mensch vor der Frage nach dem Sinn. München: Piper.

Grawe, K. (2004). Neuropsychotherapie. Göttingen: Hogrefe.

James, W. (1902/1997). Die Vielfalt religiöser Erfahrung. Eine Studie über die menschliche Natur. Frankfurt a. M.: Insel.

Larsen, J. T., Hemenover, S. H., Norris, C. J. & Cacioppo, J. T. (2003). Turning adversity to advantage: On the virtues of the coactivation of positive and negative emotions. In L. Aspinwall & U. Staudinger (Eds.), A psychology of human strength. Fundamental questions and future directions for a positive psychology (pp. 211–225). Washington, DC: American Psychological Association.

Ritter, J. (1971). Historisches Wörterbuch der Philosophie (Bd. 1). Basel: Schwabe.

Wolf, C. (1997). Zur Ähnlichkeit sozialer Beziehungen: Neue theoretische und empirische Ergebnisse, ZA-Information, 41, 83–101.

Autorenverzeichnis

Auhagen, Ann Elisabeth, PD Dr., Dipl.-Psych., Privatdozentin am Studiengang Psychologie der Freien Universität Berlin; Arbeitsschwerpunkte: Positive Psychologie, Sozialpsychologie, Angewandte Sozialpsychologie, Pädagogische Psychologie. Anschrift: Studiengang Psychologie, Freie Universität Berlin, Habelschwerdter Allee 45, 14195 Berlin, **auhagen@zedat.fu-berlin.de**

Bierhoff, Hans-Werner, Prof. Dr., Leiter der Arbeitseinheit Sozialpsychologie an der Ruhr-Universität Bochum; Arbeitsschwerpunkte: Prosoziales Verhalten, Gerechtigkeit, Zivilcourage und Menschenrechte. Anschrift: Fakultät für Psychologie, Ruhr-Universität Bochum, 44780 Bochum, **hans-werner.bierhoff@ruhr-uni-bochum.de**

Heindl, Andrea, Dipl.-Psych., Psychologin an der Klinik für Psychiatrie und Psychotherapie des Bezirkskrankenhauses Bayreuth; Arbeitsschwerpunkte: Akutpsychiatrie, psychiatrische Institutsambulanz, Depressionsbehandlung. Anschrift: Bezirkskrankenhaus Bayreuth, Nordring 2, 95445 Bayreuth, **andrea.heindl@bezirkskrankenhaus-bayreuth.de**

Hertel, Janine, Dipl.-Psych., wissenschaftliche Mitarbeiterin am Institut für Psychologie, Technische Universität Chemnitz; Arbeitsschwerpunkte: Positive Psychologie, sozio-emotionale Kompetenzen, Selbstdarstellung, Partnerschaft und Single-Status. Anschrift: Technische Universität Chemnitz, Institut für Psychologie, Differentielle Psychologie und Diagnostik, 09107 Chemnitz, **janine.hertel@phil.tu-chemnitz.de**

Kastner, Michael, Prof. Dr. phil., Dr. med., Univ.-Professor, Arzt und Dipl.-Psych., Lehrstuhl für Grundlagen und Theorien der Organisationspsychologie an der Universität Dortmund, Leiter des IAPAM (Institut für Arbeitsmedizin und Arbeitspsychologie), Oberer Ahlenbergweg 11, 58313 Herdecke. Anschrift: Universität Dortmund, Fachbereich 14, Emil-Figge-Str. 50, 44227 Dortmund, **kastner@orgapsy.uni-dortmund.de**

Mogel, Hans, Prof. Dr. phil., Lehrstuhl für Psychologie an der Universität Passau; Arbeitsschwerpunkte: Kinderspiel, Geborgenheit. Anschrift: Lehrstuhl für Psychologie, Philosophische Fakultät, Universität Passau, Karlsbader Str. 11a, 94036 Passau, **hans.mogel@uni-passau.de**

Rahm, Dorothea, Dr. phil, Dipl.-Psych., Supervisorin, Lehrtherapeutin, Psychologische Psychotherapeutin in Praxisgemeinschaft; 1981–2000 Lehrtätigkeit am Psychologischen Institut der Technischen Universität Braunschweig, Leitung von Kinder-Therapiegruppen in einer Kinderpsychiatrie und in einer Schule im sozialen Brennpunkt, Leitung eines Weiterbildungscurriculums für die Bundeskonferenz für Erziehungsberatung. Anschrift: Kohliwiese 4, 38126 Braunschweig, **dojorahm@t-online.de**

Schülken, Theo, Dipl.-Psych., wissenschaftlicher Mitarbeiter am Lehrstuhl für Sozialpsychologie; Arbeitsschwerpunkte: Prosoziales Verhalten, ehrenamtliches Engagement. Anschrift: Fakultät für Psychologie, Ruhr-Universität Bochum, 44780 Bochum, **theo.schuelken@ruhr-uni-bochum.de**

Schütz, Astrid, Prof. Dr. phil., Dipl.-Psych., Professorin für Differentielle Psychologie und Diagnostik an der Technischen Universität Chemnitz; Arbeitsschwerpunkte: Positives Denken, Selbstwertschätzung, Selbstüberschätzung und Narzissmus, Selbstdarstellung und Persönlichkeit. Anschrift: Technische Universität Chemnitz, Institut für Psychologie, Differentielle Psychologie und Diagnostik, 09107 Chemnitz, **astrid.schuetz@phil.tu-chemnitz.de**

Schweer, Martin K. W., Prof. Dr., Dipl.-Psych., Inhaber des Lehrstuhls für Pädagogische Psychologie und Leiter des Zentrums für Vertrauensforschung (ZfV) an der Hochschule Vechta; Arbeitsschwerpunkte: Vertrauensforschung, Interaktion in Schule und Organisation, Medienforschung, Sportpsychologie. Anschrift: Institut für Erziehungswissenschaft, Zentrum für Vertrauensforschung, Lehrstuhl für Pädagogische Psychologie, Hochschule Vechta, Driverstr. 22, 49377 Vechta, **martin.schweer@tiscali.de**

Schwennen, Christian, Dipl.-Psych., wissenschaftlicher Mitarbeiter am Institut für Kognition und Kommunikation der Universität Duisburg-Essen; Arbeitsschwerpunkte: Enge Beziehungen und Wohlbefinden, Verzeihen, Gesundheit und Prävention. Anschrift: Institut für Kognition und Kommunikation, Universität Duisburg-Essen, Campus Duisburg, Bismarckstr. 90, 47048 Duisburg, **c.schwennen@t-online.de**

Tausch, Reinhard, Prof. Dr. rer. nat., Dipl.-Psych., Prof. (em.) für Klinische und Pädagogische Psychologie, Psychotherapeut; Arbeitsschwerpunkte: Gesprächspsychotherapie, Stressverminderung, Förderung seelischer Gesundheit im Schulunterricht und im Alltagsleben. Anschrift: Psychologisches Institut III, Universität Hamburg, Von-Melle-Park 5, 20146 Hamburg

Thies, Barbara, Dr., Dipl.-Psych., Assistentin am Lehrstuhl für Pädagogische Psychologie und Mitarbeiterin am Zentrum für Vertrauensforschung (ZfV) an der Hochschule Vechta; Arbeitsschwerpunkte: Vertrauensforschung, Interaktion in Schule und Organisation. Anschrift: Institut für Erziehungswissenschaft, Zentrum für Vertrauensforschung, Lehrstuhl für Pädagogische Psychologie, Hochschule Vechta, Driverstr. 22, 49377 Vechta, **barbara.thies@uni-vechta.de**

Utsch, Michael, Dr. phil., Dipl.-Psych., Psychoanalytiker (DGIP), Referent für Psychologie und Religion bei der Evangelischen Zentralstelle für Weltanschauungsfragen; Arbeitsschwerpunkte: neue religiöse Bewegungen, Religionspsychologie, Bewältigung spiritueller Krisen. Anschrift: Ev. Zentralstelle für Weltanschauungsfragen, Auguststr. 80, 10117 Berlin, **utsch@ezw-berlin.de**

Sachverzeichnis

A

Abweisung
– kommunikative 116
Aggression 60, 72
Aggressivität 24, 93
Akzeptanz 52, 57, 59, 62, 144
Alkoholabhängigkeit 94
Allmendedilemma 176
Alltag 46
Alltagspraxis 11
Alltagspsychologie 16
Alter 147
Altruismus 5, 163, 173, 183
Angst 44, 45, 54, 60, 119
Angstbewältigung 44
Ängste 1, 72, 100, 150
Angstfreiheit
– der Schüler 132
Ängstlichkeit 40, 60
Angstneurose 65
Angstzustände 93
Anonymität 60
Ansatz
– egoistisch-rationaler 180
– evolutionspsychologischer 155
Antipathie 127
Antwortcharakter
– des Lebens 191
Arbeit
– Leiharbeit 105
– Patchworkarbeit 105
– Teamarbeit 108
– Teilzeitarbeit 105
– Telearbeit 105

Arbeiterbewegung 179
Arbeitsabläufe 133
Arbeitsformen 105
Arbeitslosigkeit 23, 98
Arbeitsmotivation 133
Arbeitsplatz 47, 63, 178
Arbeitszufriedenheit 133
Ärger 11, 37, 39, 72, 93, 122, 142, 149, 167, 168
Arglosigkeit 54
Attribuierung
– externale 21
– internale 21
Attunement 37, 39
Aufrichtigkeit 134
Austausch 156
– respektvoller 119
Austauschtheorie 154
Authentizität 5, 13
Autogenes Training 28
Autonomie 8, 135, 159, 161, 163
Autoritarismus 182

B

Bedrohungserleben 1
Befindlichkeit 27, 193
Begnadigung 144
Beharrlichkeit 5
Bekehrungserlebnisse 68
Belastungen
– seelische 87
Belastungssituationen 41
Beratung
– psychologische 100

Bergpredigt 156
Berufsleben 131
Beruhigungsfähigkeiten 47, 48
Bescheidenheit 72, 76
Beschwerden
– psychosomatische 88
Besonnenheit 33
Bewältigung
– mentale 82
Bewältigungsmechanismen
– effektive 44
Bewältigungsstile
– optimistische 28
– positiv konnotierte 16–20, 22, 24
Bewältigungsstrategien 26, 47, 77, 82
Bewältigungsverhalten 26
Bewusstseinskonzepte
– asiatische 74
Bewusstseinszustände
– transpersonale 71
– veränderte 73
Beziehungen
– Entwicklung hilfreicher 47, 49
– geschäftliche 129
– gute 41
– interdependente 179
– Lehrer/Schüler 126, 127, 130–132, 134
– Qualität der 148
– soziale 7
– Vorgesetzte/Mitarbeiter 126
– zu Peers 41
– zwischenmenschliche 43, 59, 139, 150, 162
Beziehungsengagement 149
Beziehungserfahrungen
– gute 36, 41, 42
Beziehungsmuster
– Lernen von 37
Beziehungsstruktur

– asymmetrische 126, 127, 134
Bildung 131
Bindung
– ablehnend-unsichere 40
– ambivalent-unsichere 40
– desorganisiert-unsichere 40
– sichere 40
Bindungsangst 60
Bindungsfähigkeit
– gute 40
Bindungsforschung 40
Bindungssicherheit 34, 36
Bindungstheorie 40
Binnengruppe 180
Bitterkeit 72
Bluthochdruck 77
Brüderlichkeit 104, 173
Buddhismus 35, 64, 76
Burnout 20, 132

C
Call Center 105
Children's Hope Scale 24
Christentum 64, 76
Coping Humor Scale 24
Copingstrategie 148

D
Dankbarkeit 3, 5, 76, 79
Dehumanisierung 133
Demut 3, 5, 6, 72
Denken 12, 46
– flexibles 36
– negatives 11
– positives (s. Positives Denken)
Depersonalisierung 185
Depression 20, 60, 65, 72, 77, 93
Depressivität 94, 95, 100
Deprivation
– fraternalistische 179

– relative 179
Determinismus 115
– evolutionsbiologischer 115
– genetischer 115
– neurobiologischer 115
– psychohistorischer 115
Diagnose 22
Dilemma
– soziales 176
Disharmonie 41
Distanzierungstechniken 44
Distanzlosigkeit 119
Dogmen 76
Doppelbindung 120
Downsizing 105

E

Egoismus 7, 60, 183
Ehrlichkeit 104
Eifersucht 60
Eigengruppe 180
Eigenverantwortung 135
Einfühlungsvermögen 168
Einsamkeit 60, 79, 80, 143
Einstellung 26, 103
– Änderung der 63
– persönliche 183
– soziale 125
Einstellungsforschung 125
Ekel 37
Elektroenzephalogramm 19, 38
Eltern 41, 45
Emotionalität
– positive 79
Emotionen 4
– positive 136
Empathie 5, 35, 38, 145, 146, 148, 163, 180, 185, 186
– Fähigkeit zur 42
– situationsbedingte 180

Empfänger 110, 113, 114
– Intention des 113
– realer Empfang beim 113
Empörung 186
Energiefelder
– mentale 75
Engagement 45, 148
– ehrenamtliches 172, 173, 180
Enthusiasmus 5
Entlastung
– emotionale 82
Entscheidung 12
Entschuldigung 147
Entspannung 49, 81, 98
Enttäuschung 94, 139
Entwicklungsmöglichkeiten 10
Entwicklungspsychologie 70
Erfahrungen
– frühkindliche 40
– paranormale 71
– positive 167
– religiöse 71, 73
Erfolg 16, 21, 60, 92
– der positiven Psychologie 10, 12, 13
Erinnerungsfähigkeit 36
Erkenntnistheorie
– von Maturana 109
Erkrankung (s. Krankheit)
Erleben
– religiöses 70
Ernährung
– ausgewogene 49
Erschöpfung
– emotionale 133
Erwartungen 121
– implizite 120
Erziehung 87, 114, 131
Ethik 76, 103, 105–108, 110
– der mitfühlenden Fürsorge 156

– integrative 13
– positive 12, 13
Ethos
– Globalisierung des 104
Existenzsicherung 55

F

Fähigkeiten 3
Fähigkeitsselbstkonzept 21
Fairness 5
Fallen
– soziale 175, 176
Familie 43, 55, 59, 91, 125, 126, 139, 178
Familienpsychologie 70
Fatalismus 60, 62
Faulenzen
– soziales 176
Fehlerlernkultur (s.a. Vertrauensfehlerlernkultur) 118
Feinde 53
Feindseligkeit 146
– chronische 148
Feinfühligkeit 40
Fertigkeiten
– kommunikative 5
Folter 36
Freiheit 103, 104
Freiwilligkeit 12
Freude 37, 39, 48, 50, 56, 79, 162, 167
Freunde 53, 91, 125, 126
Freundlichkeit 5, 158, 168
Freundschaft 52, 59, 129, 178, 193
Frieden 150
Friedlichkeit 54
Frömmigkeit 79, 81
Frustration 72
Frustrations-Aggressions-Spirale 104, 114, 116, 120

Fürbitte
– heilende Wirkung der 78
Furcht 37, 39, 140
Fuß-in-der-Tür-Technik 168

G

Gebet 77, 82
Geborgenheit 1, 52, 53, 56, 63–67, 71, 76, 108, 190, 193
– als interkulturelles Konzept 54
– Begriff der 54
– Erleben der 56–60
– Geborgenheitsforschung 64
– Merkmale der 56, 58, 60
– Qualitäten der 55
– Situationen der 54–57, 59, 61, 62
Geburt 43
Gedankenübertragung 75
Gefangenendilemma 176–178
Gefühle 11, 42
– positive 19
Gegenseitigkeit 173
Gehorsam 79
Gelassenheit 1, 33, 34, 38–42, 45–50, 79, 190, 193
Gemeinwohl 173
Gerechte-Welt-Glaube 182, 183, 186
Gerechtigkeit 5, 73, 103, 183
– ökonomische 186
– politische 186
– soziale 186
Geschäftsbeziehungen 129
Geschwisterzahl 41
Gesellschaft 125, 165, 185, 186
– demokratische 12
– individualistische 174
– kollektivistische 174
– pluralistische 76
– säkularisierte 76
Gesichtsausdruck 37

Gesprächstherapie 100
Gestaltung
– aktive 190
Gesundheit 5, 6, 16, 18, 54, 68, 81, 82, 92, 105, 108, 162, 166
– eingeschränkte seelische 93
– Förderung von 100
– physische 18
– psychische 18
– seelische 92, 93
– seelisch-körperliche 97
– Verlust von 100
Gesundheitspflege
– meditative 81
Gesundheitspsychologie 6, 18
Gesundheitsverhalten 20, 47, 49
Gewalt 93
– körperliche 36
– Verzicht auf 13
Gewissen 171
Gewohnheiten 11
Glaube 64, 73, 76–78, 81, 91, 92, 97
Glaubenshaltung 80
Glaubensmedizin 77
Glaubensstile 78, 79, 82
Gläubigkeit
– aktiv-fordernde 82
– passiv-akzeptierende 82
Glaubwürdigkeit 13
Gleichgültigkeit 60
Gleichheit 104, 173
Globalisierung 104
Glück 3, 54, 64, 139, 142, 150
Glückseligkeit 104
goodness 158 (s. a. Güte, mitmenschliche Güte)
Gott 34, 68, 71, 80, 88, 95, 156
– Glaube an 88
– persönliche Beziehung zu 79, 80
Gottesbild 68, 73, 79

Gottesdienst 77
Gottesoffenbarung 68
Groll 140, 142, 150
Großzügigkeit 5
Groupthink-Phänomen 27
Grübeln 147
Grundsätze
– ethisch-moralische 135
Gruppe
– Binnengruppe 180
– Eigengruppe 180
Gruppenarbeit 108
Güte 7, 162, 163, 173
– als Persönlichkeitsmerkmal 157
– Argumente für und gegen 164
– Bedeutung von 160, 163
– Definition der 161
– in Gesellschaft u. Alltag 164
– mitmenschliche 5, 154–158, 161, 163, 166, 167, 190, 193
Gute, das
– als Wert an sich 156
– Paradigma des 156

H

Halt
– seelischer 95, 97
Haltung
– positive 16, 163
Handeln 12, 46
– gütiges 157, 158, 159
– prosoziales 161
– ungütiges 157, 158, 159
– zielgerichtetes 23
Handlungsfreiheit 135
Handlungsintention 183
Handlungskompetenz 42
Handlungskontrolle 136, 183, 186
Handlungsmotive 167
Handlungsplanung 125

Handlungsspielraum 116
Harmonie 92, 139, 166
Hass 53, 60, 140, 150
Heilbehandlung
– therapeutische 80
Heilige, das 75
Heilsvermittlung
– religiöse 80
Heilung 80
Heimat
– Verlust der 39
Heimweh 60
Heirat 43
Helfer 87
Herausforderung 36, 41
Herzrhythmusstörungen 77
Hilfe 57, 134
Hilfeleistung 172, 173
Hilfeverhalten 180
Hilflosigkeit 73, 93
Hilfsbereitschaft 180
Hinduismus 64, 76
Hirnstruktur 36
Hochbegabung 2
Hoffnung 5, 18, 20–22, 28, 34, 38, 40, 44, 76, 87, 104
– illusionäre 26
Hoffnungslosigkeit 60
Homo oeconomicus 155
Hospize 96, 98
Humangenetik 115
Humor 5, 18, 20, 24, 28
Hürden
– soziale 175, 176

I

Identitätsbildungsprozess 43
Identitätsentwicklung 131
Illusionen
– positive 25

– selbsterhöhende 27
Immunabwehr 19
Immunsystem 19, 20
Imperativ
– kategorischer 104
– moralischer 104
Imponiergehabe 116
Individualisierung 186
Information 110
Informationsverarbeitungsprozess 126, 127
Innovation 10, 108
Integrative Therapie 45
Integrität 45
Intelligenz 3, 5, 41, 158
– spirituelle 73
Intelligenzentwicklung
– von Kindern 36
Interaktion
– soziale 136
– zwischenmenschliche 125
Interaktionspartner 126–128, 130
Interaktionssequenz 127
Interesse 5
Intergruppenansatz 186
Investition 179
Ironie 120
Islam 64, 76
Isolation
– soziale 60

J

Jobsharing 105
Judentum 76

K

Kapital
– soziales 155
Katastrophen 35, 60
Kausalattribution 144, 145

Kind 38, 39, 43, 45, 55
– „inneres" 49
kindness 158
Klarheit 119
Kohärenzgefühl 50, 71
Kommunikation 59, 104, 106, 109, 116–119, 125, 135
– ethische 103, 107–109, 114, 120, 122, 190, 193
– Face-to-face-K. 122
– gesunde 122
– gewaltfreie 168
– Inhalts- u. Beziehungsaspekt der 112
– lebensentfremdende 168
– non-verbale 122
– Röhrenmodell der 109
– unethische 107
Kommunikationsabläufe
– Verbesserung der 133
Kommunikationsethik 105
Kommunikationsformen
– konfliktreiche 11
Kommunikationskanal 117, 127
Kommunikationskultur 106
Kommunikationspfad 113, 114
Kommunikationsprozess
– Dynamik des 110
– Komplexität des 110
Kommunikationstraining 122
Kommunikationsverhalten
– dominantes 111
Kommunikationswege
– informelle 135
Kompetenz 45, 134, 135
– der Lehrerin 41
– des Therapeuten 44
– soziale 118
Kompetenzerwartung 17, 19, 26
Komplexitätsreduktion 125, 136

Konflikte 93
– seelische 80
Konfliktforschung 25
Konfliktlösungsstrategien 24
Konfrontation 117
– destruktive 116
Konsequenzerwartung 17, 26
Kontrolle 87
– persönliche 16
Kontrollierter Dialog 117
Kontrollüberzeugungen 16–21, 23
– internale 19, 22–24, 26
Konzentrationsfähigkeit 36
Ko-Ontogenese
– mehrerer Individuen 111
Kooperation 106, 171–173, 177
Korrelation
– zwischen Einstellung und Verhalten 112
Kortex
– präfrontaler 19
Kosten
– psychologische 136
Kosten/Nutzen 154, 156
– -Denken 164
– -Gesichtspunkte 166
– -Kalkulation 155
– -Relation 171
Krankheit 2, 21, 36, 41, 80, 81, 88
– chronische 19, 36, 43, 73
– lebensbedrohliche 49, 74
– psychische 2, 41
Krankheitsbewältigung 74
Krankheitsrisiko 148
Kränkung 139
Kreativität 3, 5
Krebserkrankung 100
Krebskranke 89
Krieg 43
Kriminalität 41, 104

Krisen 35
– existentielle 73
Kriterien
– objektive 8
– operationale 8
– subjektive 8
Kultur 5, 52, 103, 106, 107
– individualistische 174
– kollektivistische 174
Kummer 59, 60, 139, 150
Kunden 114
Kurzzeitgedächtnis 36

L

Lebensbedingungen
– belastende 41
– objektive 13
– subjektive 13
– ungünstige 49
Lebensbewältigung 41
Lebensdeutung 104
Lebenseinstellung
– optimistische 131
Lebensentscheidungen 47
Lebensereignisse
– einschneidende 90
– kritische 20, 191
Lebenserwartung 77
Lebensfragen
– existentielle 68
Lebensfreude 12, 47
– Aktivierung von 48
Lebensgeschichte 43, 46
Lebensgestaltung 47, 104
Lebensglück 166
Lebenshilfe
– esoterische 68
Lebenskunst 41
Lebenspartner 62
Lebensplanung 104

Lebensqualität 18, 19, 97, 101
– von Sterbenskranken 96
Lebensregeln 34
Lebensrückschau 95
Lebenssinn (s. a. Sinn) 7, 8, 90, 193
– umfassender 91
Lebensstil 86, 98
Lebensstrategien 11
Lebenssystem 61
– Fundamentales 56, 58, 62–65
Lebensthemen 90
– zentrale 190–193
Lebenswille 72
Lebenszufriedenheit 77, 79, 92
Lehrer 132, 135, 136
– Arbeitszufriedenheit der 132
Lehrerbeurteilung 132
Lehrer-Schüler-Beziehung 126, 127, 130–134
Leid 68, 73
Leidenschaft 162
Leistung 21, 22, 132
Leistungsfähigkeit 108, 132
– reduzierte 133
Leistungsklima
– optimales 132
Leistungsmotivation 23
Leistungssituation 26
Lernfähigkeit
– emotionale 39
Lernmodelle 121
Liebe 5, 43, 52, 53, 55, 57, 76, 162
– bedingungslose 162
– Verlust von 34
Life Orientation Test 22
Logo-Psychotherapie 86 (s. a. Logotherapie)
Logotherapie 89

M

Macht
- „höhere" 67, 88

Machtmotive 7

Machtressourcen 134

Management 108
- transkulturelles 104, 108
- transethisches 104

Mangelerfahrungen 94

Manipulation 114–116

Mantra 82

Maßhalten 5

Meaning of Life 86 (s. a. Sinn)

Meditation 81

Meditationstechniken
- buddhistische 74

Medium 121

Menschenbild 10, 76, 135, 163
- behavioristisches 10
- evolutionspsychologisches 10
- reduktiv-implikatives 163

Metaperspektive 4, 7

Missbrauch
- aggressiver 41
- sexueller 36, 41

Misserfolg 21, 22, 26

Missgunst 60

Misshandlung 39

Misstrauen 60, 108

Misstrauenskultur 106, 118

Mitarbeiter 133, 135

Mitgefühl 5, 45

mitmenschliche Güte 5, 154–158, 161, 166, 190, 193
- Bedeutung von 163
- Definition der 161
- Konzept der 154
- Verwirklichung von 167

Mobbing 108

Modelllernen 24

Moral 76, 103, 106, 173

Moralentwicklung 147

Moralvorstellungen
- religiöse 67

Motivation 25, 135, 167

Motivationsmodelle 121

Motive 42
- altruistische 180
- egoistische 181

Motivsystem
- altruistisches 180, 181

Mut 5, 7, 33

Mutter 37–41
- „gute" 40, 44

Mutter-Kind-Interaktion 39, 41

Mutterschaft 39

Mystik 34

Mythen 11

N

Nachsicht 143

Nächstenliebe 13, 159, 161–163, 173

Nähe 52, 54, 59, 139, 148
- körperliche 55

Narzissmus 72

Natur 92

Naturkatastrophe 43

Nervenimpulse 111

Nervensystem 109, 110

Netzwerke 105
- unterstützende 8

Neubewertung
- kognitive 82

Neurosen 72
- kollektive 67

Neurotizismus 148

Neurowissenschaften 115

Nichtverstehen
- äußerer Vorgänge 93

Nichtverzeihen 140, 143
Normen 76, 129
– soziale 157
– subjektive 183
Nützlichkeit 162

O

Offenheit 119
Öffentlichkeitsarbeit 12
Ohnmacht 93
Ökologie 104
Optimismus 5, 16–22, 25, 27, 95
– dispositionaler 26
– Training 22
Organisation 130, 133
Organisationspsychologie 64
Orientierung
– moralische 82
– prosoziale 140
Originalität 5, 7
Outsourcing 105

P

Pädagogik 115
Paradigma
– des Guten 155–156
– zum Ertrag von Beziehungen 154–155
Partizipation 135
Partnerschaft 55, 59, 63, 72, 91, 98, 129
Patient/Patientin 44
Peers 41, 42
Personalentwicklungsmaßnahmen 112
Persönlichkeit
– Fünf-Faktoren-Modell der 72
Persönlichkeitsentwicklung 60, 82, 131
Persönlichkeitsfaktor 72

Persönlichkeitsforschung 70, 72
Persönlichkeitsmerkmale
– individuelle 9
Persönlichkeitspsychologie 64
Perspektive
– berufliche 39
– neue 48
Perspektivenübernahme 163
Perspektivenwechsel
– Fähigkeit zum 146
Pessimismus 22, 60
– defensiver 25
– realistischer 26
Pflicht 5, 79
Phänomene
– paranormale 75
– religiöse 69
Philosophie 4, 115, 140, 156
Phobien 25
Placebo-Effekt 20
Positive Psychologie
– Definition der 13
– Praxis der 13
positives Denken 5, 16, 18, 20, 24–27, 190, 193
Prävention 6, 12
Praxis
– spirituelle 71
Problemlösefertigkeiten 47, 48
Problemlösung 36
Professionalisierungsdebatte
– innerhalb der Pädagogik 131
Progressive Muskelrelaxation 28
Projektmanagement 121
Prozessoptimierungsmodell 120
PsychInfo (Datenbank) 69
Psychoanalyse 67
Psychologie
– akademische 70
– Allgemeine 86

– Analytische 67
– Entwicklungspsychologie 70
– Familienpsychologie 70
– Humanistische 156
– Klinische 60, 64, 65, 70, 86
– Pädagogische 21
– Persönlichkeitspsychologie 64
– Religionspsychologie 67, 71, 75, 76
– Sozialpsychologie 64, 70
– Wahrnehmungspsychologie 69
Psychopathologie 1
Psychopharmaka 80
Psychose 93
Psychotechniken 80
Psychotherapie 20, 42–46, 64, 87
Pubertät 43

R
Rache (s. a. Vergeltung) 139, 140
Rational-Choice-Modelle 162, 175
Reaktanz 12
Reaktion
– negative affektive 145, 146
– physiologische 35
– psychologische 35
Rechtfertigung 144
Reformpädagogik 131
Reinkarnation 74
relaxation response 81
Religion 4, 64, 68, 75, 80, 97, 140
– psychologische Funktionen der 73
– tradierte 76
Religionspsychologie 67, 71, 75, 76
Religionswissenschaft 73
Religiosität (s. a. Glaube) 67, 72, 74, 75, 81, 82, 190, 193
– extrinsische 78
– intrinsische 78
Resignation 62
Respekt 134

responsiveness 40
Ressourcen 1, 7, 9, 11, 13, 16, 22, 43, 148, 165, 190
– personale 5, 6, 8
– soziale 6
– spirituelle 73
– therapeutische 68
Ressourcentheorie 154
Reue 147
Reziprozität 128, 156
– Norm der 129, 155, 163
Risiko 27, 128–130
Rituale 5, 11, 106, 129
Rollenmodelle 5
Rückkopplung 111, 112, 121, 122
Rücksichtnahme 3
Rücksichtslosigkeit 7
Ruhe 54, 57, 63

S
Sadismus
– kommunikativer 120
Safe-place-Technik 44
Säkularisierung 68
Salutogenese 43, 50
Sarkasmus 107, 120
Säugling 37, 39
– kompetenter 37
Säuglingsforschung 37
Scheidung 89
Schizophrenie 65
Schlaf-Wach-Rhythmus 39
Schmerzen 19, 81, 94, 95
– chronische 77
– emotionale 150
Schmerztherapie 96
Schrei-Babys 39
Schulbildung 41
Schuld 73
– existentielle 181, 186

Schuldgefühle 20, 150
Schule 131, 132
Schüler 132, 135
– Angstfreiheit der 132
Schulunterricht 87
Schutz 52, 54–57, 79
Schutzfaktoren 41
Schwierigkeiten
– mitmenschliche 11
seelischer Halt 101
Sehnsucht 52, 64
Selbst 12
Selbstaktualisierung 62
Selbstakzeptanz 8
Selbstbestimmung 92
Selbstbewertung
– positive 25
Selbstbewusstsein 72
Selbsteinschätzung 21
– positive 27
Selbsterhöhung 174
Selbstgefühl 38
Selbstinteresse 173
Selbstkontrolle 194
Selbstkonzept 21
– positives 22
Selbstlosigkeit 159, 161, 163, 173
Selbstreflexion 24, 41
Selbstreflexionsfähigkeit 42, 49
– empathische 39
Selbststereotypisierung 184
Selbstüberschätzung 26, 27
Selbstüberwindung 174
Selbstverbalisierungen
– konstruktive 44
Selbstvertrauen 20, 62, 92, 131
Selbstverwirklichung 60
Selbstwert 56, 63
Selbstwertgefühl 20, 60, 62, 98, 100, 104

Selbstwirksamkeit 98
– Lehrer-Selbstwirksamkeit 23
– Skala zur generalisierten 23
Selbstwirksamkeitserwartung 16–24, 26
– bereichsspezifische 17
Selbstwirksamkeitsüberzeugung 41, 42
– Entwicklung der 48
Selbstzweifel 22
Sender 110, 113–114, 119
– Intention des 113
– realer Empfang beim 113
Shareholder-Value-Debatte 114
Sicherheit 52–59, 67, 105
– Verlust von 35
Signalübermittlung 112
Sinn 1, 16, 44, 68, 88, 89, 96
– Definition 89
– in unserem Leben 86, 190
– sozial-ethischer 87
Sinnerfahrungen 86, 89–94, 97, 101
– Förderung von 97–98
– im Alltag 87
– individuelle 90
– kurzfristige 90
– längerfristige 90
– und Religion 96
Sinnerfüllung 92, 93
– Fehlen von 94
Sinnfindung 90
Sinngebung 89
Sinnhaftigkeit
– des Lebens 5, 166
Sinnlosigkeit
– Auswirkungen 93
– Erfahrung von 93
– Vermeidung von 86
Sinnorientierung 76
Sinnsuche 95

– Gefahren bei der 94
Sinnverlust 100
– Folgen von 94
Sinnvermittlung 99
Sittlichkeit 103
Situational Humor Response Questionnaire 24
Solidarität 5, 7, 41, 42, 171, 172, 174, 175, 181, 184–186, 190, 193
– Definition der 173
– Formen der 174, 185
– Kampfsolidarität 173
– Klassensolidarität 173
Sorgen 88, 150, 194
Sozialbeziehungen 8
Sozialisationsbedingungen 23
Sozialität 59
Sozialkompetenz 118
Sozialpolitik 173
Sozialpsychologie 64, 70
Spaß 166
Spiel 56
Spieltheorie 177
Spiritualität 67, 69, 75, 76, 81, 91, 190, 193
Spott 120
Sprache 118
– ethische Bedeutung der 105
Stabilität 139
Stagnation 11
Standards
– ethisch-moralische 160
Stärken 1, 3–7, 9, 13, 24, 165, 190, 192
State Hope Scale 24
Status
– sozioökonomischer 41
Statusdiagnose 22
Steps Toward Effective Enjoyable Parenting 22

Stoizismus 35
Stolz 72
Stress 1, 11, 20, 24, 43, 47, 48, 73, 87
– chronischer 36
Stressbelastung 87
– vermindern 98
Stressbewältigung 44
– Theorie der 71
Stressforschung 35
Stress-Management-Seminare 33
Stressverarbeitungssystem
subjektive well-being (s. a. Wohlbefinden) 8
Subjektmodell
– elaborativ-prospektives 163
Sucht 41
Suizid 20, 43
Sympathie 127
System
– soziales 125, 126, 136

T

Talente 3
Taoismus 64
Taxonomie 4, 5
Teamarbeit 108
Teams, virtuelle 105, 108
Theologie 73, 140
Theorie
– der Selbstkategorisierung 184
– des geplanten Verhaltens 183, 186
– transaktionale 126
Therapeut/Therapeutin 44
Tit-for-Tat-Strategie (s. a. Wie-du-mir-so-ich-dir) 177, 178
Tod 43, 53, 60, 62, 68, 73, 88, 100
Tradition
– humanistische 131
Training 12, 22–24
Trait Hope Scale 24

Trait-Heiterkeits-Inventar 24
Transparenz 135
transzendent-idealistisch Denkende 164
Transzendenz 5, 10, 73, 74, 75, 156
– spirituelle 72
Trauer 60
Trauma 53
Traumatisierung 36, 39, 44, 45
Traurigkeit 37, 39, 139, 149
Trennung 89, 100
Trennungssituationen 40
Treue 55
Triade
– kognitive 20
Trittbrettfahren 175, 176
Tugend(en) 1, 3, 5, 12, 33, 34, 72, 76, 190

U

Übeltäter 140–142, 146, 148, 149
Überforderung
– chronische 36
Überlegenheit
– moralische 143
Überzeugungen
– christliche 74
– dysfunktionale 44
– ethische 167
Umwelt 8, 73
– soziale 24, 27
Ungeborgenheit 52, 53, 56, 59–63, 65
– Furcht vor 61
– Situationen der 59
Universalität
– transkulturelle 57, 58, 65
Unmoral 104
Unterstützung 36, 41

– emotionale 18
– soziale 47, 48, 82, 105, 108
Unterwerfung 79
Unzufriedenheit 11, 60, 80
Urteilsbildung 36
Urvertrauen 37

V

Vater 45
Veränderung(en)
– hirnphysiologische 46
– prosoziale 142
Verantwortung 11, 41, 92, 146, 149, 181
– Diffusion der 178
– soziale 182, 184
Verantwortungsattribution 145
Verbitterung 140
Verfehlung 144, 145
Vergebung 1, 76, 173
Vergeltung 139
Vergeltungswünsche 142
Vergessen 143
Vergewaltigung 43
Verhalten
– kooperatives 179
– prosoziales 163
– solidarisches 183, 185
Verlässlichkeit 55
Verletzungen 150
– interpersonale 139
Verleugnen 144
Verliebtheit 162
Verluste 94
Vernachlässigung 36, 39, 41, 44
Versöhnung 143, 146, 150
Verständnis 52, 57, 62
Verstehen
– empathisches 45
Verteilungsgerechtigkeit 135

Vertrauen 1, 40, 52, 55, 57, 76, 103, 118, 125–129, 131, 134, 136, 179, 190, 193
– als Innovationsvorteil 133
– als Organisationsprinzip 134, 135
– Förderung des 134
– identifikatorisches 129
– im Kontext Schule 131
– interpersonales 134
– kalkulatorisches 129
– Merkmale des 128
– organisationales 133
– personales 130
– religiöses 80
– systemisches 130
– Verlust des 23
– wissensbasiertes 129
Vertrauensdiskordanz 127
Vertrauensentwicklung 134
– progressive 127
– retrogressive 127
Vertrauenserleben 130
Vertrauensfehlerlernkultur (s. a. Fehlerlernkultur) 106, 118
Vertrauensförderung
– Möglichkeiten der 134
Vertrauensintensität 130
Vertrauenskonkordanz 126–127
Vertrauenskultur 135
Vertrauenstendenz 126
– individuelle 127
Vertrauenstheorie
– differentielle 126
– implizite 126–128
Vertrauensurteil 135
Vertrauensvorleistung 134
Vertrauensvorschuss 128
Vertrauenswürdigkeit 126, 128, 135
– Kriterien für 135

Vertrautheit 139
Verunsicherung 44
Verwirrung 39
Verzeihen 5, 6, 7, 72, 139–142, 145, 149, 150, 173, 190, 193
– Definition 140
– interpersonales 140
– intrapersonales 140
– Prozess des 141
– Selbstverzeihen 141
Verzeihenstherapie 141
– Phasenmodell der 141
Visionen 10, 11
Volition 108
Volitionsproblem 112
Vorahnungen 75
Vorgehen
– pro-aktives 121
Vorgesetzter 135, 136

W

Wachstum 5
– persönliches 8, 63
Wahrheit 73
Wahrnehmung
– außersinnliche 71
– soziale 128
Wahrnehmungspsychologie 69
Wärme 54, 55, 57–59, 62
Weisheit 5, 33, 76, 103
Weltanschauung 75, 76
Weltbild 76
– religiös-spirituelles 67
weltlich-pragmatisch Denkende 164
Wende
– kognitive 69
Werte 9, 12, 72, 129, 174, 175
– christliche 173
– ethische 95
Wertekanon 76

Wertesysteme
- individualistische 174
- kollektivistische 174
Wertewandel 76
Wertfreiheit 9
Wertlosigkeit
- Gefühl der 94
Wettbewerb 171, 172, 177
Wiedervereinigung 143
Wie-du-mir-so-ich-dir
- Prinzip des 156, 161, 164
- Strategie des 177, 178
Wille 191, 192
- angeeigneter 157, 191, 192
- freier 155, 156, 163, 191
- guter 143
- zum Guten 156, 157, 166
Willensfreiheit 191
Wirklichkeit
- subjektive 11
Wissen 5
Wissensmanagement 6
Wohlbefinden 5, 12, 16, 54, 57, 58, 72, 82, 108, 139
- durch Verzeihen 141, 149, 150
- physisches 16, 19, 71
- psychisches 8, 16, 19, 71, 131, 148
- subjektives 8, 58

Wohlgefühl 88
worst case scenario 25
Wunschdenken
- illusionäres 67
Wut 11, 72

Z

Zärtlichkeit 55, 59
Zen-Buddhismus 34
Ziel(e) 7, 12, 53, 60, 87, 139, 186
- der Positiven Psychologie 3, 11, 165
- ethische 4
- unerreichbare 94
- Veränderungs- 50
Zivilcourage 173, 180
Zorn 139, 140
Zufriedenheit 18, 63, 136, 148, 167
Zugehörigkeitsgefühl 55
Zuhören
- aktives 116, 117
Zukunftsperspektive 20
Zuneigung 52, 55, 57
Zuversicht 76, 150
Zuwendung 134
Zwangsneurose 65
Zwei-Stufen-Theorie
- von Egoismus/Altruismus 183
Zynismus 107, 120

Personenverzeichnis

A

Abott 31
Adams 31
Adler 67, 83
Affleck 19, 28, 148, 153
Agarie 153
Ahrens 20, 28
Ainsworth 40, 50
Ajzen 183, 186
Allport 78, 83
Al-Mabuk 148, 150–152
Amagai 131, 136
Ammann 156, 169
Antonovsky 50, 71, 83
Antons 117, 122
Aquino 145, 150
Archer 155, 168
Aristoteles 33, 103, 104, 156
Arps 187
Asendorpf 139, 150, 154, 168
Aspinwall 3–7, 12, 13
Augustinus 156
Auhagen 1, 5, 6, 8–11, 13, 86, 102, 133, 136, 154, 155, 158–162, 164–166, 168, 169

B

Ballou 10, 14
Baltes 30, 104, 124
Bandura 17, 19, 21, 24, 28, 134, 136
Banse 139, 150, 154, 168
Barbaranelli 151
Barnum 21, 28
Barth 133, 136
Bassler 68, 83
Bastounis 182, 183, 187
Batson 155, 159, 169, 179, 180, 186
Bauer 35, 36, 38, 46, 50
Baumeister 25, 27, 28, 70, 83, 86, 102, 139, 140, 147, 150–152
Bayertz 173, 187
Beach 143, 146, 151
Beaman 187
Beavin 124
Beck 20, 28
Becker 93, 102
Beckert 133, 136
Bègue 182, 183, 187
Bellah 152
Benesch 76, 83
Benson 77, 81–83
Berkowitz 178, 184, 187
Berry 153
Bierhoff 11, 13, 133, 136, 139, 146–148, 150, 153, 155, 161–164, 168, 169, 173–175, 180–182, 184, 187
Bieri 157, 169, 191, 192, 195
Bigley 137
Björkqvist 139, 151
Black 29, 139, 150
Blazer 84
Bodenhausen, von 158, 169
Boon 129, 136, 145, 150
Borkenau 158, 169
Bosse 51
Bower 32

Bowlby   40, 50, 60, 65
Bradfield   145, 150
Branyiczki   137
Brehm   12, 13
Brehony   162, 169
Bridges   31
Brockert   3, 13
Brodt   138
Brown   16, 32, 151, 187
Bucher   70, 84
Buddha   96
Bühler   29
Bundeszentrale   50
Bunker   129, 137
Butler   133, 136
Byrd   78, 83
Byrne   193, 195

C

Cacioppo   195
Campbell   28
Cantrell   133, 136
Caprara   148, 151
Cardis   150
Carnegie   16, 29
Carver   17, 22, 29, 31, 32
Charaskin   129, 138
Cialdini   148, 151, 181, 187
Cicero   34
Citrin   125, 136
Clapp   83
Coleman   155, 169
Comrey   151
Conway   174, 187
Cook   29
Cranach, v.   156, 169
Croog   28
Crowson   29
Csikszentmihalyi   3, 15, 76, 84
Curry   22, 29

D

Dalai Lama   33, 51
Dalbert   182, 183, 186, 187
Dalton   30
Daniels   184, 187
Darby   147, 151
Darwin   155
Davidson   30, 82, 83
Davis   30
Dawes   178, 187
Day   152
DeCharms   23, 29
Deidenbach   156, 169
Deister   74, 83
Desharnais   25, 29
Deutsch   126, 136
Devins   20, 29
DiBlasio   139, 141, 151
Diemer   103, 122
Diener   8, 9, 13, 58, 65
Dion   179, 187
Doering   123
Doll   87, 91, 102
Dolski   30
Domar   81, 83
Dorff   142, 151
Dornes   37, 38, 40, 50
Dorsch   16, 29, 33, 51
Dossey   77, 83
Downie   142, 151
Duden   34, 51
Dusek   83

E

Eckhart   34
Edwards   20, 29
Egeland   22, 29
Eisner   131, 137
Ellison   79, 83

Emmons   3, 9, 13, 14, 69, 70, 73, 75, 83, 84
Engl   24, 29
Enright   141, 142, 147, 148, 150, 151
Epiktet   34
Erb   10, 14, 163, 169
Erickson   22, 29
Erikson   37, 51, 131, 137
Ernst   3, 14
Exline   147, 150–152

F

Feldman   31
Ferring   27, 29
Festinger   179, 182, 187
Fetchenhauer   172, 173, 185–188
Feuerbach   67
Filipp   29
Fincham   139, 140, 142–146, 148, 151, 152
Fingerle   51
Fisch   124
Fishbein   183, 189
Fitness   139, 151
Fitzgibbons   141, 142, 144, 148, 150, 151
Flammer   73, 83
Fletcher   139, 151
Foa   6, 14, 154, 169
Frankl   86, 89, 102, 157, 169, 191, 195
Fraser   168, 169
Freedman   141, 148, 151, 168, 169
Freeman   152
Frege   103
Freizinger   83
Frenzel   103, 122
Frese   23, 26, 29, 32
Freud   67, 68, 83
Frey   180, 188
Freytag   51
Früh   160, 169
Fry   86, 102, 139, 151
Fuhrman   158, 169
Fultz   187

G

Gallup   148, 153
Galuska   68, 83
Gassin   151
George   84
Gerlmaier   105, 122, 123
Gerrig   33, 35, 51
Ghandi   90
Gibson   26, 29
Giesecke   131, 137
Gillham   31
Girad   147, 151
Godin   29
Goethe   64
Gold   147, 151
Gollwitzer   27, 29
Gorsuch   83
Gottlieb   14
Gouldner   130, 137, 155, 169, 177, 188
Graeff   133, 137
Grau   139, 150, 152, 162, 169
Grawe   193, 195
Greenberg   141, 152
Griffen   9, 13
Grom   69, 83
Grove   152
Gruenewald   32
Guijarro   152

H

Häcker   29
Hackman   121, 122
Haisch   6, 14

Hall   69
Hallet   152
Haltenhof   19, 29
Handelsman   12, 14
Hardin   175, 176, 188
Harris   153
Hautzinger   115, 123
Hays   84
Heatherton   28
Hechter   175, 188
Heider   148, 151
Helmke   21, 22, 26, 29, 32
Hemenover   195
Henning   70, 83
Hergovich   75, 83
Herner   155, 162, 164, 168, 169
Hight   152
Hill   75, 83
Hinde   10, 14, 154, 155, 163, 169
Hitler   95
Hoffman   180, 181, 188
Hofmann   23, 29
Hofstätter   63, 65
Hoge   145, 153
Hogg   189
Holmes   129, 136
Holmgren   142, 152
Holte   32
Homans   162, 169
Hood   69, 75, 83
Hosmer   135, 137
Houlihan   187
Hovland   125, 137
Hunsberger   83
Hüther   115, 123
Huxel   69, 83

I

Illingworth   28, 30
Irving   21, 29

J

Jackson   30, 124
Jacobs   72, 83
James   69, 194, 195
Janes   24, 29
Janis   27, 29
Janoff-Bulman   26, 30
Jaycox   31
Jerusalem   23, 30, 31
Jesus   96
Jewell Rich   3, 14
Jobin   29
Johnson   152
Jung   67, 83

K

Kabat-Zinn   81, 83, 84
Kalin   30
Kals   183, 188
Kaluza   33, 51
Kameda   153
Kant   104, 123
Karremans   149, 152
Kastner   105, 112, 118, 120–123
Katz-Bernstein   44, 51
Kelley   154, 170
Kemeny   32
Kennell   60, 65
Kerres   128, 137
Kersting   139, 152
Kessel   83
Kilpatrick   152
Kimmel   179, 189
King   166, 169
Kinney   27, 29
Kirsch   41, 42, 51
Klauer   29
Klein   187
Klinger   86, 102
Klitzing, v.   37, 51

Kluwer 152
Knapp 14
Koenig 77, 84
Kohlberg 186, 188
Köhler 31
Konietzky 102
Korsgaard 138
Krahé 183, 188
Krakow 29
Kramer 25, 30, 133, 137
Kramp 187
Krampen 22, 30
Krettenauer 186, 188
Krueger 28
Kueneman 30
Kuhl 112, 123
Küng 104, 123
Küpper 174, 187
Kurz 86, 102

L

Lambeck 75, 84
Lambert 20, 30
Langer 93, 99, 100, 102
Largo 39, 51
Larsen 9, 13, 191, 195
Larson 84
Lay 104, 123
Lazarus 71
Lefcourt 21, 24, 30
Lefebvre 31
Leibniz 103
Lerner 182, 183, 186, 188, 189
Leuba 69
Levine 28
Lewicki 129, 137
Lewis 21, 30, 151, 187
Lichtenstein 158, 169
Lilli 174, 188
Lind 138

Little 21, 30
Locke 3, 14
Lopez 3–7, 15, 30
Lorenz 119
Luber 174, 188
Lucas 13, 58, 65
Luce 151, 187
Ludwig 153
Luhmann 125, 137
Lukas 93, 102
Luks 88, 102
Luskin 72, 84, 153

M

Macaskill 146, 152
Maddux 19, 21, 24, 30
Maes 183, 188
Magovern 31
Majumdar 82, 84
Malcom 141, 152
Maltby 152
Mandl 14
Mani 28
Margraf 34, 51
Marshall 26, 30, 60, 65
Martin 24, 30
Marty 142, 152
Matthews 31, 77, 84
Maturana 105, 109, 110, 123
Mauger 148, 152
McBridge 152
McCullough 70, 72, 73, 76, 83, 84, 139, 141, 142, 144, 146–148, 150, 152
McFarlane 51
McGregor 129, 137
McKinney 152
Metz 173, 188
Metzner 133, 136
Meyer 53, 65

Meyerson   30
Mieg   189
Miller   73, 85, 148, 152, 182, 188
Mogel   53, 55, 57, 59, 60, 63, 65
Montada   182, 186, 189
Moser   68, 84
Muller   30
Mullet   147, 151
Murken   83
Murphy   10, 14
Muste   125, 136
Mutter Theresa   90, 95
Myers   139, 152

N
Napa   166, 169
Neidhardt   128, 137
Nestler   83
Neubauer   133, 137
Neuberg   151, 187
Neuberger   112, 116, 123
Neumann   188
Nieder   135, 137
Nietzsche   67, 68
Nissen   172, 189
Noller   162, 169
Norem   25, 28, 30, 32
Norris   195
North   141, 143, 145, 152, 153
Norton   107, 123
Nuber   73, 84
Nunner-Winkler   166, 169

O
Oakes   189
Oestreich   133, 138
Oettingen   27, 30
Ohbuchi   147, 153
Ohler   65

Oishi   13
Oldham   121, 122
Olson   24, 29
Opp   40, 41, 51
Origines   156
Oser   70, 84
Ostendorf   158, 169
Otte   51
Ouwerkerk   152
Owens   31

P
Paleari   151
Paloutzian   69, 70, 75, 83
Papoušek   39, 51
Pargament   71, 84, 152
Parks   174, 189
Parrott   153
Parsons   68, 84
Pawlik   157, 169
Payne   88, 102, 139, 153
Pearce   135, 137
Peplau   182, 189
Perry   152
Peseschkian   10, 14
Pestalozzi   131
Petermann   125, 128, 137
Petersen   79, 84
Peterson   3, 5, 9, 10, 15, 21, 30
Petzold   37, 51
Philon von Alexandria   34, 156
Piedmont   72, 84
Platon   33, 103, 156, 193
Platt   175, 189
Polak   68, 84
Poloma   148, 153
Popp-Baier   70, 84
Potschka   131, 137
Preisendörfer   135, 137
Preiser   23, 29, 30

Price Tangney 3, 14
Proctor 139, 141, 151
Pruitt 171, 179, 189

R
Rachal 152
Rahm 41–45, 51
Rand 31
Rapoff 28
Rauh 39, 51
Reddemann 44, 50, 51
Reed 32
Regallia 151
Rehm 29
Reich 70, 77, 84
Reicher 189
Reivich 31
Renner 25, 31
Renz 74, 78, 81, 84
Richter 87, 91, 92, 96–98, 102
Ripperger 133, 137
Ritter 7, 14, 156, 169, 193, 195
Roehl 133, 136
Rogers 156, 170
Rohracher 56, 65
Rokeach 174, 189
Rosemann 128, 137
Rosenberg 125, 137, 168, 170
Rosenkranz 19, 30
Ross 29
Roth 65, 115, 123
Rothe 64, 65
Rotter 17, 31, 126, 138, 141, 153
Rotton 21, 31
Rubin 182, 189
Ruby 29
Ruch 24, 31
Rucht 185, 186, 189
Rudolf 45, 51

Rudow 132, 138
Ruff 68, 84
Rüger 123
Ruhe-Hollenbach 51
Runciman 179, 189
Rüther 123
Ryan 133, 138
Ryder 187
Ryff 8, 14, 30

S
Salisch, v. 154, 169
Sanbonmatsu 26, 29
Sandage 70, 85, 152
Santos 151
Schäfer 188
Schaller 6, 14, 187
Scheier 17, 18, 22, 29, 31
Schemmel 6, 14
Schirmak 87, 93, 102
Schlenker 147, 151
Schmitz 20, 23, 31, 69, 84
Schnurer 6, 14
Scholz 176, 189
Schroeder 31
Schülken 180, 187
Schulz von Thun 93, 102, 112, 124
Schüssler 123
Schütz 25, 27, 31, 62, 66, 145, 153
Schwab 60, 64, 66, 79, 84
Schwartz 156, 170, 174, 189
Schwarzer 6, 14, 23, 25, 27, 30, 31
Schweer 125, 126, 128–130, 132–135, 138
Schweitzer 90, 95, 96, 102
Schwennen 147, 148, 153
Seligman 1–3, 5, 9, 10, 14, 15, 22, 31, 76, 84
Sellin 27, 31

Shapiro 129, 138
Shats 21, 31
Sheldrake 75, 84
Shelton 3, 14
Sheppard 129, 138
Shigehiro 58, 65
Sigmon 31
Simmons 183, 188
Singer 8, 14, 30, 115, 124
Slawsby 83
Sloan 80, 85
Smedes 142, 144, 150, 153
Smith 13, 152
Snowdon 79, 85
Snyder 3–5, 7, 15, 18, 21, 22, 24, 28, 29, 31, 76, 84, 141, 153
Sokol 187
Sokrates 33
Sommer 150
Spangler 40, 51
Spencer 25, 32
Sperka 107, 124
Spilka 83
Stalin 95
Stapf 29
Starbuck 69
Staub 184, 189
Staudinger 3–7, 12, 13, 104, 124
Stellrecht 109, 124
Steptoe 18, 32
Stern 37, 39, 51
Stetsenko 30
Stiksrud 76, 85
Straub 77, 85
Suh 13
Sulsky 145, 150

T
Tajfel 180, 189
Tangney 72, 85
Tausch 73, 85, 87, 89, 93, 95, 97–102
Taylor 16, 19, 31, 32
Tennen 28, 148, 153
Thibaut 154, 170
Thies 129, 130, 132–135, 138
Thomas 77, 85
Thomas von Aquin 156
Thompson 28
Thoresen 84, 149, 152, 153
Thriel, v. 31
Thurmaier 24, 29, 32
Tice 28
Trafimow 183, 189
Tsang 84, 152
Tschann 139, 153
Tuomisto 32
Turner 152, 180, 184, 185, 189
Tweed 187

U
Uehara 155, 170
Uhle 131, 138
Ulm 29
Utsch 68, 69, 74, 85

V
Vaillant 22, 32
Valois 29
van de Vliert 171, 189
van den Bos 135, 138
van der Kolk 36, 51
van der Laan 153
van der Vegt 185, 186, 188
van Lange 152
Varela 105, 109, 110, 123
Vinck 32
Vogt 105, 123
Voland 174, 189
Vu 174, 189

W

Wade 142, 153
Wade Brown 152
Wampold 44, 51
Wardle 32
Warr 139, 153
Watzlawick 112, 124
Weakland 124
Weber 189
Weidemann 77, 85
Weiner 145–147, 151, 153
Weinert 21, 32
Weinhold 131, 138
Weisaeth 51
Welwood 162, 170
Werner 138
Wetherell 189
Whitener 134, 138
Wichstrøm 32
Wieland-Eckelmann 22, 32
Wilke-Henk 138
Williams 156, 170
Winkler 14
Winnicott 40, 51
Wirtz 73, 85
Wittgenstein 103
Witvliet 142, 147, 149, 152, 153
Wolf 60, 64, 66, 193, 195
Wolterstorff 10, 15, 156, 170
Wong 86, 102
Worthington 70, 85, 140, 143, 152, 153
Wright 6, 15
Wu 151
Wulff 69, 85
Wundt 69
Wyss 73, 85

Y

Yahne 72, 85
Yamagishi 178, 189
Yamhure Thompson 141, 153

Z

Zand 133, 138
Zempel 23, 32
Zimbardo 33, 35, 51
Zimmermann 40, 51
Zöfel 29

Lebensfragen sokratisch lösen

Wie bestimmt man eigentlich seinen „Selbstwert"? Was ist der „wahre" Sinn des Lebens? Wie löst man Lebenskrisen und Zielkonflikte? Diese Grundsatzfragen, stellen sich in Psychotherapie und Beratung immer wieder und können besonders überzeugend mit Hilfe der Sokratischen Gesprächsführung geklärt werden.
Stavemann gibt eine konkrete Anleitung mit vielen Dialog-Beispielen.

Der Sokratische Dialog ist eine ursprünglich philosophische Unterrichtsmethode, die zu eigenverantwortlichem Denken, Reflexion und Selbstbesinnung anleitet. Heute bedienen sich Psychotherapeuten, Lebensberater und Seelsorger dieser Fragetechnik, wenn es im therapeutisch-beratenden Gespräch um lebensphilosophische Fragen und Entscheidungsfindung geht.
Aber – worin besteht denn nun genau die Sokratische Methode und wie kann man sie konkret umsetzen?
Harlich H. Stavemann, Lehrtherapeut und Ausbilder für KVT, beschreibt die Methode explizit und ausführlich, Schritt für Schritt in ihren verschiedenen Varianten. Anhand zahlreicher Gesprächsbeispiele macht er das Wesen des sokratischen Dialogs nachvollziehbar und leitet mit praktischen Hinweisen zum Training der Technik an.

Harlich H. Stavemann
Sokratische Gesprächsführung
in Therapie und Beratung
2002. VIII, 288 Seiten.
Gebunden.
ISBN 3-621-27496-0